涂又光文存

A Reservation of Tu You-guang's Writings

华中科技大学出版社
http://www.hustp.com
中国·武汉

图书在版编目(CIP)数据

涂又光文存 A Reservation of Tu You-guang's Writings/涂又光 著. —武汉：华中科技大学出版社,2009 年 12 月
ISBN 978-7-5609-5153-9

Ⅰ.涂… Ⅱ.涂… Ⅲ.哲学-中国-文集 Ⅳ.B2-53

中国版本图书馆 CIP 数据核字(2009)第 025075 号

涂又光文存
A Reservation of Tu You-guang's Writings

涂又光 著

责任编辑：章　红　　　　　　　　　　　　　　　　封面设计：潘　群
责任校对：祝　菲　　　　　　　　　　　　　　　　责任监印：熊庆玉

出版发行：华中科技大学出版社(中国·武汉)
　　　　　武昌喻家山　邮编：430074　电话：(027)87557437

录　排：华中科技大学惠友文印中心
印　刷：湖北新华印务有限公司

开本：710mm×1000mm　1/16　　印张：20.75　插页：2　　字数：250 000
版次：2009 年 12 月第 1 版　　印次：2009 年 12 月第 1 次印刷　　定价：49.80 元
ISBN 978-7-5609-5153-9/B·58

(本书若有印装质量问题,请向出版社发行部调换)

涂又光先生

目　录

论帛书本《老子》的哲学结构/1
论帛书本《老子》的社会学说/17
论帛书本《老子》的认识论和知识论/42
论《庄》学三阶段/75

道家注重个体说/77
主根与砧木/85
《老子》为中国哲学主根说/87

论屈原的精气说/94
天民屈原说/104
屈原哲学要义/109
楚国哲学的根本特色/114

论苏轼的哲学思想/116
论黄庭坚作品的哲学基础/128
黄庭坚《寺斋睡起二首》一解/136
读王夫之《思问录·内篇》/139

冯友兰新理学通论/141
冯友兰新理学简论/158
A BRIEF DISCUSSION OF NEW *LIXUE*/167

新理学的"理"论与方法/196

《新原人》是"贞元六书"的中心/206

《冯友兰英文著作集》介绍/210

《冯友兰选集》编选说明/221

超越死生的人/224

儒学与当代生活/227

关于参加儒学国际讨论会的汇报/232

Some Possible Contributions/235

关于出席第九届国际中国哲学大会的汇报/252

环境哲学/257

老子的环境哲学思想/260

庄子的环境哲学思想/263

论人文精神/266

Cultural Graft and Higher Education/275

文化嫁接与高等教育/287

文明本土化与大学/294

修辞立其诚/302

新世纪对我国大学教育的祝福/305

《竞争与转化》一解/307

推荐一本好书/310

从何入手？/312

关于中国社会主义和谐社会的逻辑起点问题/315

发动机与工作机/323

三点论/325

关于社会三领域本末问题的信/328

论帛书本《老子》的哲学结构

(1984年)

本文以马王堆汉墓帛书本《老子》为基本资料。帛书字形不同于今体者，一律转写为今体。帛书中划分章节用的圆点，大都残缺，为了便于指明引文出处，仍然沿用今本章次。

帛书《老子》甲本、乙本都是《德》篇在前，《道》篇在后。《韩非子·解老》所引《老子》原文顺序，正是这样。① 王弼注《老子》所用底本顺序，大概也是这样。②

《德》篇在前，则《老子》首章是今本第三十八章。这个事实，有助于提醒我们重视此章本有的意义，就是它明确提出并初步解释了《老子》哲学的基本结构。此章全文如下：

---

① 说《韩非子·解老》所引《老子》原文顺序是《德》前《道》后，并不完全准确。今本《韩非子·解老》所引各章顺序是：第三十八、五十八、五十九、六十、四十六（皆属《德》）、十四、二十五、一（皆属《道》），五十、六十七、五十三、五十四（皆属《德》）。可见所引《道》篇原文是插在中间的。按篇幅计，《道》篇引文只约占全部引文十分之一。所以准确的说法应当是：韩非所解的基本上是《德》篇。

② 王弼注《老子》，以第三十八章注写得最长，长达1064字；用力最大，写出一个体系。韩非解《老》，也以第三十八章解写得最长，用力最大。这一点并非偶然相似，而是因为二人都是以"开宗明义"的规格处理第三十八章。第三十八章是《德》篇首章，由此可以想见王弼用的底本是《德》篇在前。王弼此章注文，全部放在正文后面；其他各章注文则是随文夹注；这也是一个迹象，可资佐证。

上德不德，是以有德。下德不失德，是以无德。上德无为而无以为也。上仁为之而无以为也。上义为之而有以为也。上礼为之而莫之应也，则攘臂而扔之。故失道而后德，失德而后仁，失仁而后义，失义而后礼。夫礼者，忠信之薄也，而乱之首也。前识者，道之华也，而愚之首也。是以大丈夫居其厚而不居其薄，居其实而不居其华；故去彼取此。

"失道而后德"等四句说出了一个结构：

道→德→仁→义→礼

这个结构，可称"《老子》结构"。它作为"母结构"，包含两个"子结构"：(一)"道德结构"，可简称"道结构"，有道家特征；(二)"仁义礼结构"，可简称"仁结构"，有儒家特征。母必先于子，但是母结构不必先于子结构。这有两种可能：一种可能是，母结构在先，后来分成两个结构，讲道结构者为道家，讲仁结构者为儒家；另一种可能是，母结构在后，它是由讲道结构的道家，否定而又包含儒家讲的仁结构之后，所构成的。全部《老子》证明，《老子》所实现的是后一种可能：以道结构为主体，否定而又包含仁结构。这就是说，在实际历史中，先有道结构与仁结构并存，《老子》结构是道结构对于这种并存局面的总结。

先于《老子》结构而并存的道结构与仁结构，本是一个先于它们的原始母结构的两个子结构。这个原始母结构，以道结构讲宇宙，以仁结构讲人生，前者讲天道，后者讲人道，所以这个原始母结构可称"原始道结构"。它也就是哲学一般的总结构。在先秦的实际历史中，这个原始道结构，经过否定，分为道结构与仁结构；再经过否定，合为《老子》结构。《庄子·天下》说："古之道术有在于是者，关尹、老聃闻其风而悦之"，云云，正是暗示先有原始道结构，后有《老子》结构。原始道结构没有专书为代表，它所讲的天道、人道，散见于先秦载籍，显示着它的存在。发展到道结构与仁结构并存，仁结构有《论语》为代表,道结构没有专书为代表,它所讲的东西即在《论语》中亦可窥见一斑,显示着它的存在。再发展到道结构否定而又包含仁结构,成为《老子》结构,这就是《老子》一书。可见《老子》后于《论语》。有一种意见,以为《老子》先于《论语》,那是把原始道结构当成《老子》结构了。又有一种意见,以为《老子》与《论语》同时,那是把道结构当成《老子》结构了。当然,这里所说的先后,是历史先后与逻辑先后的统一。

《老子》结构中的道、德、仁、义、礼,是五个成分,也是五个层次。它们各有规定性,就是"上德无为而无以为也。上仁为之而无以为也。上义为之而有以为也。上礼为之而莫之应也,则攘臂而扔之"。

这里没有说"上道"如何如何。(《老子》并无"上道"一词,这是比照下文构拟的。)其所以不说,是因为另有《道》篇讨论它。也许还因为它没有什么规定性可说。也不是没有什么可说,而是没有说不说的问题。在《老子》看来,上道就是上道,说它则涉及人事,人能否说它,是否说它,与上道并不相干,上道还是上道,所以这里不说它。蔡沈著《〈经世〉指要》,其中有"《经世》衍《易》图",图中没有画出太极,而以图下空白象征太极。不画之画,与不说之说,是同一类的表示方法。这一类在哲学史上使用过的方法,可以称为"负的方法"。

上述"上德"等等的规定性中共有三项特征,即(一)是否"为之",(二)是否"有以为",(三)是否"扔之"。今以"+"、"-"表示"是"、"否",可得下表:

	"为之"	"有以为"	"扔之"
上德	−	−	(−)
上仁	+	−	(−)
上义	+	+	(−)
上礼	+	(+)	+

此表表明，上德丧失了特征"无为"，变成"为之"，就成了上仁。上仁丧失了特征"无以为"，变成"有以为"，就成了上义。上义本不"扔之"，丧失此特征而变成要扔之，就成了上礼。至于上道，是一片空白，一入形象，便成上德。此所谓失道而后德，失德而后仁，失仁而后义，失义而后礼。这个结构的成分，按照"失甲而后乙"的公式，一个转换生成另一个，所以是一个转换生成的结构。

礼要扔之，扔则争，争则乱，所以礼是"乱之首"，这个结构也就到礼为止。

下面接着说："前识者，道之华也，而愚之首也。""前识者"意思就是：前面所说的。前面所说的就是德、仁、义、礼，它们都是道之华，不是道之实。道之实，即第一章所说的"恒道"，而"道恒无名"（第三十七章），从德开始，才"始制有名"（第三十二章）。无名则无所谓区别，有名则名的本身即是区别，从而产生包括智与愚的区别在内的种种区别，才有所谓愚，所以是"愚之首"。

最后说："是以大丈夫居其厚而不居其薄，居其实而不居其华；故去彼取此。"这有两层意思。第一层是取厚（德、仁、义、忠、信等）去薄（礼）；第二层是经过厚而又超过厚，即否定厚（因为厚还是华而不实），由否定厚而得到实，也就是得道。这样才算是"大丈夫"。《老子》哲学的归宿就在此。

再回到此章开头说的"上德不德，是以有德。下德不失德，是以无德"。仍看上表，上德的三项特征都是负号，这是无德（得），然而构成了上德的规定性，所以有德。下德统指仁、义、礼，它们的特征开始有正号以至全部是正号，这是不失德（得），然而构成了下德的规定性，所以无德。

以上说明，第三十八章确实提出并初步揭示了《老子》哲学的基本结构。

以下分别探讨《老子》关于道、德、仁、义、礼的思想。

关于道,第一章专门作了说明,其全文云:

> 道,可道也,非恒道也。名,可名也,非恒名也。无名,万物之始也。有名,万物之母也。故恒无欲也,以观其眇;恒有欲也,以观其所噭。两者同出,异名同谓,玄之又玄,众眇之门。

这是《道》篇的首章。什么是"恒道"? 先要弄清楚什么是"恒"①。第二章说:

> 有无之相生也,难易之相成也,长短之相形也,高下之相盈也,音声之相和也,先后之相随也:恒也。

今本夺"恒也"二字,遂使前六语所明之义尽晦。帛书甲、乙本均有"恒也"二字,义乃大明。

有与无、难与易、长与短、高与下、音与声、先与后,都是对立。相生、相成、相形、相盈、相和、相随,都是统一。这是举六例以明"恒"是对立统一。所以"恒道"是对立统一的道。

恒道本身就是对立统一,即其眇②与其噭③的对立统一。眇与噭,所指与古希腊哲学的原子与虚空相当,或者说,同类。原子与虚空,当初若译作眇与噭,亦无不可。"眇"是物质实体,"噭"是眇居住之"所"。《尔雅义疏》引《三仓》云:"所者,处也。"又,《广雅·释诂》云:"所,居也。"今按:所与噭连用,经典只此一见。想必当初正文是"以

---

① 帛书《老子》中"恒"字出现28次,另有"常"字出现7次。恒字作副词与常字同义,而作形容词、名词则与常字意义有差别,这个差别在《老子》中事关重大。后人避汉文帝讳改恒为常,遂使今本混同了这个差别,幸赖帛书本而复显。

② 《广雅·释诂》:"精、细、微、杪、眇:小也。"(《广雅疏证》卷二上)这些字都是"小"的同义词,作为形容词,都是由表示物质实体的名词本义衍化而来。

③ 《说文·口部》:"噭,吼也。"段玉裁改为"口也",恐非是,当是"口孔也",即今言"口腔"。

观其噭",有人在"噭"字旁边注一"所"字作为他对"噭"字的理解,后来传抄羼入正文,遂成"所噭"。眇与噭两者结合而构成的恒道本体,自然是物质性的东西。眇与噭两者同出而异名,"同出"是同属于恒道,"异名"是表示对立的两方面。

恒道的本体结构如此。人无欲时看见它的眇,有欲时只看见它的噭。第三十四章说:"恒无欲也,可名于小",第五十二章说:"见小曰明",都是无欲以观眇的发挥。这个意思在《老子》里只讲到这个程度,欲知其详,则要参看稷下道家著作《管子·心术》等四篇。

眇与噭在《管子》四篇中都进一步具体化了,前者化为"精气",后者化为"精舍",精气住在精舍里。人若无欲,"时仿佛以遥见兮,精皎皎以往来"(借用屈原《远游》语)。人若有欲,精气就跑了,只能看见精舍。只看见精舍,太不圆满,所以强调无欲。不过精舍也并无贬义,后来连儒家、佛家都往往把讲学、修行的地方称为精舍,可见其影响之深远。

《老子》第一章与《管子》四篇都暗示:要看见眇与噭的统一,必须实行无欲与有欲的统一。《老子》主张"虚其心,实其腹"(第三章),就是实行无欲与有欲的统一。只有无欲而又有欲,观其眇又观其噭,才算达到对立统一的"恒道"水平,相当于后世西方哲学所说的"理性"水平。只是无欲以观其眇,或只是有欲以观其噭,都只算达到片面的"道"水平,相当于后世西方哲学所说的"知性"水平。

《老子》第一章,也只有第一章,提出了"道"与"恒道"两个名词。二者的意义及其相互关系,可以从本体论与认识论两方面考察。

从本体论来看,道与恒道都指的是同一个本体,而道是恒道的简称。如果设想恒道是本体自身,道是本体的现象,在第一章讲得通,在第二十一章、第十四章就讲不通。在第二十一、十四等章讲本体的地方,道都是恒道的简称,而无现象与本身之别,所以应当排除这种康德化的设想。

从认识论来看,对本体的认识水平有高低,道表示知性水平,恒道表示理性水平。《老子》第一章指出,在认识论的意义上,道是可说的,恒道是不可说的,这是由于名的限定使然。以下就来讨论名的问题。

《老子》第一章,第一句讲道,紧接着就讲名,暗示道与名有密切关系,但是没有明说是什么关系。第二十一章说:"孔德之容,唯道是从",讲的是德与道的关系:德从道。下文说:"其名不去,以顺众父",顺也是从。《老子》常以母喻道,也以父喻道。所以这二句讲的是名与道的关系:名从道。后世讲"名从主人",道正是名的主人。"以顺众父",今本作"以阅众甫",此义遂晦。

就本体论说,名从道,而道无名。若道有名,则道是一物;道是万物之一物,就不是万物之本体。若道有名,则是名从名,没有意义,不成其为根本性的原则。

就认识论说,名从道,就是以"名"表示"道",以"恒名"表示"恒道"。"名,可名也",所以"道,可道也",所以"道"是可说的。但是"恒名"不可名,所以"恒道"不可道,即不可说。"恒道"不可道,只是不可以"恒名"道之,也不可以"名"道之,说详下。

先秦哲学讨论的"名",不论是正名派的君臣父子之类,还是辩者派的坚白同异之类,都是相当于形式逻辑的"名词(term)",《老子》也不例外。这样的"名",在语言中表现为"词",它在语言行为过程中必须严格遵守"甲是甲"的原则,否则造成混乱。至于"恒名",则是对立统一的名,它要求突破"甲是甲"的原则,这是语言的词办不到的,所以恒名不可名。

于是恒名突破了名,发展为"言"。在《老子》中,"言"相当于形式逻辑的"命题",在语言中表现为"句"。一般地说,句都可以转换为"甲是乙"的形式,而且必须遵守"甲是乙"的原则。"甲是乙",就是对

立统一。如果句还是"甲是甲",就陷入拖沓逻辑(tautology),没有意义。《老子》第十九章说:

>绝圣弃知,民利百倍。绝仁弃义,民复孝慈。绝巧弃利,盗贼无有。此三言也……

"此三言也"今本作"此三者",而"言"字之义失。前面是三句话,故称三"言"。又第七十八章说:

>受国之垢,是谓社稷之主。受国之不祥,是谓天下之王:正言若反。

将前两句概括为正"言"若反,而不是正"名"若反。当然,这只是"言"字在《老子》中的特别用法。

词办不到的事,句可以办到。《老子》正是用句来表示"恒名"要表示而无法表示的"恒道"的。

所以《老子》说"恒道"不可道,不过是说不可以"恒名"道之,也不可以"名"道之。《老子》没有明说,"恒道"可以"言"道之,但是实际的做法是以"言"道之。

《老子》第一章还提出"无"、"有",作为二名,以名"万物之始"、"万物之母"。《庄子·天下》说老子"建之以常、无、有",现在就按此顺序,先讨论"常",再讨论"无"、"有"。

"常"字在《老子》中出现七次,都用作名词,与"恒"字意义颇不相同。第十六章:"复命,常也。知常,明也。不知常,妄。妄作,凶。知常,容。"第五十二章:"是谓袭常。"这五个"常"字都指常理,有"规律"的意义。第五十五章:"和曰常,知常曰明。"这个"和曰常"具有《老子》特定的意义。若将"常、无、有"联系起来看,则无与有是对立,常是和。所以《老子》讲"恒"的对立统一,如第二章所讲的,都是意味着和,不是意味着争。《老子》讲"不争",似乎是想以不争达到所争之目的;也许在实际上有此效果,但是在理论上还是根本反对争。第五十五章说:赤子"终日号而不嗄,和之至也"。这个比喻是说,婴儿终日号哭,好像是争;但是嗓子并不哑,因为没有超过自然限度,并不违反自然,所以不是争,而是和到了极点。照此看来,争就是违反自然,诉诸人为,而且是人为的激烈形式,所以从根本上反对。在这一点上,显示出《老子》辩证法与唯物辩证法的根本性区别。

再来讨论"无"、"有"。

第五十二章说:"天下有始,以为天下母"。照此说来,"无"所名的万物之"始",也可"以为"万物之"母",也就可以"有"名之了。所以无与有是同一的。

如果说,"天下"与"天地(万物)"不同,不能套用类推,那末,"有"名"万物之母",而道"可以为天地母"(第二十五章),道是"无",所以有与无是同一的。

在汉语里,"有"与"无"很可能是同源词。现在从语义、字形、语音三方面略加说明,以为用语言学的手段研究哲学史的尝试。

《春秋》庄公十八年:"秋,有蜮",又二十九年:"秋,有蜚";昭公十七年:"冬,有星孛于大辰",又二十五年:"有鸜鹆来巢"。这四处经文后面,《穀梁传》都说"一有一亡曰有",亡即无。

《春秋》桓公三年:"有年",《左传》孔颖达疏引贾逵云:"桓恶而有年丰,异之也,言有非其所宜有。"贾逵的弟子许慎作《说文解字》,其"有部"说:"有,不宜有也。"

《礼记·月令》:"季秋之月……鞠有黄华。"陆德明《释文》:"鞠,本又作菊。"《尔雅翼》卷三"菊"引蔡邕《月令章句》说:"菊,草名也,有者,非所有也。"

这些语义资料表明,有包含无("一有一亡"),有是有的否定("不宜有","非所有"),即无。

再从字形看,有些表示"有"的字,却从"无"从"亡"。例如:

《诗·鲁颂·閟宫》:"遂荒大东",毛亨传:"荒,有也。"下文"遂荒徐宅"孔颖达疏:"遂有是徐方之居。"表示"有"的"荒"字从"亡"。《尔雅·释诂》:"慌,有也。"郭璞注引《诗》曰:遂慌大东"。邢昺疏:"今《诗》本作'遂荒',此言'遂慌'者,所见本异也,或当在齐鲁韩诗。"表示"有"的"慌"字从"无"。

《广雅·释诂》:"抚,有也。"王念孙疏证,"成十一年《左传》,'使诸侯抚封',杜注云:'各抚有其封内之地。'《文王世子》:'西方有九国焉,君王其终抚诸!'郑注云:'抚,犹有也。'"表示"有"的"抚"字从"无"。《说文》:"古文抚,从亡辵(辶)"(手部),"攺,抚也,从攴,亡声,读与抚同"(攴部)。表示"有"的"抚"字异体从"亡"。

以上字形所从的无与亡也都是声符。可见表示"有"的字却以表示"无"的无、亡为声。苗傜语和古藏语中都有此类现象。

语义、字形、语音都是为了表示所指的意义。从语义学的观点看,当初汉语中有与无的"所指"(reference),可能是一个东西。这个东西,说它是"有",却也只有一项规定性,即存在;说它是"无",却也不是什么都没有,而是"非有","非有"也存在。于是有与无同一了。

以上说明,《老子》中有无同一的思想,可能是受了汉语中有无同源的影响,正如亚里士多德的逻辑学是受了古希腊语的影响。

有无同一,眇徼同一,都是道的两面同一。有无是就名说,眇徼是就实说,所说的都是道。

其次讨论德。

第五十一章说:"道生之而德畜之",下文分章圆点之后,即下章,又说"道生之畜之",没有"德"字。将这两句合看,便见道与德的同异。就本体说,道与德同是一体,不是二体,所以无烦重出"德"字。但是就万物说,则德是各物所得于道者。它使各物成为各物,构成各物的特性。它是道生万物这个过程的第一个环节,必不可少,在这个相对的情况之下,与道又有所不同。"孔德之容,唯道是从"(第二十一章),说的就是德与道的相从关系。

所以《老子》亦言"恒德",以与"恒道"相从。第二十八章说:

> 知其雄,守其雌,为天下豀。为天下豀,恒德不离。恒德不离,复归于婴儿。知其白,守其辱①,为天下谷。为天下谷,恒德乃足。恒德乃足,复归于朴。知其白,守其黑,为天下式。为天下式,恒德不忒。恒德不忒,复归于无极。

与第二章一致,本章亦举三组对立统一以明"恒"。不过意义不止于举例以明恒,而是说"恒德"本身如此。雄与雌、白与辱、白与黑对立而统一,这是"恒"。在这些对立统一中坚持以雌、辱、黑为主而守之,才是"恒德"。《诗·凫鹥·序》孔颖达疏:"主而不失谓之守。"本章"守"字正是"主而不失"之意。朴,无极,是道的别名,婴儿是道的象征,三句"复归",皆指复归于道。德从道,复归于道:这是德与道关系的全部。

《老子》还讲"玄德"。第五十一章说:

> 道生之畜之……生而弗有,为而弗恃,长而弗宰,是谓玄德。

这是以宇宙生成论,证成其人生哲学与政治哲学。据蔡元培说,罗素佩服"为而不有"之说,以为可以扩展创造的冲动,减少占有的冲动②。可见此说有积极影响。《老子》也一再强调此说,第十章云:

> 生之畜之,生而弗有,长而弗宰,是谓玄德。

但是这次讲"玄德",则是联系着"无以知":

---

① 第四十一章:"大白如辱",是白与辱相对。《仪礼·士昏礼》:"今吾子辱",郑玄注:"以白造缁曰辱。"

② 见蔡氏《在爱丁堡中国学生会及学术研究会欢迎会演说词》,载北京大学出版社出版的《蔡元培美学文选》,第147-148页。按《老子》各本皆无"为而不有"一语,此语乃第五十一章王弼注文。《老子》虽无此语,却有此意,蔡氏所说亦非大谬,故仍之。

> 爱民治国，能无以知乎？（第十章）
>
> 明白四达，能无以知乎？（第十章）

第六十五章更明确地说：

> 故以知治国，国之贼也，不以知治国，国之德也。恒知此两者，亦稽式也。恒知稽式，是谓玄德。

所以玄德必须去知，成为愚德，于是归结到愚民：

> 古之为道者，非以明民，将以愚之也。民之难治也，以其知也。（第十章）

法家利用了这个思想，形成愚民政策，造成我国历史上的大悲剧，千载之下，犹有消极影响。但是《老子》本意，愚是自然的状态，是得道的状态，是理想的境界。所以不仅愚民，而且愚我："我愚人之心也"（第二十章），以此自甘。不过"愚民"之愚是原始的愚，完全无知的愚；而"为道者"之愚则是经过知而又超过知即否定知的愚。借用黑格尔的话说，前者是"自然的赐予"，后者是"精神的创造"。仿第四十五章"大巧如拙"等语，可以补一句"大知如愚"。为道者之愚只是"如愚"，实是"大知"。孔子说："宁武子邦有道则知，邦无道则愚。其知可及也，其愚不可及也。"（《论语·公冶长》）可为实例。

无论如何，《老子》为了保全自然，是反对知的。这使人联想到《旧约》中夏娃吃了智慧果而失去伊甸园的故事。密尔顿以此故事写成《失乐园》。《老子》的"失道而后德"，也正是失乐园。《老子》的玄德，是为了不失乐园。第八十章说的"小国寡民"社会，就是玄德社会。

对于仁、义、礼，《老子》所持态度的否定方面，如说"绝仁弃义"（第十九章），"礼者，忠信之薄也，而乱之首也"（第三十八章），大家已经烂熟，不必多讲了。若只有否定方面，那就决不能认为《老子》结构中还有仁、义、礼的地位。前面说过，《老子》对于仁、义、礼是否定而又包含之。以下的讨论就着重在包含这一方面,当然,包含是经过道的否定的包含。

《新约》说:"野地里的草,今天还在,明天就丢在炉里,上帝还给它们这样的妆饰"(《马太福音》第六章),这是宣扬天地(经过上帝)之仁。《老子》则说:"天地不仁,以万物为刍狗。"(第五章)前者是宗教家言,后者是唯物哲学家言,形成鲜明对照。

《老子》又说:"圣人不仁,以百姓为刍狗。"(第五章)照《庄子·天运》所形容的,"已陈刍狗"则弃之。而第二十七章说,"圣人恒善救人,而人无弃人",第六十二章更说,"人之不善,何弃之有!"连不善之人也不弃,可以说是仁到极点了。

问题在于圣人救人是怎样救法。第二十七章回答了这个问题,它说:

> 善行者无辙迹,善言者无瑕谪,善数者不用筹策。善闭者无关籥,而不可启也;善结者无绳约,而不可解也。是以圣人恒善救人,而人无弃人;……

吴澄的解释颇合原意:

> 善行者以不行为行,故无辙迹;善言者以不言为言,故无瑕谪;善计者以不计为计,故不用筹策;善闭者以不闭为闭,故无关键,而其闭自不可开;善结者以不结为结,故无绳约,而其结自不可解。(《道德经注》)

公式是"以不甲为甲",应用于救人,就是"以不救为救"。以不救为救,就是人人自救。人人自救而得救,就是圣人的无为之仁。可见《老子》否定的是有为之仁,包含的是无为之仁。

就语义来说,"仁"之所指,与"爱"、"慈"之所指,都是"中心欣然爱人也"(《韩非子·解老》)。

第十章说:"爱民治国,能无为乎?""爱民"就是"仁民",《孟子》就说成"仁民"（《尽心上》）。《老子》此处说的显然是无为之仁。

至于"慈"，《老子》举得更高。第六十七章说："我恒有三宝"，"一曰慈"。"夫慈，以战则胜，以守则固。天将建之，以慈垣之。"用慈保卫天所建立的东西，即下章所说的以人配天。慈之为用大矣哉！此章还说："夫慈故能勇"。孔子也说："仁者必有勇"（《论语·宪问》）。亦可见慈与仁通。但是《老子》的"慈"，作为一宝，是受另一宝"不敢为天下先"制约的，而"不敢为天下先"的精髓则是"无为"。

"义"字在《老子》中出现五次：第三十八章中三次（见前引文），第十八章（"大道废，有仁义"）、第十九章（"绝仁弃义"）中各一次。虽然如此，《老子》还是包含着没有义字的无为之义。

稷下道家说："义者，谓各处其宜也"（《管子·心术上》），这是义的内涵定义；又说："君臣父子人间之事谓之义"（《管子·心术上》），这是义的外延定义。对照起来，则《老子》说的"圣人处无为之事，行不言之教"（第二章），正是为君之义；又说"民复孝慈"（第十九章），正是父子之义。前者已明说无为；后者以"绝仁弃义"即绝弃有为之仁义为条件，则所复的孝慈必是无为的。

《庄子·天地》说，"至德之世"，民"端正而不知以为义"，端正在实质上就是义。对照起来，则《老子》说的"圣人方而不割，廉而不刿，直而不肆，光而不耀"（第五十八章），正是端正，也就是义。《礼记·聘义》谈到玉有仁义礼智信等德的时候，也说"廉而不刿，义也"，《广雅·释诂》："直、方：义也"，皆可佐证。《老子》说的"不割"、"不刿"、"不肆"、"不耀"，显然都有无为的意义。

礼是《老子》结构的最低层次。因为《老子》认为礼是乱之首，往下就是大乱，不能讲了。唐朝代宗年间有个湛然和尚著《辅行记》四十卷，其第三卷引《老子》在"失道而后德"至"失义而后礼"之后，还有"失礼而后智，失智而后信"两句。他接着评论说："彼老子以道为本，信不可忘;道非出世,意存五德。"(据清代张心泰辑本)这个和尚要搞儒、释、道合流,不惜采取普洛克路斯忒斯(Procrustes)的手段,把《老子》的话拉长,使之五德俱全,以便与佛门五戒相配(见《辅行记》第二十六卷)。也有人说,"失义而后礼"之后当有"失礼而后法"。这都没有另外的证据,而且礼、智、信没有生成关系;礼、法可以有生成关系,但是广义的礼就包含法;所以这些说法我们以为皆不可从。

《老子》对礼的态度和看法,有以下几点:

第一,在理想中否定礼,在现实中实行礼。第三十一章说:

> 兵者,不祥之器也,不得已而用之。……吉事尚左,丧事尚右,是以偏将军居左,上将军居右,言以丧礼处之也,杀人众,以悲哀泣之;战胜,以丧礼处之。

打了胜仗,也死许多人,所以行丧礼。丧礼不是孤立的,难道只行丧礼,别的礼一概不行吗?所以《老子》仍然主张行礼,当然也是"不得已而用之",而且有自己的理论说明。

老子是一位礼专家,史实确凿,毋庸置疑。礼专家对礼持否定态度,正如维也纳学派的形上学专家对形上学持否定态度,并不足怪。但是这是就理想而言,若就现实而言,礼固然是乱之首,若不行礼,则不只是乱之首,而是大乱特乱。面对理想与现实的矛盾,老子的处理原则是,既重视现实,更忠于理想:理想中否定之,现实中实行之,此之谓"两行"。"两行"是《庄子·齐物论》提出的,其渊源则在老子。这在《老子》里都得到反映。

第二,在理论上提出自然之礼,将社会之礼自然化。第五十一章说:

> 道生之而德畜之。……是以万物尊道而贵德。道之尊也,德之贵也,夫莫之爵也,而恒自然也。

这是以宇宙生成论,证成自然之礼。第五十六章说:

不可得而亲,亦不可得而疏……不可得而贵,亦不可得
而贱:故为天下贵。

稷下道家说:"贵贱有等,亲疏之体,谓之礼。"(《管子·心术上》)所以上面两段话有讲礼的意义。"万物尊道而贵德",是自然之礼。但是"莫之爵也",就是说,自然之礼无爵。社会之礼则有爵。从社会之礼的观点看,自然之礼是无礼,因为不可得而亲、疏、贵、贱。从自然之礼的观点看,正因为不可得而亲、疏、贵、贱,才算合礼,"故为天下贵"。《老子》是将社会自然化。《孟子》讲"人爵",更讲"天爵"(《告子上》),是将自然社会化。

第三,《老子》在这方面最可贵的思想是:"贵必以贱为本,高必以下为基。"(第三十九章)断言高贵以下贱为基本,至少是足以与孟子的"民为贵"、"君为轻"(《孟子·尽心下》)的思想媲美的。

据帛书《老子》乙本原注:《德》篇3 041字,《道》篇2 426字。这五千多字,实在文约义丰,本文只试图讨论其中一个问题。只有对各项问题进行全面的探讨,才能对《老子》作出全面的评价。

(发表于《哲学研究》1984年第7期)

论帛书本《老子》的社会学说

(1984 年)

本文限于讨论以下问题：

（一）《老子》社会学说的五层结构

（二）《老子》论身

（三）《老子》"邦""国"辨

（四）《老子》论邦国与《老子》阶级性

（五）《老子》论天下

（六）《老子》论无为

（七）《老》学为楚学的内证

引文以马王堆汉墓帛书本《老子》为基本依据，除非有重要理论意义，不写出与今本对校的说明；为了指称引文出处的方便，仍然沿用今本章次。

一、《老子》社会学说的五层结构

《老子》的哲学结构是一个严密而完整的五层结构：道→德→仁→义→礼（见《老子》第三十八章，以下只注章次），我们称之为"《老子》结构"。前二者讲"天之道"，后三者讲"人之道"。《老子》说："天之道"

"损有余而益不足","人之道""损不足而奉有余"(第七十七章)。仁、义、礼都是"损不足而奉有余"之道,所以要予以否定。否定之而又包含之,于是形成这个"《老子》结构"①。

《老子》的社会学说中也有一个严密而完整的五层结构:身→家→乡→邦→天下,见于第五十四章,此章全文如下:

> 善建者不拔,善抱者不脱,子孙以祭祀不绝。修之身,其德乃真。修之家,其德有余。修之乡,其德乃长。修之邦,其德乃丰。修之天下,其德乃溥。以身观身,以家观家,以乡观乡,以邦观邦,以天下观天下。吾何以知天下之然哉?以此。

"建"与"抱",下文概括为"修"。修什么?修道。道,包含"《老子》结构"的全部内容。"建"指立于道,"抱"指坚持道。与第五十九章合看,"不拔"、"不脱",相当于第五十九章的"深根固柢";"子孙以祭祀不绝",相当于第五十九章的"可以长久"。这几句是说明善于修道者的结果,下文说出一个五层结构。

这五个层次的公式是"修之甲,其德乃乙"。甲与乙各有五个值,甲的值与乙的值逐层互相对应。前人多指出这种对应有协韵关系,如"身"与"真"协韵,等等。但是就本文而言,重要的不是表层的音韵,而是深层的语义。就语义说,各层所修的道,都是同一个道;各层所得的德,也都是同一个德。所以乙的值——"余"、"长"、"丰"、"溥"都是"量"的概念,表示同一个"质"的扩展与延续,而乙的第一个值——"真",则表示获得了这种质。这个"真"就是第二十一章"其精甚真"的"真"。这是稷下道家精气说的渊源。稷下道家说,道就是精气,固然无所不在,可是人还得通过修,才能得到精气。此说甚得《老

---

① 说详拙作《论帛书本〈老子〉的哲学结构》,见《哲学研究》1984年第7期。

子》原意。"修之身,其德乃真",就是说,只有修道于身,才有真德。一个人的德,必须是真的,而不是假的,这是质的问题。有了真德,才能扩展而延续之,及于家、乡、邦、天下,这是量的问题,是同一个质的扩展与延续。修之身,是修之家、修之乡、修之邦、修之天下的根本与起点;如果不真,什么有馀、乃长、乃丰、乃溥,一概都是假的。

战国末期,西汉初期的儒家著《大学》,提出"自天子以至于庶人,壹是皆以修身为本"。这固然是由孔子、孟子、荀子发展而来,也显然受了《老子》影响。"修之身,其德乃真"云云已经蕴涵有"壹是皆以修身为本"的意思。

下文的"以身观身"云云,具有认识论的意义,拟在讨论《老子》认识论的专文中另行讨论。现在只说,此段旧注颇多分歧,不得要领,其实与第十四章合读便得。第十四章说:"执今之道,以御今之有,以知古始,是谓道纪。"道纪,就是道的纲,这个纲就是"执今之道,以御今之有"。联系到"以身观身",就是以身之道,观身之有。推广到"以甲观甲"的公式,就是以甲之道,观甲之有。"有"就是"存在","实在"。就连孔子说的"君君,臣臣,父父,子子"①,其公式是"甲甲",也就是"执甲之道,御甲之有",或"以甲之名,正甲之实"。

对"以身观身"这段话的理解,还可以从《墨子·兼爱中》的一段话得到启发,这段话是:"视人之国,若视其国。视人之家,若视其家。视人之身,若视其身。"原意是要人将心比心,推行兼爱。但是将《老子》这段话与之合看,则"以身观身"似与"视人之身,若视其身"相当,不妨照套说成"观人之身,若观其身",或转换说成"以己之身,观人之身"。家、乡、邦诸层均可仿此。《老子》这段话大概也含有这样的意思。

---

① 《论语·颜渊》。

或可说,这五个层次"身→家→乡→邦→天下",不过是当时的社会结构,不能算《老子》的社会学说。

对此,我们说,在客观上,这五个层次,诚然不过是当时的社会结构;但是在主观上,经过《老子》反映,便是《老子》的社会学说。

对当时的社会结构,北方之学者如儒、墨,都有所反映,从而构成儒、墨的社会学说。现在略加比较,可能有助于对《老子》的认识。

《论语》只分散地讲到这些层次,《孟子》才联在一起讲,如:

> 天下之本在国,国之本在家,家之本在身。①

墨子也联在一起讲,如:

> 视人之国,若视其国。视人之家,若视其家。视人之身,若视其身。是故诸侯相爱,则不野战;家主相爱,则不相篡;人与人相爱,则不相贼;……天下之人皆相爱,强不执弱,众不劫寡,富不侮贫,贵不敖贱,诈不欺愚。②

可见《墨子》与《孟子》所反映的都是:

身→家→国→天下。

而《老子》所反映的是:

身→家→乡→邦(国)→天下。

《老子》多一个"乡"的层次,而且"乡"高于"家"。这一点很重要,可证《老子》的"家"是指个人家庭,不是专指大夫之家。《墨子》与《孟子》的"家"则不是指个人家庭,而是专指大夫之家。比墨子晚的孟子说得很清楚:

> 王曰"何以利吾国"?大夫曰"何以利吾家"?士庶人曰"何以利吾身"?……万乘之国弑其君者,必千乘之家;千乘

---

① 《孟子·离娄上》。
② 《墨子·兼爱中》。

之国弑其君者,必百乘之家。①

这说明他所反映的社会结构中的"家",是大夫之家,即大夫采邑。上引《墨子》中的"家"亦然,所说的"家主"即大夫。如果《老子》的"家"也专指大夫之家,则其上一层应当是"邦",不可能是"乡"。所以《老子》的家,只能是个人家庭。弄清这一点,有助于断定《老子》成书年代。请看《大学》,它提出一套"修身→齐家→治国→平天下"的学说,照《大学》"传"之八章、九章的解释,其中"齐家"之家,已经不是专指大夫之家,而指个人家庭。这是一个重要的变化,反映了此段历史时期的社会结构中,大夫采邑已经衰微,个人家庭日益重要。把《老子》放在这段历史变化中观察,可知其成书必然在《孟子》之后,可能在《大学》之前。

再来比较儒、墨。《老子》反映社会结构的社会学说,一般的比较是指出异同,尤重辨异;本文在此则只在求同,因为它们相异、相反之处,大家讲得烂熟了。一经求同,就看出它们不仅反映基本相同的社会结构,要求解决基本相同的社会、人生问题,而且抱有基本相同的目的:都要把社会结构中各个层次搞得合乎理想。《老子》也毫不例外。当然,合乎理想的本身也就包含着各家的不同。

班固述刘歆论诸家起源,既分论其异,复合论其同;其分论多可商,其合论不可易。他说,诸家"皆起于王道既微,诸侯力政,时君世主,好恶殊方,是以九家之术,蜂出并作,各引一端,崇其所善,以此驰说,取合诸侯"②,这也适合于《老子》。老子虽然没有驰其说取合诸侯,但是他的后学,如稷下道家,仍然驰其说取合齐侯。一个彻头彻尾彻里彻外的自了汉,就根本不必著书,就是著了书也理所当然地不会流传,统治者更不会帮他流传,至少在先秦是如此。

---

① 《孟子·梁惠王上》。
② 《汉书·艺文志》。

二、《老子》论身

《老子》关于"身"有一个著名的论断：

> 吾所以有大患者，为吾有身也。及吾无身，有何患！（第十三章）

有身，就有人生问题、社会问题；无身，则无人生问题、社会问题。以此为前提，有可能得出彻底否定人生的结论，如佛教那样。如果由此彻底否定人生，则不过是着眼于可能，即消除人生问题、社会问题发生的可能性，未免看得过于简单。《老子》并没有由此得出彻底否定人生的结论，因为《老子》更着眼于现实。着眼于现实，则一方面，看出彻底否定人生的理论不可能普遍实行；另一方面，看出在现实中仍有既不彻底否定人生又能免于大患的出路。在《老子》看来，出路就是统治者要轻身，被统治者要重身。

《老子》认为，当时现实的社会，是"损不足而奉有馀"（第七十七章）的社会。一方是"不足"者，是被统治者、被剥削者，《老子》称为"民"；一方是"有馀"者，是统治者、剥削者，《老子》称为"圣人"①。第八十章提出"使民重死"。重死也就是重生、重身。此章下文说使民"甘其食，美其服，乐其俗"。又在别处反复强调"圣人之治"要"为腹"（第十二章），使民"实其腹"（第三章）。这些都是民重身的内容。第七十五章告诫不要使民"轻死"。不要轻死，也是要重身。此章说："民之轻死，以其上求生之厚也，是以轻死。"轻死就不畏死，"若民恒且不畏死，奈何以杀惧之也？"（第七十四章）血腥镇压也无用。所谓"其上求生之厚"，正是统治者重身的表现。统治者重身，必然加重剥削，造成"食

---

① 《老子》的"圣人"，类似柏拉图的 philosopher-king，既有侯王的一面，又有圣哲的一面。这里只突出其侯王的一面。

税之多"。第七十五章说:"人之饥也,以其取食税之多也,是以饥。百姓之不治也,以其上之有以为也,是以不治。""其上之有以为",也包括统治者为其重身而加紧的剥削和镇压,可见统治者重身,就造成被统治者轻身,造成大乱大患,要免除此患,只有反其道而行之:统治者轻身,被统治者重身。

这是从现实立论。若从哲学立论,则统治者轻身,正是他"法天"、"法地"的表现。第七章说:

> 天长地久。天地之所以能长且久者,以其不自生也,故能长生。是以圣人退其身而身先,外其身而身存。不以其无私与?故能成其私。

便是此意。再从社会语言学的宣传术角度看,以"身先"、"身存"、"成其私"为目的,才能使"圣人"接受"退其身"、"外其身"、"无私",总之,才能使统治者愿意轻身。统治者愿意轻身,这才是《老子》的目的。根据《老子》对社会的分析来估计,统治者可能愿意轻身,因为他是"有馀"者,不过是"去甚、去大、去泰"(第二十九章)而已。就生活享受说,"出则以车,入则以辇,务以自佚,命之曰招蹶之机",专车应名为造成腿脚瘫痪的机器;"肥肉厚酒,务以自强,命之曰烂肠之食",烈酒大肉应名为烂肠的毒品;"靡曼皓齿,郑卫之音,务以自乐,命之曰伐性之斧"①,声色应名为砍伐性命的斧头,都是大患。实行轻身,去此大患,达到长生,何乐而不为呢?统治者若真能这样做,其长生虽未必有保证,被统治者则确实少受一些剥削。汉文帝刘恒基本上这样做了,也只活四十五岁,可是人民,首先是农民,确实得到了好处。像刘恒这样的统治者,历史上毕竟太少了。

"身"与"天下",孰重孰轻?对此问题,先秦议论不少,且看《老

---

① "出则以车"至此的引文见《吕氏春秋·本生》。此乃反其意而用之。

子》的议论。

第十三章"及吾无身,有何患"后面接着说:

> 故贵为身于为天下,若可以橐天下矣;爱以身为天下,女可以寄天下矣。

帛书甲、乙本均作"故贵为身于为天下",今本多改作"故贵以身为天下",以与下文"爱以身为天下"一致,又改"橐"为"托",使《老子》原意遂晦,兹表而出之。

"贵为身于为天下"的结构是,用拆开的比较联结词"贵于"将"为身"与"为天下"联结起来,意指"为身"贵于"为天下",也就是重身。重身的统治者可以"橐"天下,即囊括天下以为己有。"橐"有收藏之义,而"多藏必厚亡"(第四十四章),不能长久。

"爱以身为天下"的结构中,"以身为天下"是"爱"的宾格词组,意指爱好为天下献身,也就是轻身。轻身的统治者可以"寄"天下,寄是被统治者所寄托,而非统治者所私有。不是私有,才能长久享有。

《老子》原意是通过对比说明,在身与天下孰重孰轻的问题上,有重身的统治者,有轻身的统治者,而且批评前者,赞扬后者。

轻己身为天下,在逻辑上,可以导出类似"先天下之忧而忧,后天下之乐而乐"的结论。但是在历史上,这样的结论据说出自儒家。逻辑与历史,说到底,是统一的。《老子》与儒家都可以有这种相同的抱负,不同者在于方法,一主无为,一主有为。关于无为,本文另有专节讨论。

照《老子》所说,惟有轻身的统治者,才能"损有馀而益不足",行"天之道"(第七十七章)。这就是后世起义农民常说的"替天行道"。至于重身的统治者,只一个劲地"损不足而奉有馀",行这样的"人之道"(第七十七章),在《老子》看来,只能是逆天行事。其结果,必然是天下大乱。

或可问，《老子》第二十六章明明说："若何万乘之王而以身轻于天下？"这岂不是反对统治者轻身？与以上所说岂不矛盾？

对此，我们说，这不是反对"万乘之王"一般地轻身，只是反对他在用兵中轻身。此章是讲用兵的，《老子》原则上反对用兵，也反对统治者在用兵中轻身。诸如身先士卒，亲冒矢石，都可以说是"有为"中的"有为"，所以《老子》要反对。

至于被统治者重身，由于他们是"不足"者，再怎么重也是很有限的，何况还有"知足"思想的约束，所以不至于造成大患，可以放心。

三、《老子》"邦""国"辨

在讨论《老子》关于邦国的学说之前，先作《老子》"邦""国"辨。

帛书《老子》甲本"邦"字凡二十二见，乙本全部改作"国"字。但是甲本也并不是没有"国"字，甲本另外还有"国"字，凡四见。

一、第二十五章："国中有四大。"

二、第五十九章："莫知其极，可以有国。有国之母，可以长久。"

三、第六十章："治大国者若烹小鲜。"①

甲本"邦""国"并用，两字所指都是现代汉语所说的"国家"，意义完全相同。两字不同之处只在字源方面："邦"字与"封"字同源，"国"字与"域"字同源。"邦"字与"国"字则不同源。两字在用法上并无由内部

---

① 此句甲本全句残缺，何以知其用"国"字而非用"邦"字？是由《韩非子》引文推断的。《解老》《喻老》引《老子》文有"邦"、"国"字者凡四章，照引用顺序抄录如下：

一、第五十九章："可以有国。"

二、第六十章："治大国者若烹小鲜。"

三、第五十四章："修之邦……以邦观邦。"

四、第三十六章："邦之利器，不可以示人。"

查对甲本，一、三、四悉与甲本同，由此推断：二亦与甲本同。可知甲本此句用"国"字。这个推断只有盖然性。

特征(如词性)与外部环境(如搭配关系)构成的条件所形成的互不相同的规则,所以有使用的任意性,还有使用的习惯性,例如,直到今天,我们还是习惯于说"国际",不习惯于说"邦际";习惯于说"友好邻邦",不习惯于说"友好邻国"。由此可知,两字只可能在字源上区别开来,不可能在用法上区别开来,所以不可能以两字的用法作为分期的语言(文字)标准。

可是现在有人说:"这个'邦'字倒是西周以来到春秋末年的称国的专有,反映了特定时代,是老子《道德经》成于春秋末年的可靠证据。"①这个结论的根据之一是说《韩非子》"不用'邦',而用'国'字"。其实光在《解老》、《喻老》两篇中,与"国"字凡二十一见并存,"邦"字凡十四见(四次见于引《老子》文,十次见于韩非自著的正文)。所以不论从语言学理论说,还是从语言文献资料说,"邦"、"国"两字的用法都不可能作为分期标准。

"邦"字改"国"字,是为了避刘邦的讳。由避讳改字,倒是可以悟出一点道理,就是凡是改了的书,当时必是大行其时,流传甚广。凡是没有改的书,当时必不吃香。多亏打入冷宫,这才幸免于难。例如《论语》中"邦"字凡四十八见,没有在汉初改为"国"字,可见当时无人问津。到了汉武帝刘彻,虽然建元元年罢治申、韩、苏、张之言者,五年置五经博士,而《论语》中三个"彻"字依然未改,可见当时对《论语》仍未重视。如果这也算得上祸福,倒也真正是"祸,福之所倚;福,祸之所伏"(第五十八章)。

四、《老子》论邦国与《老子》阶级性

先秦儒、墨、道、法诸家,都有各自的国家起源论。《老子》的国家

---

① 见刘建国《中国哲学史史料学概要》106 页,吉林人民出版社 1983 年版。

起源论的特色,是从宇宙生成论来立论。第四十四章说:

> 道生一,一生二,二生三,三生万物①。万物负阴而抱阳,冲气以为和。人之所恶,唯孤、寡、不谷,而王公以自名也。

前面讲道生万物,怎么突然接着讲王公自名呢?原来是从自然万物,讲到社会国家。由此可以体会出以生成论讲国家起源的意义。

第三十九章说:

> 天得一以清,地得一以宁,神得一以灵,谷得一以盈,侯王得一以为天下正。

借用孔子的话说,这是《老子》的"吾道一以贯之"②。此章从天、地、神、谷讲到侯王,也有以生成论讲国家起源的意义。只有"得一",即得自然之道,某物才有某物之性,天、神亦然,可见所说的天、神已无迷信意义。

《老子》的道还以"大"贯之,第二十五章说:

> 吾未知其名,字之曰道,吾强为之名曰大。大曰逝,逝曰远,远曰反。道大,天大,地大,王亦大,国中有四大,而王居一焉。

这是利用双关语义,从生成论论证"王亦大",论证作为国家代表的侯王的权威。

这样的国家起源论,有两点值得重视的意义:第一,国家是自然、社会发展的产物;第二,它的权威是自然具有的,不是天授或神授的。与《老子》前人相比,这两点是前无古人的。

国家产生了,可是国家是个什么具体样子?首先,国家是不是阶级对阶级的统治?如果不看表层的字面,而看深层的语义,即所指,

---

① 这里的一、二、三等数字,可以看作发展阶段的符号。
② 《论语·里仁》。

则可知《老子》的回答是肯定的。

第八十章对"小邦寡民"社会的描述,一方面说"使民复结绳而用之",一方面又首先说"使有十百人之器而勿用"①。用与勿用,是主观方面的态度;已经不用结绳记事,而有十百人之器,则是客观方面的状况。器是器物,也就是社会产品,相当于人口的十倍百倍,这就有"甘其食,美其服"的条件,也就有产生剥削关系的条件。

第七十七章更明白地说,"人之道"是"损不足而奉有馀"。这是说,在产品即财富的占有上,有"不足"与"有馀"的对立。"损"即剥削。"奉"②字更重要,表明剥削者也是统治者。可见它所反映的社会,不仅存在阶级,而且存在阶级对阶级的统治。

《老子》的态度是,一方面痛斥"服文采,带利剑,厌食而资财有馀"的统治者剥削者为"盗夸"(第五十三章),一方面又谋划如何治民包括如何"司杀"以维护阶级统治(如第七十四章)。《老子》虽然主张恢复结绳记事,在这一点上倒退到洪荒远古,但是丝毫没有对于无阶级社会的设想。把洪荒远古与原始共产社会联想在一起,只是我们学习过马克思主义社会发展史理论的现代人才必然有的联想。先秦的人有的有,有的没有这样的联想。

总之,《老子》是维护阶级社会与阶级统治的,于是对于统治者、被统治者分别提出了要求。

先说对统治者的要求。

第三十七章说:"道恒无名,侯王若能守之,万物将自化。"第二十五章说:"人法地,地法天,天法道,道法自然。"侯王应当守道、法道,重要的一点是像水那样,"居众人之所恶"(第八章)的下流,"受邦之

---

① 俞樾据王弼本注释"什伯之器"为士卒兵器(见《诸子平议》),其言甚辩,但与帛书"十百人之器"对不上号,尤其是"人"字没有着落。

② 《礼记·王制》"奉讳恶"孔颖达疏:"奉,进也。"《匡谬正俗·三》:"奉,谓恭而持之。"

垢","受邦之不祥"(第七十八章)。受,容也。"知常"①,"容;容乃公,公乃王,王乃天,天乃道,道乃久"(第十六章)。常与久所指相同,"道乃久"即"道乃常",下面又可接上"知常,容"云云,如此循环无尽。这种封闭的循环论,正是小农社会简单再生产的反映,也是小农社会思想特征之一,也可能是小农思想特征之一。有道的侯王,能够容受、容纳一切,他固然"没身不殆"(第十六章),同时在客观上对被统治者也有好处。这样,社会才能安定,一旦安定下来,就不要常常翻动,好比煎小鱼,不可多翻动,以免翻得稀烂,此所谓"治大国者若烹小鲜"②。

第三章基本上说出了对被统治者的要求,就是"不争","不为盗","不乱";"恒使民无知无欲也,使夫知不敢为而已,则无不治矣"。"不敢为"指不为乱。但是第三章必须与第八十章合看。两章合看,便知"无知无欲"有个范围,就是在"甘其食,美其服,乐其俗,安其居"之外,在此之外,不要再有知有欲。第三章还必须与第七十二章合看。两章合看,便知民不为乱,并不排除民不畏威,而"民之不畏威,则大威将至矣"!"大威"之所指,中性的语言亦可谓之"大乱",统治者的语言必然谓之"大乱",而《老子》则谓之为"大威",褒美之情,溢于言表。由此来看,被统治者只要吃好穿好,安居乐业,就不要另外有知有欲,也不要为乱;如果不能吃好穿好,安居乐业,以至饥寒交迫,那就要大威发作!这岂不恰恰是农民阶级的写照吗?须知这是两千几百年前《老子》所作的写照,与马克思主义关于农民阶级的论述,不可同日而语,这是不言而喻的。

《老子》是为当时的农民阶级说话,还有一个政策界线为证,就是

---

① 昭明《文选》卷二十六谢灵运《入华子冈》诗"恒充俄顷用"李善注引《庄子》司马彪注:"常,久也。"

② 《老子》第六十章。这似乎是反映了南方水乡烹细鱼小虾时煎小鱼的生活经验,不像烹黄河鲤的经验。

第七十九章的"无德司彻"。谁谴责"司彻"者无德？就要看司彻剥削谁。"彻"是百分之十的税率。照《论语·颜渊》所记，鲁哀公是从"年饥"提出问题，可见"彻"是农业税税率。这种税，不可能是奴隶主向奴隶征收，也不可能是大奴隶主向小奴隶主征收，也不可能是大封建主向小封建主征收，而只能是地主阶级向农民阶级征收。这是赋税制度中的阶级界线，再清楚不过。可见谴责司彻，是为农民阶级说话。

在我国封建社会，有一个传统："耕读传家"。"耕读传家"这句话比较晚出。《论语·卫灵公》记孔子说："耕也，馁在其中矣；学也，禄在其中矣。"耕与读还是对立的。《汉书·惠帝纪》四年春正月"举民孝弟力田者，复其身"，由此逐步提高耕的地位，逐步形成耕读统一的传统。这与先秦法家提高耕的地位不同，那是沿着耕战统一的方向发展，这是沿着耕读统一的方向发展。"耕读传家"这句话，准确地反映出封建社会最基本的两种成员：作为物质文明主要创造者的农民，作为精神文明主要创造者的知识分子。这两种最基本的成员，早在春秋战国，已经各有其哲学。知识分子的哲学，或曰士的哲学，就是孔子的哲学。农民阶级的哲学，简称农的哲学，就是《老子》的哲学。封建社会两种最基本成员的哲学，也就是封建社会两种最基本的哲学。诗书礼乐等文献中心在北方，所以士的哲学产生在北方。农业和农民的发达形态以水稻和水稻种植者为标志，所以，农的哲学产生在南方。士的哲学是士自己说的话，农的哲学只能是士为农民说的话。士为农民说话，总难免羼入异于农民的成分，这是我们应当注意的。但是这些羼入的异于农民的成分，并不难看出，而且只居于次要地位。

农民进城打官司，请一位律师。律师为农民说话，是用律师的口吻。律师为农民说话，若因此说律师就是农民，显然不确切。律师用律师的口吻,若因此说他不是为农民说话,就更不确切。开始与工农结合的知识分子,虽然满口"学生腔",也还是为工农说话。

五、《老子》论天下

《老子》五千四百余字,今本编为八十一章,而"天下"一词凡五十五见,遍及二十九章。真可谓关心天下大事,不是隐者气象。问题还不在于常说天下。桀溺也把天下挂在嘴上,他开口就说"滔滔者天下皆是也",可是接着反问"而谁以易之"?认为谁也不能把天下改革好,主张"避人"不如"避世",逃避一切,完全丧失信心①。这才是真正的隐者。《老子》则不然,其中讲天下,是讨论如何"取天下"(第二十九章,第四十八章),"寄天下"(第十三章),"得志于天下"(第三十一章),"为天下式"(第二十八章),"为天下正"(第三十九章,第四十五章),"为天下贵"(第五十六章,第六十二章),等等。东汉末年的黄巾果然奉事《老子》之道以取天下②,张鲁政权果然设祭酒主习《老子》以治天下③。

《老子》论天下,大致可以分取天下、治天下两个方面。前几节的讨论,涉及治天下的基础,所以也有治天下的意义。本节只着重讨论取天下。

如何取天下?《老子》讲了四个层次:

无战→无争→无事→无为。

就逻辑说,上层涵蕴下层,下层包括上层。自上而下看来,正是"损之又损,以至于无为"(第四十八章)。

第一层,不可以战取天下。《老子》说:

---

① 见《论语·微子》。
② 见《后汉书·皇甫嵩传》。
③ 见《三国志·魏书·张鲁传》裴松之注引《典略》。

> 不可以兵强天下。（第三十章）
>
> 乐杀人，不可以得志于天下。（第三十一章）
>
> 天下有道，走马以粪；天下无道，戎马生于郊。（第四十六章）

第二层，就连普通的争，也不可用。《老子》说：

> 夫唯不争，故天下莫能与之争。（第三十二章）
>
> 不以其无争与？故天下莫能与之争。（第六十六章）

第三层，就连更普通的事，也不可有。《老子》说：

> 以无事取天下。（第五十七章）
>
> 将欲取天下也，恒无事。及其有事，又不足以取天下矣。（第四十八章）

第四层，最后说到底，就是无为。《老子》说：

> 将欲取天下而为之，吾见其不得已。夫天下，神器也，非可为者也。为者败之，执者失之。（第二十九章）

何谓无为，下一节再讨论。这里只说，历史的实际是，取天下不仅要有为有事，而且要大争大战。根据历史实际所形成的常识，对以上《老子》所讲的，简直无法理解。好在《老子》有一个以无为取天下的具体说明，见于第六十一章，可供研究：

> 大邦者，下流也，天下之牝也，天下之交也。牝恒以静胜牡，为其静也，故宜为下也。故大邦以下小邦，则取小邦。小邦以下大邦，则取于大邦。故或下以取，或下而取。大邦者不过欲兼畜人，小邦者不过欲入事人。夫皆得其欲，则大邦宜为下。

《老子》的理想是"小邦寡民"（第八十章），但是现实则是有小邦，也有大邦。于是有大、小邦关系问题，于是有处理大、小邦关系的理论，于是《老子》也讲这方面的理论。此章就是这方面的理论，却讲成了如何以无为取天下的说明。《老子》在此并未放弃"小邦寡民"的理想,相反,是要在现实中保存小邦,以小邦为基础,以大邦为主导,通过自然而然的会合,各邦都作为自主邦而合成联邦。从大邦的观点看,这就是以无为取天下。从天下的观点看,这就是天下的统一。从《老子》的社会学说看,这就是"修之天下,其德乃溥"。以下略为解释。

《老子》常以水为喻①,又每以牝为喻②。水流有上下,会合于下流。牡上而牝下,会合于牝门,都是会合于下。大邦以下自处,则邦有大小,会合于大邦。《老子》干脆规定大邦是"下流",是"牝",是"交"(会合之处),总之,是下,以此来保证会合于大邦。

可见关键就是这个"下",它是"下流"与"牝"所处之道,上流与牡都来与之会合,自然而然,所以是无为的会合之道。

对小邦,大邦以下自处,"则取小邦"。对大邦,小邦以下自处,"则取于大邦"。"取"和"取于",有主动和被动之分。下文的"以取"和"而取",也意味着主动和被动之分。此处的"取"读为"娶",意指结婚似地联合起来,小邦以下自处,也仍然会合于大邦,而不能使大邦会合于小邦,因为大邦之下显然比小邦之下更下。"江海所以能为百谷王者,以其善下之也"。(第六十六章)善下,就是善于运用这种无为的会合之道,把天下自然而然地联合起来,这也就是以无为取天下。

在这个联合中,"大邦者不过欲兼畜人",即大邦要尊重小邦的自主权;"小邦者不过欲入事人",即小邦要坚持自己的自主权。各邦自主而又联合,则"皆得其欲"。在这里要特别强调"大邦宜为下",因为大邦是主导,是主导而又不以主导自居,反而以下自居,就是"万物归焉而弗为主,可名于大"(第三十四章),才是名副其实的大邦。

至于如何治天下,《老子》说:

---

① 另见《老子》第八章、第十五章、第二十章、第三十二章、第六十六章、第七十八章。
② 另见《老子》第六章:"玄牝之门,是谓天地之根。"

清静可以为天下正。(第四十五章)

侯王得一以为天下正。(第三十九章)

知其白,守其黑,为天下式。(第二十八章)

圣人抱一为天下式。(第二十二章)

都是以无为治天下的意思。下节就讨论无为。

六、《老子》论无为

《老子》讲的"无为"到底是什么意思?

回答这个问题,固然不能离开"无为"的文字意义,可是又不能望文生义。如果望文生义,则"无为"就是无所作为,不,就是完全不动。完全不动,无论就天道说,就人道说,都不合《老子》原意。《老子》主张道生万物(第四十二章),生,便是动,便是为。《老子》主张"甘其食,美其服"(第八十章),人要吃好穿好,这吃、穿都是动,都是为。

虽然不能望文生义,可是又要充分运用语义手段。在语义学中,对于语言(包括文字,下同)的意义是什么,意义的意义又是什么,有种种学说。我们只采取一种学说,这种学说主张,语言的意义就是语言的所指。所指相同,乃是语言的中外相通、古今相通、方国相通的基础,也是哲学文献中某些范畴、概念、命题、体系结构可以通释的基础。当然,所指相同,不可能都是个体的相同,大都是类的相同。这就是说,凡所指相同,或是相同的个体,或是相同的一类,都可以串通一气,这对于研究工作有很大便利。

这样,我们就可以从《老子》中提出三个语义串来研究。

第一串——"为"串。

第二串——"无为"串。

第三串——"为无为"串。

第一串上有:

　　为之于其未有也,治之于其未乱也。(第六十四章)

　　道生之,畜之,长之,遂之,亭之,毒之,养之,覆之。(第五十一章)

　　道生之,德畜之。(第五十一章)

　　言善信,动善时。(第八章)

　　夫慈,以战则胜,以守则固。(第六十七章)

　　胜人者,有力也。自胜者,强也。强行者,有志也。(第三十三章)

　　上士闻道,勤能行之。(第四十一章)

都有相同的语义:"为"。

第二串上有:

　　塞其兑,闭其门。(第五十二章)

　　挫其锐,解其纷,和其光,同其尘。(第四章)

　　塞其兑,闭其门,和其光,同其尘,挫其锐而解其纷。(第五十六章)

　　绝圣弃知。(第十九章)

　　绝仁弃义。(第十九章)

　　绝巧弃利。(第十九章)

　　绝学无忧。(第二十章)

都有相同的语义:"无为"。

　　执着第一串的人说:看呀,《老子》是有为派。

　　执着第二串的人说:看呀,《老子》是无为派。

　　其实呢,第一串的确是《老子》的一个方面,第二串也的确是《老子》的一个方面,但是也的确都是《老子》的片面,不是《老子》的全面。

　　《老子》的全面在第三串——"为无为"。

以下就着重讨论"为无为"。它的表层形态有一个发展过程,经历了三种形态:原始形态,扩大形态,完成形态。

第一,原始形态。

  为无为。(第六十三章)

  事无事。(第六十三章)

  味无味。(第六十三章)

  行无行。(第六十九章)

  欲无欲。(第五十七章,第六十四章)

  学不学。(第五十七章,第六十四章)

  知不知。(第七十一章)

第二,扩大形态:

(甲) 标准的扩大形态:

  为而弗有。(第七十七章)

  为而弗恃。(第二章,第五十一章)

  为而弗争。(第七十七章)

(乙) 变异的扩大形态之一:

  作而弗始。(第二章)

  生而弗有。(第十章,第五十一章)

  长而弗宰。(第十章,第五十一章)

  利而不害。(第八十一章)

  成功而弗居。(第二章,第七十七章)

(丙) 变异的扩大形态之二:

  正式:善为士者不武。(第六十八章)

    善战者不怒。(第六十八章)

    善胜者弗与。(第六十八章)

    善用人者为之下。(第六十八章)

反式:不战而善胜。(第七十三章)

不言而善应。(第七十三章)

(丁)变异的扩大形态之三:

不以无争与?故天下莫能与之争。(第六十六章)

不以其无私与?故能成其私。(第七章)

以其不为大也,故能成大。(第三十四章)

圣人终不为大,故能成其大。(第六十三章)

以其不自生也,故能长生。(第七章)

夫唯无以生为者,是贤于贵生。(第七十五章)

第三,完成形态:

知其雄,守其雌①。(第二十八章)

知其白,守其辱。(第二十八章)

知其白,守其黑。(第二十八章)

既知其子,复守其母。(第五十二章)

由上可知:

原始形态的特征是,为与无为还共处于一个动宾结构之中,尚未剖判。

扩大形态的特征是,为与无为已经既有区别又有联系,即对立而又统一。

完成形态的特征是,为与无为的对立统一中以无为为主。若套《老子》的话说,就是:知其为,守其无为。由于以无为为主,所以简称无为。

只有"为无为"的完成形态,才算全面地(不是片面地)、深刻地(不是肤浅地)、辩证地(不是折中地)体现出《老子》所讲的"无为"的

---

① 关于"守"字,《诗·兔罝·序》孔颖达疏:"主而不失谓之守。"守其雌,有以雌为主之意。下同。后世道学言"守敬",亦言"主敬",守、主仍同义。

意思:为与无为对立统一而以无为为主。这就是《老子》无为之所指。"所指"并非"定义",所以不受形式逻辑下定义的规则约束。

这就是本节开端所提问题的答案。

下面举几个应用的实例。

应用于身:君轻身而民重身,重身有为,轻身无为,二者统一而以无为为主,即君为主。

应用于邦:侯王无为而臣民有为,二者统一而以无为为主,即侯王为主。

应用于取天下:大邦居下流而无为,小邦居上流而有为,二者统一而以无为为主,即大邦以无为取小邦而取天下。

在此有必要指出,为与无为对立统一,乃是客观规律。孔子亦不可逃,但是他坚持以为为主。孔子以为为主,也讲无为[①]。《老子》以无为为主,也讲为[②]。以孔子为代表的北方之学,以《老子》为代表的南方之学,是封建时代构成中华民族共同精神结构的两极。在封建时代,中华民族的精神生活,为与无为不仅并存,而且都只有与对方统一,才能获得自身的真实性和真理性;若与对方脱离,则自身亦必陷入虚伪和荒谬。真所谓合则两全,离则两伤。南北之异,虽不可同,更不可无。这是南北只应统一、不可分裂的哲学依据。

七、《老》学为楚学的内证

《老》学是楚学。为了肯定这一点,论者多着眼于老子是楚人。但是老子其人,作为一个历史人物,有关问题尚未真正解决,本文存

[①] 如孔子说:"无为而治者,其舜也与。"(《论语·卫灵公》)还说:"予欲无言","天何言哉!四时行焉,百物生焉。天何言哉!"(《论语·阳货》)

[②] 有上文的"为"串为证。

而不论。即使老子是楚人,楚人的著作也未必即是楚学。

本文的兴趣在于"哲学"史,不在于哲学"史"。若兴趣在于哲学"史",就要以其人为本位。而兴趣在于"哲学"史,就可以其书为本位。这两种本位,虽不能完全彼此脱离,也不能完全互相代替。既然以其书为本位,本文就着眼于《老子》内证,以肯定《老》学是楚学。

《老子》书中没有专有名词,即没有国名、人名、地名、山名、水名等等,不可能在这些方面现成地表明它是楚产。好在尚可从风俗、语言、物产、地形等方面求证。现在举出以下几点:

第一点。《老子》第七十九章说:"圣人执左契",与《左传》桓公八年所记的"楚人上左"相合。

春秋诸国多上右,而楚上左。

《左传》桓公五年叙周、郑由交恶而交战,周命"虢公林父将右军,蔡人、卫人属焉;周公黑肩将左军,陈人属焉"。郑以"曼伯为右拒,祭仲足为左拒"。都是先书右而后书左,可见周、郑上右,而参战的虢、蔡、卫、陈当亦上右。

《左传》文公七年:"宋成公卒,于是公子成为右师,公孙友为左师"。又文公十六年叙宋"华元为右师,公孙友为左师";成公十五年叙宋"华元为右师,公孙友为左师";成公十五年叙宋"华元为右师,鱼石为左师"。都是右师在前,是宋上右。

《左传》僖公二十八年:"晋侯作三行以御狄,荀林父将中行,屠击将右行,先蔑将左行。"书右行于左行之前,是晋上右。

但是同年叙及楚师,则书"子西将左,子上将右",先书左,是楚上左。

如果说以上都是用兵,那么专就执契而言,北方诸国也是"圣人"执右契;现在还见到实物的亲虎符,就是右在皇帝。

孔子曾经说：:"微管仲,吾其被发左衽矣!"①可见齐、鲁皆上右。这里讲的"被发左衽",实际上就指楚俗。《史记·齐世家》叙齐桓公三十五年的天下大势说:"是时周室微,唯齐、楚、秦、晋为强。晋初与会②,献公死,国内乱。秦穆公僻远,不与中国会盟。楚成王初收荆蛮,有之。"可见当时楚是齐唯一的对手,真正的威胁。若非管仲相桓公,成霸业,齐鲁一带,或已为楚有,"其被发左衽矣",也要上左了③。

第二点。《老子》是一篇哲学诗,就广义说,是一篇最长的楚辞。它使用作为楚声特征的"兮"字（帛书本作"呵"字）。又使用一些楚语,例如第四十七章:"不窥于牖,以知天道","窥"为"闚"的省体,扬雄《方言》:"凡相窃视,南楚谓之闚。"

第三点。《老子》第五十章说:"陵行不避兕虎。"虎比较普遍;兕罕见罕闻。唯《墨子·公输》说:"荆有云梦,犀兕麋鹿满之。"徐坚《初学记》七引《纪年》云:周"昭王十六年,伐楚荆,涉汉,遇大兕。"《国语·晋语四》:"羽旄齿革",韦昭注:"革,犀兕皮,皆生于楚。"《国语·楚语上》:"若杞梓、皮革焉,楚实遣之",韦昭注:"皮革,犀兕也。"又《楚语下》王孙圉谈楚之所宝提到"皮革",韦昭注:"革,犀兕也。"原来当年荆楚的江汉地区就是兕的产地。《老子》透露出这一点,使我们闻出了它的乡土气息。

第四点。在以上几点制约之下,我们也就明白了《老子》反复以水喻道的地理背景,就是荆楚的长江、汉水以及相联的湖泊。《老子》

---

① 《论语·宪问》。
② 指此年的葵丘之会。
③ 《国语·吴语》叙吴欲与晋战时吴军阵容,亦先说左,后说右。又叙越王勾践命令的内容,越王分军及其行动,皆先说左后说右。是吴、越亦上左,非独楚为然。所以上左与上右,有区分蛮夷与诸夏的意义。在地区上,就是南北的不同。《老》学虽是楚产,在楚并没有取得指导国策的地位。它在越取得了这样的地位。请看《国语》卷二十一范蠡的决策和功成身退,便知此卷《国语》全是实践老学。范蠡是楚人,其学盖楚学也。

第三十二章、第六十六章均出现"江海",到底是一个词,还是一个词组,尚难确定。若是一个词,则"江"是词素,只有普通的意义。若是一个词组,则"江"是一个词,就可以有专指长江的意义。

　　第五点。我们由此也明白了《老子》第六十一章所说的"大邦者,下流也"的大邦,非楚莫属。此章在本文第五节中已有所讨论。《老子》已经暗示,"取天下"即统一天下者不可能是小邦,也不可能是普通的大邦,而寄希望于楚这个真正的居下流的大邦。楚君臣未必知道这番心意,《老子》的心总算尽到了。

　　　　　　　　(楚史学会1984年年会论文,发表于《楚史论丛》二集)

论帛书本《老子》的认识论和知识论

(1985年)

一、认识论与知识论

认识与知识，关系密切，区别显著。认识是获得知识的过程，知识是认识获得的成果。认识是动态的过程，知识是静态的系统。认识过程有其结构，如由感性认识阶段和理性认识阶段构成；系统更有其结构，是结构的复杂形态。所谓结构，说到底，就是成分的对立与统一。

认识本身是过程，认识论则是知识，是关于认识的知识。讲认识的是认识论，讲知识的是知识论，知识论是关于知识的知识。毛泽东的《实践论》、《人的正确思想是从哪里来的？》都是认识论，不是知识论；罗素的《人类的知识》，金岳霖的《知识论》，都是知识论，不是认识论。

《老子》讨论了实践与认识，感性认识与理性认识，"为学"与"闻道"，"百姓"与"圣人"在社会认识中的分工合作等问题，这是《老子》的认识论。《老子》还着眼于知识与社会的关系，出于社会长治久安的愿望，对知识既肯定又否定，达到肯定和否定的综合，这是《老子》

的知识论。可是历来的研究者,往往混淆了《老子》的认识论和《老子》的知识论,将《老子》对知识的否定这一个方面的论述,当作《老子》的知识论的全部;更以此当作《老子》的认识论,造成了误解。本文试图显示《老子》的认识论和知识论的本来面目,以此为主要目标,附带地澄清一些误解。

二、《老子》论实践与认识

《老子》第五十四章讲的是实践与认识,其全文云:

善建者不拔,善抱者不脱,子孙以祭祀不绝。

修之身,其德乃真;修之家,其德有馀;修之乡,其德乃长;修之邦,其德乃丰;修之天下,其德乃溥。

以身观身,以家观家,以乡观乡,以邦观邦,以天下观天下。

吾何以知天下之然哉?以此。

全章四句。第一句讲实践效果。第二句讲实践,可简称"'修'句"。第三句讲认识,可简称"'观句'"。第四句总结全章,说他以此而知天下,这样来进行认识。以下略加说明。

第一句的"建"和"抱",概括起来就是下一句的"修"。修什么?修道。"建"是立于道,"抱"是坚持道,都是"修"道。"不拔"、"不脱",就是"深根固柢"(第五十九章);"子孙以祭祀不绝",就是"可以长久"(第五十九章)。善于修道者的实践,可以获得这样的最佳效果。

"'修'句"讲实践,此句的"修"指实践。若是只讲到"修之身,其德乃真"为止,则"修"字还可能是指单纯的内心修养,脱离社会实践的内心修养,即不是实践。这里是从"修之身"一直讲到"修之家"、"修之乡"、"修之邦"、"修之天下",而且产生其德乃真、有馀、乃长、乃丰、乃溥的效果,这样的修,就决不只是内心修养,而一定是社会实践。修道而有得,便是其德,德者得也,其德不只是内在的德性,而且是外在的所得。"真"是讲质的,而"馀"、"长"、"丰"、"溥"都是讲量的,可以兼作内在、外在的结果的形容词。以上是用"'修'句"的内证,证明此句的"修"字指实践。

"'观'句"讲认识,说"观"字讲认识,不会有异议。惟其公式是"以甲观甲",则具有极高极重要的认识论价值。恩格斯说:"唯物主义自然观不过是对自然界本来面目的朴素的了解,不附加任何外来的成分。"①这句话的意思,与"以甲观甲"的意思,属于一类②。关于"以甲观甲",将在第八节另行讨论。

现在要着重讨论"修"句与"观"句的关系,从这两句的关系以见"修"与"观"的关系,即实践与认识的关系。

《老子》河上公本、王弼本、傅奕本等今本,"观"句的开头都有"故"字。有个"故"字,就清楚地表明"观"句以"修句"为条件和根据。帛书《老子》甲、乙本"观"句的开头均无"故"字。虽无"故"字,就靠语序也足以表明"观"句以"修"句为条件和根据。

所谓"语序",包括词序和句序。这里只谈句序。由于语序是"线性(linear)"的,相连的两句必是一前一后。我国以前的"说书人""小说书"常有套话:"在下一张嘴不能[同时]说两句话,一支笔不能[同时]写两行字",就反映了这种线性。前句与后句的关系,不外(一)并列,(二)转折,(三)递进。并列关系,一般有并列连词表示之。转折关系,一定有转折连词表示之。递进关系,往往没有连词,就靠句序的前后表示之。所以"修"句与"观"句之间虽无连词,就凭"修"句在

---

① 《自然辩证法》,《马克思恩格斯选集》第3卷,第527页。
② "类"与"个体"相对。从个体来看,二者大不相同。从类来看,二者的意思属于一类。

前、"观"句在后这个顺序,亦足以表明"观"句以"修"句为条件和根据。

肯定了"修"句是"观"句的条件和根据,也就从而肯定了"修"是"观"的条件和根据,即实践是认识的条件和根据。这是《老子》论实践与认识的关系的一个方面,即实践先于认识。两千多年后的歌德,也说"行动在先"①。两者的意思也属于同类。先有从身以至天下的实践,后有从身以至天下的认识,由实践而认识,这就是《老子》认识的道路,他以此而知天下之然。

《老子》论实践与认识的关系的另一个方面,是认识回到实践。《老子》说:"上士闻道,勤能行之。"(第四十一章)又说:"柔之胜刚也,弱之胜强也,天下莫弗知也,而莫之能行也。"(第七十八章)又说:"吾言甚易知也,甚易行也,而人莫之能知也,莫之能行也。"(第七十章)都是说,认识应当回到实践。《老子》高度赞扬能知能行的人,品为"上士";沉痛地责备知而不行尤其是不行《老子》之言的人,无限感慨,徒唤奈何。

总起来说,《老子》论实践与认识的关系是:实践先于认识,认识回到实践。这是关系的两个方面,也是发展的两个阶段。这两个阶段之间,还有认识本身的感性与理性两个阶段,下一节就来讨论。

照《老子》第五十四章所说,知天下之然,不只是以"观"。而首先是以"修",即以"修"又以"观"。这样的认识论,就不是就认识论认识,而是以实践为前提和基础来论认识,而且总的依据又是第一句说的善修者可以长久的社会效果,也就是"修"句所说的其德乃真、有余、乃长、乃丰、乃溥的社会效果。这是重实践的认识论。

----

① 转引自北京外文出版社的《反杜林论》英文本第 432 页。这句名言,已经成为德文的成语,所以恩格斯引用时没有也不必提歌德的姓名。

三、《老子》论感性认识与理性认识

《老子》第二十一章通过对于"道"的认识过程的描述,显现出认识过程的感性阶段与理性阶段。其全文云:

> 孔德之容,唯道是从。道之物,唯恍唯惚。惚呵恍呵,中有象呵。恍呵惚呵,中有物呵。窈呵冥呵,中有精呵。其精甚真,其中有信。
>
> 自今及古,其名不去,以顺众父。吾何以知众父之然也?以此。

这一章,许多研究者只重视其本体论的价值,我们则重视其认识论的价值。因为此章说的是"吾何以知众父之然"的全过程。"众父"就是"道",因为道生万物(据第四十二章),所以众父是道。以知"道"的全过程为代表,可以概见一切认识过程的全过程。

何以知"道"是这个样子呢?"以此","此"就是上文依次出现的"有象"、"有物"、"有精"、"有信",以及"有名"。象、物、精显然都是感官所感知的对象;信呢,王弼注:"信,信验也。"信验就是效验,也是感官所感知的对象。从这四者出现的顺序,可以看出一个连续地感知这四者的感性认识过程,还可以看出这个感性认识过程中逐步深化的四个步骤:最初是感知有象,进而感知象中有物,进而感知物中有精,又进而感知其效验,这就有涉及证明的推理活动了,所以再进一步,就是理性认识。理性认识的概念就是"名"。下文说:"自今及古,其名不去,以顺众父。"我们曾经指出,"其名不去,以顺众父",讲的是名与道的关系:名从道①,即反映道。现在更要指出,《老子》是在"自

---

① 见拙著《论帛书本〈老子〉的哲学结构》,《哲学研究》1984年第7期。

今及古"中,即在时间中,观察名与道的,所以某些研究者认为《老子》的道和名是超时间的永恒的,显然不合原意。至此,理性认识已经认识道的名,即道的概念,于是这一个具体的认识的全过程就算完成了,以此而知"道"之然了。可见《老子》所说的知"道"的认识过程,包括感性认识和理性认识两个阶段。而且如上所述,这些阶段及其中的步骤,都是依次发展而来。由此可以概见,《老子》的认识论,认为一切认识过程包括感性认识与理性认识两个阶段,后者是前者的发展。

这里附带讨论一个《老子》论认识的对象的问题。

就第二十一章看,象、物、精、信是感性认识的对象,名是理性认识的对象。第二十五章说"吾未知其名",更是明确地说名是知的对象,也是说名是理性认识的对象。

或可说,唯物论的认识论认为,认识的对象是客观实在,不论感性认识、理性认识,其对象都是客观实在。《老子》以"名"为理性认识的对象,这是唯心论,而且是客观唯心论。

是不是这样呢?我们还是先顺着《老子》的意思讲下去吧。《老子》所说的象、物、精、信可以概括为"实"。实,可感而不可思①,是感性认识的对象,不是理性认识的对象。名,可思而不可感,是理性认识的对象,不是感性认识的对象。

从矛盾的观点看,感性认识、理性认识各有其矛盾的特殊性:感性认识是以感性为一方、以实为另一方所构成的矛盾;理性认识是以理性为一方,以名为另一方所构成的矛盾。这是两种不同质的矛盾,从而形成认识过程中两个不同质的阶段。至于认识,则是以主体为

---

① 实的本身不可能进入思的过程,进入思的过程的只能是实之名。正如实的本身不能进入语言过程,进入语言过程的只能是实之名。换言之,人所思所说的都是名,而名是实之名,如此而已。

一方,以客观实在为一方所构成的矛盾。从结构的观点看,认识是"母结构",感性认识、理性认识是她的两个"子结构"。从层次的观点看,认识是"原层次",感性认识、理性认识是相关的两个"亚层次"。只讲认识的对象是客观实在,不讲理性认识的对象是名,则势必流于以矛盾的一般性代替矛盾的特殊性,以母结构代替子结构,以原层次代替亚层次,笼统含糊,造成混乱。

在以上所论的问题上,唯物、唯心的界线当然是有的,但并不在于以名为理性认识的对象,而在于名之所指。《老子》的名,既指规律的概念,也指规律的本身。孔子的名亦然,他讲正名,现在人们都说他是要求所正的对象符合其概念,其实是要求符合其规律。公孙龙的名亦然,他是欲推广其辩论而使天下符合规律,才有可能"化天下"(据《公孙龙子·迹府》)。在这一点上,孔子、公孙龙也都是唯物的,至于总的看来他们各是什么论者,那是另外一个问题。既然名也指规律本身,则以名为理性认识的对象,即以客观规律为对象,这当然不是客观唯心论,也不是唯心论。

理性认识的对象是规律,但是规律本身并不能直接进入我们的思;直接进入我们的思的,是反映规律的概念。换言之,进行理性认识的思,是由反映规律的概念,而不是由概念所反映的规律本身,所构成的。一个是理性认识的对象问题,一个是我们的思的构成问题。这两个问题的区别,正好说明我们对于规律的认识与规律本身的区别。但是这个区别,通常认为是细微区别,略而不计。《老子》就是略而不计派。他以名为理性认识的对象,即使名只指规律的概念,从思的构成来看,也是可以成立的。

四、《老子》论"为学"与"闻道"

《老子》第四十八章的"为学"与"闻道",也显示出认识过程的两个阶段。此章说:

为学者日益,闻道者日损。损之又损,以至于无为。

帛书本的下文残缺,好在意思已经说得很清楚了。许多研究者认为,《老子》区别为学与闻道,是为了将两者对立起来,致力闻道,反对为学。说《老子》致力闻道是很对的;说《老子》反对为学,则不确切。第四十二章说:"物或损之而益,益之而损",闻道、为学之损益亦不例外。这就是说,为学虽然日益,但益之而损,而进乎闻道;闻道虽然日损,但损之而益,而用于为学。若要完整地阐明《老子》的原章,就必须说,为学与闻道既对立而又统一。其目标则是由闻道达到无为的境界。

第五十二章说:"天下有始,以为天下母。既得其母,以知其子。既知其子,复守其母。没身不殆。""知其子"就是为学;"得其母"、"守其母"都是闻道。"既知其子,复守其母",是在为学的基础上闻道;"既得其母,以知其子",是在闻道的指导下为学。

《老子》研究了许多实际事物,揭示了许多规律性的东西。就研究实际说,是为学;就揭示规律说,是闻道。《老子》是既为学又闻道的典范,具体地体现着由为学进而闻道,以闻道指导为学的精神。

根据《老子》本身体现的这种精神,可以肯定,为学与闻道,不是共时的关系,而是历时的关系。就是说,为学、闻道、再为学、再闻道,如此螺旋而进,构成人类认识的总过程。为学、闻道这两个阶段,则构成某一具体认识的全过程。这并不是说,为学与感性认识阶段完全相当,闻道与理性认识阶段完全相当。它们有相合之处,但是不必硬套。

五、《老子》论社会认识中的"百姓"与"圣人"

有"中国的"哲学,有"在中国的"哲学,"在中国的"哲学,例如玄奘一派的佛学,不过"在中国"昙花一现,始终没有变成"中国的",虽有官方推广,皇帝撑腰①,也无济于事。

至于"中国的"哲学,则不论是唯心论还是唯物论,也无论是辩证法还是形而上学,都有一个共同的传统,就是决不脱离中国社会实际,反映在哲理上,就是决不离开人的社会性。这个传统,在其开创时期,在《老子》的认识论中表现得尤为显著。本文第一节指出,《老子》第五十四章讲了实践与认识,即"修"与"观"。若只讲"修之身"、"以身观身",那就只是讲人的个人性,不是讲人的社会性。可是从"修之身"、"以身观身"一直讲到"修之天下","以天下观天下",那就显然是讲人的社会性,而且是从人的社会性讲人的个人性。所以讲的是社会的"修",即社会的实践;是社会的"观",即社会的认识。不言而喻,社会的修和观,都是通过个人进行的。所以个人的实践,也是社会的实践;个人的认识,也是社会的认识。

但是,专就社会的实践、社会的认识来说,都有一个共同的社会的主体,即社会的人类。《老子》把社会的人类看作一个人,"百姓"(或曰"众人")②是他的"耳目","圣人"是他的"心"。就实践说,百姓有为而圣人无为;就认识说,耳目有为而心无为。

---

① 《老子》书中没有人名,没有出现任何权威人士的大名。三皇五帝,尧舜禹汤,文武周公,一概没有借重。可见他一意创新,不屑依傍,不指望任何权威撑腰。可是后世帝王为他撑腰者大有其人,并有梁武帝、唐玄宗、宋徽宗、明太祖、清世祖五位皇帝为之作注。真是:非以其不求撑腰欤?故天子撑其腰。

② "百姓"本指百官,亦可泛指臣民即"众人",而与"圣人"相对待。

这就是说,在社会认识中,《老子》为圣人和百姓分了工。第四十九章说:

> 圣人之在天下也,歙歙焉为天下浑心。百姓皆属耳目焉,圣人皆咳①之。

这段话明确指出,在社会中,圣人是心,百姓是耳目。这样的分工也不稀奇。马克思论分工时也指出:"局部工人成为总体工人的一个器官。"②

第四十九章的开头说:"圣人恒无心,以百姓之心为心。"圣人是社会之心,本身必须无心。他若有心,则此心还得解释,解释还得解释,永无止境。他若无心,他无须解释,有如自明的公设。圣人无心,所以能作社会之心;百姓有心,所以不能作社会之心。所谓"无心",并不是生理有缺陷,没有长(上声,动词)心,而是指一种精神状态,即"修除玄鉴"达到"无疵"(第十章)的状态。百姓有心,但是百姓之心的作用,是通过圣人发挥出来。圣人也有耳目,但是圣人耳目的作用,是通过百姓挥发出来。由此看来,圣人与百姓是分工而又合作。合作的基础是圣人"以百姓之心为心",这个思想是深刻、宝贵、崇高的,中华民族乃至全人类,世世代代都可以从这个思想吸取精神营养。

这个分工合作的思想,在稷下道家著作《管子·心术(上)》中有进一步的发挥。此篇开头就说:"心之在体,君之位也。九窍之有职,官之分也。心处其道,九窍循理。""君"即圣人,"官"即百姓。"九窍"包括耳目在内。心处其道而无为,九窍循理而有为。后面还说:"毋代马走,使尽其力;毋代鸟飞,使弊其羽翼。"这是用比喻表明,圣人对

---

① 马叙伦《老子校诂》说,"咳"借为"阂"。今按:《国语·吴语》"咳姓于王宫"韦昭注:"咳,备也。""圣人皆咳之"即"圣人皆备之",言圣人皆备有百姓作耳目,即百姓皆备耳目之用。

② 《资本论》,《马克思恩格斯全集》第 23 卷,第 387 页,人民出版社 1972 年版。

百姓不要包办代替,否则累死了也无济于事。

只有掌握了这个分工合作的思想,才能正确理解第四十七章,此章全文云:

> 不出于户,以知天下。不窥于牖,以知天道。其出弥远,其知弥少。是以圣人不行而知,不见而名,弗为而成。

"圣人"是前三句的潜在主语。根据上述思想,圣人有百姓为耳目,所以不出户而知天下的人道,不窥牖而知宇宙的天道。圣人若是出户,就意味着包办代替百姓,也意味着自己有心,破坏了"无心"状态,所以其出愈远,其知愈少。"圣人不行而知",可是以全社会为主体的认识还是"行而知",因为根据分工,百姓行而不知,圣人不行而知,合起来就是行而知。圣人"不见而名"①,可是以全社会为主体的认识还是"见而名",因为根据分工,百姓见而不名,圣人不见而名,合起来就是见而名。圣人"弗为而成",可是全社会还是"为而成",因为根据分工,百姓有为而圣人无为,从社会看是"为而成",从百姓看也是"为而成",只有从圣人看才是"弗为而成"。

总而言之,虽然此章讲的只是圣人这一面,然而根据分工可以推知百姓那一面,更由此可以推知由圣人和百姓构成的整个社会的全面。从全社会看,乃是行而知,见而名,为而成。行而知,就是第五十章讲的实践与认识的关系。见而名,就是第二十一章讲的感性认识与理性认识的关系。为而成,就是第四十一章、第七十章、第七十八章讲的认识回到实践,从而获得成功。所以《老子》的认识论,乃是以全社会人类为主体的行而知、见而名、为而成的认识论。对于这样的认识论,我们深表赞赏。至于其中的分工说,下文尚需略加考辨。

---

① "见"指感性认识,"名"指理性认识。

我们曾经考证《老子》的"无为"①。知道其所指,是在有为与无为的对立统一中以无为为主。就是说,既有为而又无为,但以无为为主。如果加以普遍化、抽象化,便可得出一条公式:甲之所指,是在甲与非甲的对立统一中以甲为主。这是《老子》思想方法的精髓。按照这个思想方法,则例如"圣人不行而知"中的"不行"、就是在行与不行的对立统一中以不行为主。用这个思想方法去理解《老子》,则有些话,貌似奇谈怪论。其实都是大实话。

按照这个思想方法,《老子》就不是一刀割断圣人与百姓的分工,使之绝对对立,而是使双方在对立中各以本方为主。例如,在行与知的对立统一中,百姓以行为主,圣人以知为主。又如在心与耳目的对立统一中,圣人主要起心的作用,百姓主要起耳目的作用。如果圣人兼有"哲学家和王"双重身份,则作为哲学家来说,在实践与认识的对立统一中主要管认识,在感性认识与理性认识的对立统一中主要管理性认识。这样的分工,在《老子》时代是社会的进步。在分工存在的时代,虽然难免造成人的片面性,但是"他的片面性,甚至缺陷,就成了他的优点"②。

即如第四十七章的"不出于户",按照《老子》的思想方法,是指在出户与不出户的对立统一中以不出户为主。用现代日常语言说,就是强调室内工作。人不能总在室外,他在室外之前必在室内。就拿学习说,如果总是"开门办学",办得成学吗?在存在分工的社会里,一部分人以室内工作为主,原不足怪。如果只讲到有百姓为耳目为止,就可能只靠听汇报、看材料,不要直接经验。只有深入到《老子》的思想方法,才能理解其所指是,既要间接经验,也要直接经验,而以

---

① 见拙作《论帛书本〈老子〉的社会学说》第六节"《老子》论无为",《楚史论丛初集》,湖北人民出版社1984年版。

② 《资本论》,《马克思恩格斯全集》第23卷,第387页,人民出版社1972年版。

间接经验为主。对室内工作者来讲,这当然是大实话。

老子是一位辩证法大师,谁若用自己的形而上学思想方法去理解他的话,谁就必然造成误解。这个第四十七章,就是最受误解的章节之一。但是此章毕竟还是认识论的资料,将它作为认识论来误解,还总算没有弄错户头。有的章节根本不是认识论的资料,也有人将它当作认识论来批判,那就是弄错了户头,造成假案、错案、冤案。这里只举一个例子,就是第五十六章,其全文云:

> 知者弗言,言者弗知。塞其兑,闭其门,和其光,同其尘,挫其锐而解其纷,是谓玄同。故不可得而亲,亦不可得而疏,不可得而利,亦不可得而害;不可得而贵,亦不可得而贱,故为天下贵。

此章讲的是"认识后"(post-knowing)的言说问题,它是说,认识获得知识之后,不必要把它说出来。知而不言,是其主旨,"知者弗言,言者弗知",就是满瓶不响、半瓶晃荡的意思。"塞其兑"至"是谓玄同",意思是要闭口不言,以免锋芒毕露,与众不同。下文是说"玄同"所能得到的好处。这是由社会语言学讲到处世方法,并无认识论的意义。有人却当作认识论,在引用原文时砍去"知者弗言,言者弗知"二语,消除知而不言这个主旨的痕迹,再将"兑"字曲解为感性认识器官,于是"塞其兑"就成为闭目塞听而反对感官接触外物了,于是理所当然地进行批判了。其实,只要略为考究"兑"字的意义——《说文·儿部》:"兑,说也。"《易·说卦》:"兑为口。"又《序卦》:"兑,说也。"[①]便知"兑"是口,是说话的器官,不是认识的器官。因而所讲的说话问

[①] 东汉末年高诱注《淮南子·道应训》"塞民于兑"云:"兑,耳、目、鼻、口也,《老子》曰'塞其兑'是也。"可以理解为兑是感性认识器官。我们不主张以《淮南子》解《老》,更不主张以高诱注解《老》,当然也不坚持以《易》、以《说文》解《老》,而仅仅坚持以《老》解《老》。此章开头已经指明知而不言的主旨,凭此内证即可断定讲的是言说问题,不是认识问题。

题,不是认识问题。

六、静观说考辨

有些研究者认为《老子》的认识论是静观的,持静观说者多以第十六章为基本依据。此章全文云:

至虚,极也。守静,督也①。万物并作,吾以观其复也。夫物芸芸,各复归于其根,曰静。静,是谓复名。

复名②,常也。知常,明也。不知常,妄。妄作,凶。知常,容。容乃公,公乃王,王乃天,天乃道,道乃久,没身不殆。

此章分两段,前段讲的是"道→名"的过程,后段讲的是"名→道"的过程,都是具有生成论意义的过程。有狭义的生成论,只讲自然界的生成;有广义的生成论,是讲全宇宙包括自然、社会、思维的生成。我们取其广义。

"道→名"和"名→道"两个过程连接在一起,是一个循环,是道在全宇宙的循环,可称为大循环。在"名→道"过程内,有"常→容→公→王→天→道"等环节,而"道乃久"的"久"即"常"③,故"道乃久"即

---

① 《素问·骨空论》:"督脉者,起于少腹以下骨中央。"《灵枢·本输》:"颈中央之脉,督脉也。"督脉在中央,故"督"训为"中"。《老子》第五章"不如守中",守中即守静。此句以中表示守静的状态。儒家亦然,《中庸》第一章"喜怒哀乐之未发,谓之中",亦以中表示静态。可见这是当时思想界的通义。

② "名"字,帛书甲、乙本,今本,均作"命"。按:《广雅·释诂(三)》:"命,名也。"王念孙详加疏证,结论是:"名,命,古同声同义。"帛书乙本第十四章"命之曰微"、"命之曰稀"、"命之曰夷"、"不可命也",四个"命"字甲本均作"名"。乙本第三十四章"可命于大",甲本作"可名于大"。此皆帛书本"命"通"名"的内证。此章之"命"字亦皆通"名"。今径改。若不改,亦训为"名"。

③ "久"与"常"同指。《文选》卷26谢灵运《入华子冈是麻源第三谷》诗"恒充俄顷用"李善注引《庄子》司马彪注:"常,久也"。

"道乃常",下面又可接上"知常,容"云云,又是一个循环,是道在社会内的循环,可称为小循环。循环就是"复",我们现在还常说"循环往复"。循环论是《老子》的生成论的特点之一,也是整个《老子》哲学的特点之一。循环论是小农简单再生产的反映,尽管其中含有合理的成分,但毕竟是《老子》历史局限性和阶级局限性①的表现,是《老子》的一个根本性的弱点。它只是在小农社会内转来转去的意识形态,不是突破小农社会,创造新社会的意识形态。要突破旧社会,创造新社会,必须讲螺旋论。

道和名是《老子》第一章提出的一对范畴,具有存在和思维的意义。"道→名"的过程,具有"存在→思维"的意义。这个过程,照此章前段所说,是"道→物→名"或"道→动→静→名"的过程。《老子》的道,是道与静的统一。道是动,作为本体,而生万物。道是静,作为规律,而万物遵守之。万物体现着道之动,是其本体。万物遵守着道之静,是其规律。所以物也是动与静的统一。万物复归于名,就是说在宇宙生成过程中,在道生万物过程中,达到了产生思维、产生理性认识即获得各物的概念的阶段,这才出现"观"的过程。所以观的过程也属于道生万物的总过程,都是运动的过程,是动观,不是静观。当然,观也是动与静的统一。但是总的说来,不能说是静观。这虽然是我们的理解,但是此章第一句讲道、第二句讲物、第三句讲观,这个语序所显示的过程,是可以而且应当作为理解的根据的。

七、直观说考辨

有人以为《老子》的认识论是直观的。直观说的根据不妨从认识

---

① 我们认为《老子》代表封建制度中的小农说话。说详拙作《论帛书本〈老子〉的社会学说》第四节。

的器官说起。

《老子》说:"五音使人耳聋","五色使人目盲"(第十二章)云云,这实际上是承认耳目等是感性认识的器官。《老子》还说:道"视之而弗见","听之而弗闻","随而不见其后,迎而不见其首"(第十四章),"视之不足见也,听之不足闻也"(第三十五章),这实际上是承认耳目等不能认识道,即不是认识道的器官,精确地说,即承认耳目等不是认识道作为理性认识对象的器官。照《老子》所说,道是有与无的统一。道作为有,则"有象","有物","有精","有信",是感性认识的对象;道作为无,本来无名,但既称为道,便姑有其名,其名即其概念,是理性认识的对象。这个意思,第二十一章讲得很明白,已如前述。上引第十四章、第三十五章所讲的,都是就道作为无而言。道作为理性认识的对象,耳目等不是认识它的器官。道作为无,是理性认识的对象的总代表。道如此,则理性认识的一切对象皆如此,皆不以耳目等为认识它们的器官。

那么,《老子》以什么为理性认识的器官?《老子》认为如何认识理性认识的对象呢?

帛书本《老子》中"心"字凡九见,都没有明说心是理性认识的器官。《老子》中没有"思"字①,也没有"虑"字。由此可以设想:《老子》的认识论中,虽有理性认识的地位,但是没有"思"的地位;虽有"心"的地位,但是没有理性认识器官的地位。由此更可以推断:《老子》的认识论不用思,即不用推理,即主体获得对客体的认识时不经过中间过渡的过程和状态;也不用专司理性认识的器官,只凭主体和客体直

---

① 《老子》第十九章有"少私寡欲"一语,今本、帛书本皆同。惟刘师培《老子斠补》谓此语中"私"当作"思",其根据是《文选》卷20谢灵运《邻里相送方山诗》:"积疴谢生虑,寡欲罕所阙。"李善注引:"老子曰:少思寡欲。"查帛书甲本此语空缺,乙本"少"、"寡"之间缺字,无由对勘,未便遽改。

接契合,即直观,即顿悟,即神秘主义,即非理性主义。此类设想和推断正是某些研究者所共有的,虽然他们并未指出《老子》无"思"字以为论据。

但是这样的设想和推断是不能成立的。其所以不能成立,是因为它只停留《老子》文字的表层,没有深入到语义的深层,还只因为它只注意到《老子》内的"小气候",没有注意到《老子》外的当时思想界的"大气候"。

当时思想界的"大气候"中,既有"心之官则思"之说,可以《孟子》为代表;又有心之官则知之说,可以《墨经》为代表。《墨经》还独创了一个"恕"字①,以表此义。《老子》属于后一说。两说虽有一字之差,从语义所指看,还是共同认为心是理性认识的器官。

《老子》语义的深层,虽然认为心是理性认识的器官,但现在认为心有此种官能,是由于有气使心。第五十五章说:"心使气曰强","谓之不道,不道早已"。由此可以推知:气使心曰弱②,合于道而长久。第十章更明确地说:"抟气至柔,能婴儿乎",这是说"气"的;"修除玄鉴,能无疵乎",这是说"心"的;"爱民治国,能毋以知乎",这是说"知"的。要"毋以知",正是承认已经有了知。这三句的顺序,显示出"气"使"心"而有"知"的过程和意义。

老子的后学,稷下派以心为"舍",庄子派以心为"斋",都是指"气"居住的地方。由于心中住的有气,所以知"道",这是两派之所同。所不同的是,老子和稷下派都认为理性认识的器官还是心,不过心有气才有官能,正是在这个意义上肯定了气使心;而庄子派则主张

---

① 伍非百《墨辩解故》云:"《经说》知、虑、知、恕四条……皆以眼为喻。五官中惟视官与心官相近,故举以为喻。"见《中国古名家言》第25页。此解颇足以发明心之官则知之说。

② 第四十章:"弱也者,道之用也。"

"毋听之以心,而听之以气"①(《庄子·人间世》),可以理解为理性认识不用心,只用气,而气非器官。庄子派此说,给他们的认识论带来严重后果,将来讨论《庄子》时再来详说。现在只说,《老子》主张气使心而有知,很有强调气即物质具有第一性的倾向,这是唯物的倾向。

帛书本《老子》中"知"字凡六十六见,分布在三十二章。其中是名词者凡十见,是动词者凡五十六见。作动词的五十六个知字中,有二十个明显地指的是在论证的推理活动中获得知。例如第五十七章的"吾何以知其然哉",其前提出了论题,其后摆出了论据,正是由这样的推理得以"知其然"。另外的三十六个作动词的知字,例如第八十一章的"知者不博,博者不知",也明显地是由归纳推理得知,并无直观的神秘色彩。

有人说,《老子》主张"要认识这个'道'","只有用内心直观的方法"。

其实不然,如第二十一章所显示,认识"道",经历了认识"象"、"物"、"精"、"信"的感性认识阶段和认识"名"的理性认识阶段,这就不是直观,因为直观是认识的主体与认识的对象直接契合,不经历任何中间阶段。

又如认识"无为",也不是直观,而是如第四十三章所说,由"天下之至柔,驰骋于天下之至坚"的感性认识,上升到"无有入于无间"的理性认识,"是以知无为之有益",才认识了"无为"。

再如认识"知足",也不是直观,而是如第四十四章、第四十六章所说,由"甚爱必大费,多藏必厚亡","祸莫大于不知足"这些前提推论而来。直观既没有中间阶段,就没有推理过程。《老子》则充满了

---

① 此处"听"字所指并不限于耳的功能。听字篆体从耳从心,可以指动员感性认识器官和理性认识器官一齐来应付外物。如孔子说:"听讼,吾犹人也。必也,使无讼乎!"(《论语·颜渊》)又如后世的"垂帘听政",所用听字皆是此义,绝不只是用耳朵听听而已。

推理和论证的过程。

我统计了《老子》中采取推理和论证形式的全部论述。其前提与结论或论据与论题的连接成分为"故"者凡五十二见，为"是以"者凡四十一见，为"是故"者凡一见，三者分布遍及五十二章。这样的分量，大概足以否定直观说而有馀吧。何况还有另外四种情况：

（一）通过"吾何以知某某之然也（哉），以此"下结论者凡二见（第二十一章，第五十四章）；

（二）以"夫何故也？以其……"为标志者凡二见（皆在第五十章）；

（三）虽无此类标志，然语意实有论据与论题的内在关系，如第九章的"殖而盈之，不若其已"等四句实为证成"功遂身退，天之道也"的论据；

（四）虽无此类标志，然语义实为"层递"①，修辞属于"顶真"的"联珠格"，凡七见：

第十六章云：

知常，容

    容乃公

        公乃王

            王乃天

                天乃道

                    道乃久

第二十五章云：

人法地

    地法天

        天法道

---

① 借用陈望道《修辞学发凡》术语，见该书第205页。所指者皆有逐层递进的中间推理过程。

　　　　道法自然

第三十七章云：

万物将自化

　　　化而欲作，吾将镇之以无名之朴

　　　　　镇之以无名之朴，夫将不辱

　　　　　　　不辱以静，天地将自正

第五十九章云：

早服是谓重积德

　　　重积德则无不克

　　　　　无不克则莫知其极

　　　　　　　莫知其极，可以有国

　　　　　　　　　有国之母，可以长久

第二十八章云：

知其雄，守其雌，为天下溪

　　　为天下溪，恒德不离

　　　　　恒德不离，复归于婴儿

知其白，守其辱，为天下谷

　　　为天下谷，恒德乃足

　　　　　恒德乃足，复归于朴

知其白，守其黑，为天下式

　　　为天下式，恒德不忒

　　　　　恒德不忒，复归于极

　　综上所述，可见《老子》的认识论不是直观的。

　　或可说，以上所述，可谓毫不相干，因为都是《老子》所用的"元（meta-）理论"，不是《老子》要讲的"目的（target）理论"。元理论与目的理论不必相同。例如叔本华的《作为意志和表象的世界》一书宣扬直观,但是此书并不是用直观讲直观,而是用推理讲直观。它的目的理论虽是直观,它的元理论仍用推理。《老子》的情况正与此同类。

对此,我的回答有两点:

第一,《老子》一书中不存在目的理论与元理论的区别,其认识论毫不例外,亦无此区别。

第二,国外的数学、语言学、逻辑学等领域,近年来讲这种区别的虽然不乏其人,但是无论其目的理论和元理论,都是推理的,不是直观的。叔本华此书的目的理论的确宣扬直观,其元理论的确运用推理。他这种干法,我们认为是不彻底的,不一贯的。宣扬直观,而又干得很彻底、很一贯的,在比较常见的文献里,莫过于中国禅宗的著作。以《坛经》为例,它除了叙事部分以外,凡属显示"第一义"的部分,无不诉诸直观,一概不用推理。《坛经》的认识论,才是真正彻底而一贯的直观认识论。将《坛经》与《老子》比较,很有助于理解《老子》的认识论不是直观的。

八、《老子》以甲观甲说与赫拉克利特等以同知同说异同论

在第二节,我们将"以身观身"以至"以天下观天下"公式化为"以甲观甲",并且指出它具有按事物本来面目认识事物的意义。现在再来讨论它具有的另外的意义。

"以甲观甲",作为《老子》的认识论的根本原理,是以《老子》的宇宙本体论和宇宙生成论为基础的。《老子》认为,宇宙本体是道,宇宙生成是道生万物。"以甲观甲"可以化为"以道观道"和"以物观物",而"以物观物"也是"以道观道"。

这种思想,与古希腊哲学中的"以同知同"说有惊人的相似之处。古希腊的以同知同说,比老子其人大概稍晚,比《老子》其书大概稍

早。这使我们有根据设想,人类思维的发展,在一定的历史阶段,会出现同类的环节。兹略加比较如下:

赫拉克利特以为世界的变化是遵循法则的,他把这种法则称为智慧,人的智慧和世界的法则是一气相通的,所以有智慧的人能认识世界的法则。这就是说,人以所禀受的世界法则,认识人以外的世界法则。这就是以同知同。比他略早的巴门尼德以为感觉是以同知同,人以体内的与外物相同的元素感知体外的那个物体,如以体内的温或冷感知外物的温或冷,从而感知外物。据德奥弗拉斯特说,巴门尼德"把感觉和思维当作同一的东西",则感觉的以同知同,也就意味着思维的以同知同。恩培多克勒接受了巴门尼德的以同知同说,认为人身上的一种根感知外物中的同一种根,他说:"我们以土见土,以水见水,以空气见光明的空气,以火见毁灭的火"。这就与《老子》的"以身观身"云云惊人地相似了。①

《老子》之说,与赫氏、巴氏、恩氏之说,有一点相同,两点不同。

赫、巴、恩三氏之说,彼此也不完全相同,但是有一个根本之点相同,都以为认识中的主体和客体是由相同的东西构成的。《老子》亦然,并以为这种相同的东西就是道,所以主体认识客体,归根结底,是以道知道。《老子》与三氏这一相同之点,具有根本的意义。这一点提供了认识的可能性即世界可知性的理论根据、主体与客体的同一性的理论根据、思维与存在的同一性的理论根据,甚至提供了主体认识客体就是社会(以至宇宙)主体自己认识自己的理论根据。了解后世认识论历史的人,都会理解这种理论根据的意义,它简直是后世认识论的历史舞台,一切戏剧都在它上面表演出来。

---

① 所述古希腊诸哲之说,据唐钺《西方心理学史大纲》第6、7、9页。所引德奥弗拉斯特的话,出自德氏《论感觉》,转引自黑格尔《哲学史讲演录》中译本第1卷,第270页,商务印书馆1981年出版。

《老子》与三氏不同的两点是：

第一，《老子》的以甲观甲，只有作为以道观道，才与三氏的以同知同相同，因为都是说的主体与客体的同一。若作为以物观物，则要求物的观念形态与物的客观实际相合，这是三氏所未涉及的，而《老子》在此则迈进了一大步。《老子》要求"身"、"家"、"乡"、"邦"、"天下"的观念形态分别与各自的实际状况相合，并且仿此以知天下万物。这实在是中外认识论历史上最早最可贵的原理之一。

第二，更重要的不同是，相形之下，三氏之说基本上是科学的讲法，《老子》之说才纯粹是哲学的讲法。三氏所讲的都是某物，《老子》所讲的则不是某物，而是生成万物的道。《老子》以为道是有与无的统一。说道是无，即不是某物，这种讲法就与科学相区别，而立足于哲学。说道是有，则客观存在，这种讲法就与唯心论相区别，而立足于唯物论。

九、《老子》对知识的肯定

从本节起，进而讨论《老子》关于知识的论述，即讨论《老子》的知识论。

《老子》对社会人事进行评价时，所用考语，最高最佳者，莫过于"没身不殆"（或略为"不殆"），"可以长久"。这是决不轻易使用的，犹如孔子决不轻易许人为"仁"一样。

《老子》全书中，被称许为"没身不殆"、"可以长久"者仅有三事：
一曰"啬"：

夫唯啬……可以长久（第五十九章）。

一曰守道"知常"（以下略为"知常"）：

天下有始，以为天下母。既得其母，以知其子；既知其子,复守其母:没身不殆(第五十二章)。

"知常,明也。……知常……没身不殆"(第十六章)。

一曰"知足""知止"(以下略为"知足"):

知足不辱,知止不殆:可以长久(第四十四章)。

知止,所以不殆(第三十二章)。

将三者合起来看,可知《老子》的理想社会,是以"啬"(农业)为基础,由"知常"的统治者和"知足"的被统治者组成①。这样的社会,自然没有危机,可以长久。这样的社会中的人,自然一辈子没有危险,可以长久。这种理想,就是长治久安。生于乱世,希望长治久安,这种心情是完全可以理解的。这反映了当时百分之九十以上的中国人的希望和心情。

一切为了长治久安,这是《老子》思想的出发点和归宿,也是打开《老子》思想这把锁的钥匙。长治久安,属于社会思想。就思想的逻辑层次说,是先有形上学②思想,然后应用于社会思想。就思想的形成历史说,则是先有社会思想,然后赋以形上学的根据。《老子》的以道为核心的形上学,就是为长治久安的社会思想提供根据。有人只讶其奇谈怪论,我们则怜其苦心孤诣。

一切为了长治久安,也是《老子》观察知识问题、评价知识的社会作用的根本出发点和唯一标准。本着这个出发点和标准,《老子》对于知识既有肯定,又有否定。本节只讨论其肯定的论述。

上述的"知常"、"知足",都是"知"字当头,都是知识。先来看这两点知识《老子》是如何肯定的。

---

① 按《老子》的思想方法,此意应指:全社会皆应"知常",而统治者以知常为主,全社会皆应"知足",而被统治者以知足为主。

② 此指哲学中抽象的根本原理部分,我们称之为"形上学"。与辩证法相对时,则称为"形而上学",以资区别。

《老子》对"知常"评价之高,真是再怎么高估也不会过高。照第十六章所说,知常与否,乃吉凶所由分,因为知常能引起一系列最佳的连锁反应①,直至产生"乃久,没身不殆"的理想效果。对于知常这种知识,《老子》所怀的信心,决不下于培根对于知识所怀的信心。培根只是说"知识就是力量",而《老子》对知常的称道,显然不只是说它是力量,简直是说它是力量的力量。

《老子》为了肯定"知足",一则说"知足者,富也"(第三十三章),再则说"知足之足,恒足矣"(第四十六章),更从反面说"祸莫大于不知足"(第四十六章)。已经说得很明白了。我只顺便指出,《老子》所说的"知足"之"足",是有其最低限度和基本条件的。其最低限度是"甘其食、美其服,乐其俗,安其居"(第八十章),否则便是不足。其基本条件是统治者"知常",即其上无为,否则也是不足,不仅不足,而且不治。"百姓之不治也,以其上之有为也,是以不治"(第七十五章)。在不足的情况下,当然谈不上知足。

再将《老子》肯定知识的其余论述全部胪列如下:

第二十八章:"知其雄,守其雌";"知其白,守其辱";"知其白,守其黑"。第三十三章:"知人者,知也";"自知者,明也"。第七十二章:"圣人自知而不自见也"。这是肯定知其雄、知其白、知人、自知的知识。

第十四章:"执今之道,以御今之有,以知古始,是谓道纪。"这是肯定知道纪的知识。第十七章:"太上,下知有之。"这是肯定下知有

---

① 其第一个反应是"知常,容。""容"是有能容之量。第七十八章说:"受邦之垢,是谓社稷之主;受邦之不祥,是谓天下之王。"正是所谓"明主"、"圣王"的写照,皆以能容为必要条件。西方的资产阶级民主精神,在口头上也很强调"容"。至于社会主义民主、无产阶级民主集中制如何看待"容",很值得探讨,可以从刘少奇的《论党内斗争》等著作得到启发。在字义上,"容"、"受"可以互训。《荀子·解蔽》"故曰心容"杨倞注:"容,受也。"杜甫《南邻》诗"野航恰受两三人",受,容也。

上的知识。

第七十章:"吾言甚易知也,甚易行也;而人莫之能知也,莫之能行也";"夫唯无知也,是以不我知;知我者希,则我贵矣"。这是批评无知而不知老子,肯定知老子的知识。第七十八章:柔弱胜刚强,"天下莫弗知也,而莫之能行也"。第五十三章:"使我絜有知也,行于大道,唯施是畏。"都肯定应当有此知识。

第二十一章:"吾何以知众父之然也?以此。"第五十七章:"吾何以知天下之然哉?以此。"第五十七章:"吾何以知其然哉?"云云。第七十三章。"天之所恶,孰知其故。"都肯定知其然、知其故的知识。第四十三章:"吾是以知无为之有益也。"这是肯定知无为的知识。

第五十六章:"知者弗言,言者弗知。"第八十一章:"知者不博,博者不知。"是戒言、戒博而肯定有知识。

凡所肯定,也就是肯定知道、行道以达到长治久安,这是无须一一说明的。

十、《老子》对知识的否定

《老子》认为,危害长治久安的基本因素有两个:一是统治者有为,一是被统治者不知足。为了消除隐患,必须使统治者知常而无为,被统治者无知而知足。

所以《老子》宣扬"知常"、"知足",而由此二者分别导致对知识的肯定或否定。知常导致肯定知识,因为无知不能知常[①]。知足导致否

[①] 在下一节中将阐明,"常"是由否定普通知识而获得的更高层次的知识。知常必须通过(而又否定)普通知识,所以无知不能知常。

定知识,因为有知不能知足①。知常是统治者的事,所以在统治者范围内肯定知识。知足是被统治者的事,所以在被统治者范围内否定知识。并且不要统治者"以知知邦",以免知识由此渗入被统治者范围之内。

《老子》关于否定知识的论述,具见于第十九章、第三章、第六十五章、第十章。第十九章具有纲领的意义,其全文云:

> 绝圣弃知,民利百倍。绝仁弃义,民复孝慈。绝巧弃利,盗贼无有。此三言也,以为文,未足。故令之有所属。
>
> 见素抱朴,少私寡欲,绝学无忧。

此章是在"民利百倍"即百倍利民的旗帜下,在"民"的范围内,全面否定知识的纲领。也是全面治民的纲领。从知识的角度看,"绝圣弃知"是否定知识的总体;"绝仁弃义"是否定社会学说;"绝巧弃利"是否定自然科学和技术。这三"言"都是"文"治,可见统治者必通文,即有知识。这三言作为文治纲领也够全面了,但是还"未足"以治民,还要令民"有所属②",就是说光用文的还不够,还要将民作为臣属而统治之,即还要来武的。最后三句是预期的效果:使民外素而内朴,在物质生活上少私寡欲,在精神生活上根绝知识而无忧无虑,达到《老子》认为最理想的自然境界。

第三章全文云:

> 不上贤,使民不争。不贵难得之货,使民不为盗。不见可欲,使民不乱。是以圣人之治也,虚其心,实其腹,弱其

---

① "知足"本身也是知识。知足虽然导致对知识的否定,但是知识本身不可能被否定。因为"否定知识"的言论,本身也是知识,若否定知识本身,则必然也要否定"否定知识"这个知识,于是陷入悖论,无法解脱。在实际历史中,一切否定知识的英雄好汉,他们所干的,不过是企图以他们自己的那一套知识,代替前人和别人的知识而已。

② 《左传·哀公十一年》"不属者,非鲁人也"杜预注:"属,臣属也。"

志,强其骨。恒使民无知无欲也,使夫知不敢为而已①,则无不治矣。

此章主旨是"圣人之治","恒使民无知无欲"。为此采取种种措施,都是使"民"如何如何,可见是限于被统治者范围之内,这个界限很清楚。结语是民无知而上无为,则无不治。

第六十五章全文云:

> 古之为道者,非以明民也,将以愚之也。民之难治也,以其知也。故以知知邦,邦之贼也;以不知知邦,邦之德也。恒知此两者,亦稽式也。恒知稽式,此谓玄德。玄德深矣远矣,与物反矣,乃至大顺。

第三章说民无知则治,此章说民有知则不治。此章干脆说穿,所谓圣人之治,就是愚民,就是不以知知邦。说到"愚民",我们极其反感,《老子》则觉得再好不过。人类早期,都有过称颂无知和愚人的思想。例如伊甸园内的亚当、夏娃,在未吃智慧果以前,是标准的无知,标准的愚人,却受到称颂,而智慧果则被视为万恶之源。《旧约·创世纪》用形象思维说出了这种思想,《老子》则用抽象思维说出了这种思想。《老子》还进一步将愚民提到玄德的高度。照《老子》所说,玄德不予人以知,却予人以深、远的情、意②。诸葛亮《诫子书》云:"非澹泊无以明志",深也,"非宁静无以致远",远也。——即得力于玄德之言,非知识所能办,这已经进入形上学了。第十章就更进一步为"毋以知"建立形上学的根据,其全文云:

> 载营魄抱一,能毋离乎?抟气至柔,能婴儿乎?修除玄

---

① "使夫知不敢为"是说使圣人知道无为。前面各句都明说,使民如何,此句无民字,可见是说使圣人如何。而且民若无知无欲,则是不知为,不欲为,不是不敢为。只有圣人由知识而知无为之益,有为之害,所以不敢为。

② 《老子》的意识论,兼及知、情、意。第三章知与欲并提,欲属于情。第三章"弱其志",第三十三章"强行者有志",都是讲意(志)。本文只论知,故情、意存而未论。

鉴,能无疵乎?爱民治国,能毋以知乎?天门启阖,能为雌乎?明白四达,能毋以知乎?生之,畜之,生而弗有,长而弗宰也,是谓玄德。

第一句说"道",第二句说"气",第三句说"心",第四句说"知",第五句说"守",第六句说"明"(这个"明"不是"明民"的明,而是"知常,明也"的明,即更高层次的明)。六句话讲了宇宙本体和宇宙生成的形上学,讲了从存在到思维、从宇宙到人生的全部生成过程。并且指明"毋以知"在其中的地位。最后几句是赞美这个生成过程的自然而然,不存在归谁所有、由谁主宰的问题。这就是玄德的状态,如第六十五章结语所说,虽然与"物"①相反,却"乃至大顺",导致宇宙和谐,天下大治。

在中国思想史中,"明民"与"愚民"的对立,或"以知知邦"与"以不知知邦"的对立,由来已久。从《尚书·尧典》的"克明俊德","黎民于变时雍",同书《康诰》的"克明德"、"作新民",经过《荀子·致士》的"今人主有能明其德,则天下归之",到《礼记·大学》的"大学之道,在明明德,在新民",都是"明民","以知知邦"。这是一条路线。这条路线,有伟大成绩,也有很大问题。与之对立的路线早已存在,传说中大名鼎鼎的许由之流就是其代表人物的影子。到了《老子》,才明确提出"愚民"和"以不知知邦",企图解决"明民"和"以知知邦"所不能解决的问题,建立一种对立的社会模式和生活方式。这两条路线,只有在与对方对立而统一中,才能获得自身的真实性和真理性;若脱离对方,自身也就成为虚假和荒谬。中华民族的共同精神结构,或曰民族精神,是伟大而博大的,就因为其内容充满了这样的对立而统一。即如《老子》的"毋以知",不管你赞成还是反对,反正它存在,有其适当的用场。它并非《老子》的独创,《慎子》也说"不瞽不聋,不能为

---

① 此"物"字指"物议",即众议,即常识,即普通层次的知识。

公"①,所指正同。《资治通鉴》卷二百二十四"唐代宗大历二年"云:

> 郭暧尝与昇平公主争言。暧曰:"汝倚乃父为天子耶?我父薄天子不为!"公主恚,奔车奏之。上曰:"此非汝所知。彼诚如是。使彼欲为天子,天下岂汝家所有耶!"慰谕令归。子仪闻之,囚暧入待罪。上曰:"鄙谚有之:'不痴不聋,不作家翁。'儿女子闺房之言,何足听也。"子仪归,杖暧数十。

这就是《打金枝》的本事。这个戏现在还是许多剧种的保留剧目,拍成影片,人们也看得津津有味,觉得在处理内部关系特别是家庭关系上很有教益。其实这就是《老子》"毋以知"的用场。只要是"过来人",大概都有此体会。

《老子》在被统治者范围内否定知识,这个思想,曾经被新兴地主阶级恶性发展,秦始皇是其代表人物。这种恶性发展,与《老子》这个思想的本身是有区别的。《老子》这个思想的本身,则是两千多年前封建社会小农狭隘性的表现,汉高祖是其代表人物。小农出身的刘邦,已经做皇帝了,还是大骂陆贾:"乃公(你老子)居马上而得之,安事诗书!"(《史记·陆贾传》)多亏叔孙通等人费尽九牛二虎之力,才使他比较正确地对待知识和知识分子。这是一个再教育的过程,是小农出身的皇帝必不可少的。

《老子》对知识的肯定,如肯定"知常",是作为循环中的一个环节,是循环论的。第六节已经指出,这种循环是小农意识的表现。《老子》以知常、知足为基础的长治久安策,都是小农意识的表现。

十一、《老子》论"知不知"

《老子》对知识,既肯定,又否定,于是有肯定与否定的综合:知不

---

① 辑本《慎子》编入"逸文",辑自《太平御览》卷 496。

知。第七十一章说:"知不知,尚矣;不知不知,病矣。"这是从正反两方面提出和肯定了"知不知"。

"知不知"是"为无为"在知识问题上的应用,与"为无为"、"事无事"、"味无味"(第六十三章)、"欲不欲"、"学不学"(第六十四章)同属一个模式。

吴澄的《道德经注》第二十七章注中说:"善行者以不行为行","善言者以不言为言","善计者以不计为计","善闭者以不闭为闭","善结者以不结为结"。此注甚合原意。这是"为无为"的展开,公式是"以不甲为甲"。应用于知,便得出"知不知"。照此章所说,凡按此办理者,皆是"愧明"。《仓颉篇》云:"愧,明也。"①则"知不知"亦是"明",而与"知常"同类②。第九节已经指出"知常"在《老子》中地位之高。所以"知不知,尚(上)矣"。

从《老子》的明言和暗示,可知有两个层次的知识:普通层次的知识就是"知",高级层次的知识则是"明"。"明"是由否定"知"而得的知识,所以是"知不知"。这个"不知"是"非知识",即普通知识的否定。

第四十一章说:"明道如昔(昧)。"普通的知识是明道不昧,经过否定,得出明道如昧,成为高级的知识。前者为知,后者为明。此章又说:"进道如退。"普通的知识是进道不退,经过否定,得出进道如退,成为高级的知识。前者为知,后者为明。《老子》提出了一系列这样的命题:

| 明道如昔 | 进道如退 | 夷道如颣 |
| 上德如谷 | 大白如辱 | 广德如不足 |

---

① 转引自朱骏声《说文通训定声》履部。
② 此类实例和成果,还可举出一些。如第二十二章:"曲则全,枉则正,洼则盈,敝则新,少则得,多则惑。"也都是否定普通知识的高级知识。

建德如婾	质真如渝	大方无隅
大器免成	大音希声	大象无形
道褒无名(以上见第四十一章)		
大成若缺	大盈若盅	大直如诎
大巧如拙	大辩如讷	大赢如绌(以上见第四十五章)

都是"知不知"的实例和成果。

第三十六章说:"将欲翕之。"普通知识的"翕"是"张"之反,由否定"翕"而得出"必姑张之",而构成高级知识。又说:"将欲弱之。"普通知识的"弱"是"强"之反,由否定"弱"而得出"必姑强之",而构成高级知识。此章还说:"将欲去之,必姑与之。将欲夺之,必姑予之。是谓'微明'。"也都是"知不知"的实例和成果。微,精也。微明,即精明。可见此类高级知识叫做"明"。它也就是"常",也就是"道"。

第四十一章说:"上士闻道,勤能行之。"所闻的就是此类高级层次的知识,行之就是"㦻明"[①],就是"袭常"[②]。又说:"中士闻道,若存若亡。"中士的反应是若有若无,将信将疑。又说:"下士闻道,大笑之,弗笑不足以为道。"下士的反应是根本不信,付之一笑,想必以为是奇谈怪论吧。"不足以为道"正是普通层次的知识。三种人的不同反应,极其生动地显现出两个层次的知识的区别。

掌握了这两个层次的区别,又可以进一步理解:《老子》对知识的肯定,所肯定的是高级层次的知识;《老子》对知识的否定,所否定的是普通层次的知识。

总起来说,《老子》对知识的肯定和否定,有两个步骤。第一个步骤是,在统治者范围内肯定知识,在被统治者范围内否定知识。第二个步骤是,在肯定知识的范围内,再肯定高级层次的知识,而否定普

[①] 见第二十七章。另据《说文》:"㦻,习也。"习有行的意思。
[②] 见第五十二章。袭,通习,亦有行的意思。

通层次的知识。所以《老子》最后肯定的知识,只有高级层次的知识。高级层次的知识,则突破统治者范围,也进入被统治者范围。例如被统治者的"知足",就是高级层次的知识。因为《老子》的"知足",尽管有第九节指出的最低限度和基本条件,但毕竟含有不足为足即"足不足"的意义。

恩格斯曾经精辟地论述"两种思维方法的实质"①。辩证法的思维方法所得的知识是高级层次的知识。形而上学的思维方法所得的知识是普通层次的知识。这就是所谓的"常识"②。"常识在它自己的日常活动范围内虽然是极可尊敬的,但它一跨入广阔的研究领域,就会遇到最惊人的变故。形而上学的思维方式,虽然在相当广泛的、各依对象的性质而大小不同的领域中是正当的,甚至必要的,可是它每一次都迟早要达到一个界限,一超过这个界限,它就要变成片面的、狭隘的、抽象的,并且陷入不可解决的矛盾③。"第十节着重指出,《老子》的否定知识,出于社会效果上的原因。现在再指出出于思维方法上的原因。就思维方法说,普通层次的知识的要害在于片面性。不要说片面性的后果了,就说片面性的本身,就是一个严重的公害。《老子》对此害是有丰富阅历的,是坚决反对的。《老子》指出"正言若反"(第七十八章),"与物反矣,乃至大顺"(第六十五章),甚至将"反"提高到"道之动"的地位[51]。这些"反",就思维方法说,就是反对此害。

为了解决作为社会问题的知识问题,"知不知"是《老子》提出的公式,也是《老子》指出的出路。

---

① 恩格斯《社会主义从空想到科学的发展》,《马克思恩格斯选集》第3卷,第417-420页。

② 这是沿用恩格斯的说法。至于常识是不是形而上学的思维方法的产物,这个问题相当复杂,尚可商讨。

③ 第四十章:"反也者,道之动也。"就知识说,高级知识是反着普通知识的方向运动和发展的。

论《庄》学三阶段

(1996年)

庄子和庄子学派的总集是《庄子》。在《庄子》中可以看出道家发展的三个阶段:

第一阶段:弘扬"天"(自然)、"道"、"德",掊击"仁"、"义"、"礼"、"法"。即掊击儒家、法家。

第二阶段:坚持天、道、德,否定而又吸收仁、义、礼,继续掊击法。即否定而又吸收儒家,继续掊击法家。

第三阶段:坚持天、道、德,否定而又吸收仁、义、礼、法。即否定而又吸收儒家和法家。具体表现为《天道》篇中的"大道"结构:

> 古之明大道者,先明天而道、德次之;道、德已明而仁、义次之;仁、义已明而分、守次之;分、守已明而形、名次之;形、名已明而因、任次之;因、任已明而原、省次之;原、省已明而是、非次之;是、非已明而赏、罚次之。
>
> 赏罚已明而愚知处宜、贵贱履位、仁贤不肖袭情;必分其能,必由其名;以此事上,以此畜下;以此治物,以此修身;知谋不用,必归其天:此之谓大平,治之至也。

"分、守"是"礼",自"形、名"至"赏、罚"是"法"。

第二阶段,《老子》已达到,见于《老子》第三十八章。第三阶段是

《庄子》对道家创造性的发展,极大胆的改革。这是关系到道家姓"道"还是姓"法"的生死存亡的大问题。改革成功了,道家发展了,道家发展成为"黄老",成为指导西汉前期帝业的理论基础,黄老人士成为领导西汉前期帝业的核心力量。

必须指明,即使在第一、二阶段,《庄子》与《老子》也有区别:《老子》主张"道法自然",《庄子》主张道即自然("道兼于天")。道法自然,则道与自然为二;道即自然,则道与自然为一。

中国文化总体结构,好比一座原子核反应堆:道家使反应堆每个原子(每个个人)能量释放出来,儒家是反应堆的软壳,法家是反应堆的硬壳。既然《庄子》第三阶段否定而又吸收儒家、法家,则软壳、硬壳皆由道家为之足矣。为了各得其所,还是让儒家当软壳、让法家当硬壳吧。

(1996年为蒙城庄子讨论会作)

道家注重个体说

(1991年11月)

先师冯友兰氏在《新理学》中说:"道家注重个体,他们不但不说一类事物所必依照之理,似乎对于类亦不注意"(《三松堂全集》第四卷,第90页)。

道家所说的"道",不是"一类事物所必依照之理"吗?

1950年代后期,对于老庄哲学曾有一阵子热烈的讨论。在讨论中,冯氏感到,双方若要真正针锋相对,必须首先弄清楚,道家所说的"道",以及其他主要名词,到底是什么意思。要做到这一点,光用某一书的某段某句,是不行的。这要根据道家,主要是先秦道家,不仅是道家专著,而且包括涉及道家的杂著,这些资料的全部,分析比较,融会贯通。这当然不是容易做到的,可是冯氏亲自做了,其成果就是《先秦道家哲学主要名词通释》。此文发表于《北京大学学报》人文版1959年第4期,收入《中国哲学史论文二集》。其学术意义,与陈淳的《北溪字义》,熊十力的《佛家名相通释》,属于一类,鼎立而三。

这里只说道家的一个最重要的名词:"道"。

从现存资料看,先秦道家有齐道家,即稷下派;还有楚道家,即《老子》派和《庄子》派。稷下道家有《管子·内业》等四篇,所说的"道"是精气。"道"的这个意义,贯通道家各派,此各派之同。还有各派之异,即各派特点。冯氏指出,《老子》所说的"道"有五个特点:一是"无";二是"常";三是"其大无外,其小无内";四是"周行";五是"无"与"有"统一。他还指出,《庄子》所说的"道"有四个特点:一是"无有";二是"非物";三是"议之所止";四是"为之公",即抽象的"全"。《庄子》所说的"道",固然也贯通着精气的意义而主张"通天下一气耳"(《知北游》),然而终于达到"无无",有否定精气意义的意义。

精气的意义,《老》《庄》特点的意义,各是什么,冯氏原书具在,这里不赘。这里只特别着重指出一点:这些意义共计十条,没有一条是指"一类事物所必依照之理"。附带指出:道家哲学的其他主要名词,也没有一个是指"一类事物所必依照之理"。就是说,从逻辑学名词分类看,它们都不是抽象名词。

《老子》全书无"理"字(亦无"类"字)。《老子》主张"道法自然"(第二十五章),"自然"意谓自己如此。自己当然是个体自己。自己如此,相当于《庄子》的"万物殊理"(《则阳》)。"万物"是一个一个的个体,"殊理"是各有不同的理,即个体自己生存变化之道。个体自己生存变化,《老子》谓之"自化"(第三十七章,第五十七章)。个体自己生存变化之道,《庄子》谓之"自本自根"(《大宗师》)。《管子·心术上》说:"道之与德无间(房玄龄注:道、德同体,而无内外先后之异,故曰无间),故言之者不别也(房注:同体故能不别),间之理者,谓其所以舍也(房注:道、德之理可间者,则有所舍、所以舍之异也)。"这句话说明了"道"、"德"、"理"三个名词所指的东西的关系:道与德在本体上并无分别,因为都是精气;但在言语上可以分别道与德,因为道是精气,而万物(包括人)个体所得的精气(道)就是各个体的德;所以,道是"所舍",德是"所以(以,读作已)舍",精气弥漫宇宙,而一个个体为什么能得并只得它所已得的那些精气,则是这个个体的理使然。由此可见,稷下派和《庄子》派所说的理,是指个体自具之理,不是指"一类事物所必依照之理"。

冯氏50年代后期的研究成果,进一步充实和加强了他在30年代末所著《新理学》中对于道家的判断,如本文开端所引者。

《新理学》还说:"道家所说之道,颇有似于我们所说的真元之气"(《三松堂全集》第四卷,第50页)。"真元之气"简称为"气"。新理学的形上学有四个基本观念(或名词):理,气,道体,大全。其中的气就是真元之气。

在新理学看来,道家哲学,其形上学,可称"气学"。冯氏的《中国哲学史新编》分宋明道学为三派:气学,理学,心学。宋明道家的气学,如果寻根,就寻到先秦道家。气学是唯物论,它以气的聚散,说明万物的生灭。但是接着就有一个大问题:万物皆为气之聚,何以有的生而为树类,有的生而为人类,总之,何以生成许多的类?这是光用"气"不能说明的,这就必须讲"理",此"理"乃是"一类事物所必依照之理"。就是说,气依照树类之理而聚,乃生树类;气依照人类之理而聚,乃生人类;总之,气依照某类之理而聚,乃生某类。这样讲,显然大进一步,这是理学的贡献。专就这点贡献说,理学并非唯心论,因为唯物论也要讲理。理学之为唯心论,不在于它讲理,而在于它以理为本。但是接着又有一个更大的问题:同是树类,或更窄一些,同为松树类,何以这棵松树与那棵松树不完全相同?同是人类,或更窄一些,同为地主阶级小姐类,何以林黛玉与薛宝钗不完全相同?换言之,何以生成个体?这是光用"理"不能说明的,因为理只能说明类之所同,只能说明何以有类,不能说明何以有个体。气学穷而讲理,理学穷再讲什么?

这个更大的问题,是新旧理学都没有真正解决的。新旧理学都接触到这个问题,都没有真正解决这个问题:这一点下文另有详说。专就宋明道学说,在哲学的意义上,理学是气学的否定,心学是理学

(以及气学)的否定。理学是气学的否定,而解决了气学未解决的何以有类的问题。心学是理学的否定,却并未解决理学未解决的何以有个体的问题,心学是唯心论,亦有贡献,其贡献别有所在,兹不具论。

下文就围绕何以有个体的问题讨论下去。

一切事物都是一个一个的个体,或者说,凡存在都是个体的存在。这是眼一睁都看到的事实,问题只在于如何说明它。类当然也存在,但是类的存在是通过本类所有的个体而存在,或者说,类的存在必须具体落实为个体的存在。

就人而言,人类的存在就是所有个人的存在。除了所有个人的存在,还有什么人类的存在呢?但是据说,个人与人类的关系,不同于个人与集体的关系。人类等于所有个人之和,集体不等于本集体内个人之和。在正常情况下,集体大于本集体内个人之和。打个比方,集体是一串珍珠,本集体内的个人都是珍珠,一串珍珠比这些珍珠之和多了一根串子,可见集体大于本集体内所有个人之和。此喻虽妙,无奈人不是珍珠。就算集体也有一根串子把本集体内所有个人串起来。这根串子是一定有的,必须有的,问题只在于这根串子是哪来的。如果这根串子是外来的,强加的,那就不用说了。如果这根串子是内在的,自愿的,换言之,是所有个人约定的,则这根串子不是别的,只是所有个人的辐射物,可射出,可收回,完全是这些个人自己本有之物。则这根串子并不是在所有个人之外有所增加之物。既然无所增加,所以集体仍然等于(而不大于)本集体内所有个人之和。所谓集体力量大,力量再大也是来自个人,不是来自个人之外。也可能集体力量小,例如"一个和尚挑水吃,两个和尚抬水吃,三个和尚没水吃"。不光没水吃,还会打架呢。所谓"等于",虽然是表示"量"的关系,但首先是表示"质"的关系。这根串子是个人内在的,自愿的,这就是质的问题,它并不因为形成集体而变质。正因为在集体内仍不变质,仍是内在的,自愿的,所以在量上无所增加,而是"等于"。

个体是"殊相",类所依照之理是"共相"。一个个体有许多"性",简直说不清有几多性。每一性都属于一个类,依照此类的共相而有此性。例如某甲是好人,又高又胖。他属于人之类,依照人之类的共相而有人之性;又属于好之类,依照好之类的共相而有好之性;又属于高之类,依照高之类的共相而有高之性;又属于胖之类,依照胖之类的共相而有胖之性。假定某甲这个殊相所有的全部的性是n个,则他属于n个类而依照n个类的共相。如果完全抽去他所依照的n个类的共相,他这个殊相就只剩下一个零了。由此看来,殊相以共相为内容,殊相没有自己的内容。殊相不过是共相的复合而已。没有自己的内容,就等于没有了。你可以说,没有自己的内容,总还有个纯形式、纯符号。纯形式、纯符号,在(例如)几何学、逻辑学中是有意义的。但是一个个体,一个殊相,若被说成没有自己的内容,只是一个纯形式、纯符号,就等于被宣告灭亡。

照上段的说法,就是只有共相,没有殊相。这不是说明何以"有"个体,而是说明何以"没有"个体。这就是共相为本,即以理为本。此理学的实质所在,无论新旧,莫不皆然。

旧理学提出"理一分殊",并有人强调"分殊",指出"理一"好讲,"分殊"难讲。可是讲来讲去,还是除了"理一"别无"分殊"的内容。冯氏在《中国哲学史》"朱子"章曾说:"一类事物之理,若何可同时现于其类之一切个体中,此点朱子未明言,推其意亦可用'月映万川'之喻说之"(《三松堂全集》第三卷,第321页)。"月映万川"的确是"理一分殊"的妙喻,但此喻不过显示川中之月乃天上之月的倒影,也不能说明川中之月自己如何。

新理学提出"依照"说,认为个体依照其类之理,但依照之程度不同,故有个体之间的不同。旧理学认为个体之间的不同,是由于气之"性"的不同。新理学认为气无"性",若气有"性",则此气便是实际事物,可以做相对材料,而不是绝对材料,即不是"真元之气"。要说明个体之间的不同,新理学不着眼于气的不同,也不着眼于理的不同,而着眼于依照程度的不同。这是新理学比旧理学高明之处,无论如何是进了一步。但依照之程度何以不同,仍然有待于说明。若用新理学来说明,则"依照"是一事,属于"依照类",个体依照"依照类"之理而有依照之性。个体的依照之性的内容就是依照类的共相,一切个体,其依照之性的内容都是这个依照类的共相,没有不同,也就没有依照之程度的不同。所以新理学不能说明个体依照之程度何以不同,犹如它不能说明个体何以有不同,说到底,犹如它不能说明何以有个体。

还有一个普遍性(共性)和特殊性(特性)的问题。这个问题虽然与共相殊相问题有关,但是各是各的问题,不可混为一谈。

一个体不论有多少性,只就此个体看,它的性就是它的性,而没有普遍性与特殊性的分别。什么情况下才有普遍性与特殊性的分别呢？只有将个体放在其所属于的某类之中看,则其依照此类之理而有的性才是普遍性,相对于此普遍性,其馀的性都是特殊性。仍以上文的某甲为例。只就某甲个人看,他的性没有普遍性与特殊性的分别。将某甲放在人之类之中看,则其人之性是普遍性,而其馀的好之性、高之性、胖之性等等都是特殊性。若将某甲放在好之类之中看,则其好之性是普遍性,而其馀的人之性、高之性、胖之性等等都是特殊性。馀仿此。普遍性、特殊性虽可如此分别,但它们都是性,其内容都是共相:普遍性的内容是共相,特殊性的内容也是共相。

那么,什么是个体性(个性)呢？个体性(个性)就是个体所有的全部的性,而不只是上面所说的特殊性(特性)。个体性(个性)的内容都是共相,除了共相别无个体性(个性)的内容。

上文说过,理学对于本体论的历史贡献在于,在气学讲气的基础上讲理,从而说明了何以有类。它于是从类出发,以类说明个体,乃有以上讨论的理论。这显然没有真正解决何以有个体的问题。上文已说过理学没有真正解决何以有个体的问题,经过这一番讨论,也许就清楚了。应当颠倒过来,从个体出发,以个体说明类。不过这已不是关于何以有个体的问题,故不在此讨论。

现在再回到道家。道家的气学没有说明何以有类,它本来就不打算说明它。道家干脆撇开类,直接讲个体。后来理学讲"理"以说明何以有类,正如道家讲"德"以说明何以有个体。何以有个体?因为有"德"。德者得也。"德"是个体得于"道"者,得(德)道乃有个体。"道"是精气,不是共相。"道"生万物(《老子》第四十二章),而"德"畜之(《老子》第五十一章),乃有个体。《管子·心术上》说:"德者道之舍,物得以生";"德者得也,谓其所得以然也"。《庄子·天地》说:"物得以生谓之德"。都是这个意思。

说到这里,冯氏所说的"道家注重个体,他们不但不说一类事物所必依照之理,似乎对于类亦不注意",意思就更明显了,更深刻了。这话是从否定方面指出,道家不言类,不言理。若从肯定方面指出,就是道家言道言德,以德说明何以有个体。言德以说明何以有个体,言理以说明何以无个体:这就是中国哲学史中讲本体论的两条道路。

道家说明了何以有个体,于是以个体为本,从自己做起。《老子》说:"修之于身,其德乃真;修之于家(古音姑),其德乃馀;修之于乡,其德乃长;修之于邦,其德乃丰;修之于天下(古音虎),其德乃溥"(第五十四章)。"身"就是自己,就是个体。有德乃有身,既有身矣,还更要修德。修德范围,逐步扩大:由身而家而乡而邦而天下。可见道家以个体为本,并非个人主义、利己主义,而是要个人以天下为己任。

冯氏晚年常说,共相殊相问题,是几千年来哲学家都在讨论的真正的哲学问题。它有两个基本方面:一个方面是依存关系,他晚年深信共相寓于殊相之中;一个方面是以谁为本,他晚年属意于以殊相为本。三松堂有个"饭桌文化",就是吃饭时他与同桌的二三后辈边吃边谈。后辈们约稿似地说,已经有了共相为本的书(贞元六书),再写一本殊相为本的书吧。可是忙于《新编》,哪里顾得。1989年之际,很有些日子他不大说话。他拼命赶完了《新编》最后几章,就"呼吸、循环衰竭"了。殊相为本的书,迟早总会有的。

谨以本文,作为先生逝世周年的心祭。

（发表于上海古籍出版社1992年出版的《道家文化研究》第一辑,英译文发表于M. E. Sharp, Inc. 1998年出版的 *Contemporary Chinese Thought*, vol. 30, no. 1, Fall 1998.）

主根与砧木

(1993年)

《老子》,《论语》,哪个是中国哲学的主根？这要看哪个是哲学著作。若承认《老子》是哲学著作,《论语》是教育学著作,则即使《老子》晚于《论语》,《老子》也是中国哲学的主根。

《中庸》是儒家第一篇具有纯哲学价值的著作,它以"诚"为本体,合于《老子》道中有"信"之说。它说"率性之谓道",合于道家自然为性之说;它说"宽柔以教,不报无道,南方之强也,君子居之;衽金革,死而不厌,北方之强也,而强者居之",推崇道家精神为南方之强,高于北方之强。所受道家影响,是明显而深刻的。

《周易·系辞(上)》发挥道法自然("易与天地准")、道生万物("曲成万物而不遗")、反者道之动("亢龙有悔")、不出户知天下("不出户庭无咎")等《老》学原理,并明言"精气为物",照搬道家精气说。《二程遗书》早已阐释《系辞》之意云:"道,理,皆自然。"

《孟》学最本质的特色,一是道性善,一是养浩然之气。《老子》云:"善者吾善之,不善者吾亦善之:德善。"兼善与不善而言之,孟、荀各发挥其一个方面。至于浩然之气说,亦由道家精气说而来。

荀子是半个楚人。《庄子》假老子之口反对以仁义为人之性,荀子发展之成为性恶说。《荀子》的天论有道家影响,《荀子·非十二子》不非老庄，《荀子·解蔽》谓庄子知天而不知人；故荀子之言天道，实乃祖述老庄。

然则谓荀孟易庸，乃《老》学支与流裔，不亦宜乎。

佛学嫁接在中国哲学上，其砧木是老庄哲学。

中国第一个提出"以夷为师"的人是著《老子本义》的魏源。罗素将其创造冲动说比附《老子》的"生而不有"。西学嫁接在中国哲学上，其砧木是老子哲学。辩证唯物论嫁接在中国的辩证法和唯物论上，皆自《老子》始。

儒学方攘夷之不暇，岂容嫁接。

如果决心根除中国哲学则已矣，若不根除中国哲学，则中国哲学只有在其主根上发展下去，别无选择。不在主根上发展，再怎么发展，也不是中国哲学。

《老子》最高原则是"道法自然"，"自然"是自己如此，这是以殊相为本。儒家的主流是以共相为本，只要以共相为本，再讲一万年也会以共相杀人。只有以殊相为本，论定个体的存在、价值、权利、尊严，在此主根上发展下去，中国哲学才能与时俱进，成为当代中国的时代精神。

（发表于《哲学研究》1993年第11期）

《老子》为中国哲学主根说

(1996年)

一

二十世纪前期,中国出现西式的中国哲学史著作,有两部影响最大:一部是胡适之先生的《中国哲学史大纲(卷上)》,一部是冯芝生先生的《中国哲学史》。胡著从老子讲起,冯著从孔子讲起。这个不同,当时作为《老子》与《论语》谁早谁晚的问题,有过激烈的争论。这个不同,我现在悟出,其实是双方寻根意识的反映:都在为中国哲学寻根,胡先生寻到老子,冯先生寻到孔子。若真是寻根,则问题就不在于《老子》与《论语》谁早谁晚,而在于谁是哲学著作。《老子》是哲学著作,《论语》是教育学著作。若是如此,则即使《老子》比《论语》晚,《老子》也是中国哲学的主根。何况《老子》早于《论语》!张季同(岱年)先生30年代初认为老子晚于孔子,80年代初认为《论语》有对老子思想的评论(详见张著《中国哲学发微》第330至333页),是一个有力的佐证。

《论语》是教育学著作,亦有哲学思想,表现为教与学的最高境界。《论语》中,教的最高境界,是《老子》的"不言之教"(第2章,第43

章),其言曰:"子曰:予欲无言。子贡曰:子如不言,则小子何述焉。子曰:天何言哉,四时行焉,百物生焉,天何言哉。"(《阳货》)《论语》中,学的最高境界,是曾点的言志,其言曰:"暮春者,春服既成,冠者五六人,童子六七人,浴乎沂,风乎舞雩,咏而归。夫子喟然叹曰:吾与点也!"(《先进》)完全是《老子》的"自化"(第37章,第57章)"自然"(第17章,第25章,第51章)。可见《老子》是《论语》教育哲学的主根。

编入《礼记》的《学记》,是儒家教育学又一经典,而且是专著,比《论语》更专。其全篇结论,在于最后两节。其倒数第二节云:"鼓无当于五声,五声弗得不和;水无当于五色,五色弗得不章;学无当于五官,五官弗得不治;师无当于五服,五服弗得不亲。"鼓、水、学、师,分别对于五声、五色、五官、五服,都是无,但正是这些无,使之发生和、章、治、亲的作用。这是讲《老子》的"无之以为用"(第11章)。其末节云:"君子大德不官,大道不器,大信不约,大时不齐。"完全是《老子》第45章"大成若缺"云云的思想和笔法。此节最后说:"三王之祭川也,皆先河而后海,或源也,或委也,此之谓务本。"这是发挥《老子》的"上善若水",以水喻道(第8章,第78章)。可见《老子》是《学记》教育哲学的主根。

《老子》是儒家"教育哲学"的主根,又是儒家"哲学"的主根。儒家只有到了作出《易传》,才算是有"哲学",而不只是有"教育哲学"。这是儒家的发展。而道家已先有发展,发展为楚道家老庄,以及齐道家黄老。而《易传》哲学,主根则为老庄。

《易传》是《易经》的注解,二者合称《周易》。《易经》由卦辞、爻辞构成,《易传》由"十翼"构成。由经到传,是一个哲学化过程,这个过程可用"语言标记(linguistic indicator)",如"道"字,显示:

"道"字在《周易》中分布表

	经		传								共计
	卦辞	爻辞	卦象	爻象	象辞	系辞	说卦	序卦	杂卦	文言	
出现次数	1	3	1	25	28	31	4	4	2	6	105
作具体名	1	3									4
作抽象名			1	25	28	31	4	4	2	6	101

在卦辞中1见：

[复卦辞]"反复其道"，高亨注："道乃道路之道也"。(《周易古经今注》重订本第230页)

在爻辞中3见：

[小畜初九]"复自道"，[履九二]"履道坦坦"，道皆道路之道。[随九四]"有孚在道"，高亨说是"行罚在路中"(《周易古经今注》重订本第212页)，道亦道路之道。

总之在经中4见，皆表示道路的具体名词。

在传中101见，皆表示道理的抽象名词，惟有两处宜加讨论。一处是：[复象辞]的"反复其道"。

[复卦辞]"复，亨。出入无疾，朋来无咎。反复其道，七日来复，利有攸往。"

[复象辞]"复，亨。刚反动而以顺行，是以'出入无疾，朋来无咎'。'反复其道，七日来复'，天行也；'利有攸往'，刚长也。复，其见天地之心乎！"

在卦辞中，"道"字是表示某一特殊道路的具体名词，已如上述。但一旦将"反复其道"引入象辞加以解释，则由于此象的主旨是"复，其见天地之心乎"，又明说"反复其道"是"天行也"，这个道字就表示"天地之心"和"天行"，不再是表示某一特殊道路的具体名词了。

另一处是：[坤象辞]的"先迷失道，后顺得常"。若只有"先迷失道"一句,则此"道"字可以是表示某一特殊道路的具体名词。但下文有"后顺得常"一句相对,则此"道"字必与"常"字词性相同,也是表示一般道理的抽象名词了。

从"道"字看来:在经里没有哲学意义,在传里才有哲学意义。这个界线划得清清楚楚。

历来认为《易经》是卜卦用的书。如果只谈哲学,完全可以只谈《易传》,不谈《易经》。

为什么用"道"字为语言标志?因为道是《易传》根本观念,好比仁是《论语》根本观念,义是《孟子》根本观念。

《易传》的根本是道论,《易传》道论的标准表述是"形而上者谓之道,形而下者谓之器"(《系辞上》),《易传》之道的系统是"立天之道,曰阴与阳;立地之道,曰柔与刚;立人之道,曰仁与义"(《说卦》)。这一整套,都是来自老庄,不是来自孔孟,这是《易传》以老庄为主根的确凿证据。这个根本之点,本文若能谈清楚就行了,其他枝枝节节就不用谈了。

像这样道器对待,阴阳相连,刚柔相连,乃老庄常谈,而《论语》、《孟子》中都没有;仁义相连,《论语》中没有,《孟子》中才有,但将仁义严格限定在人道之内而纳入与天地统一的系统,则是庄子的安排。试缕述之。

《老子》说:"道常无,名朴"(第32章),"朴散则为器"(第28章),道器对待。《易传》作"形而上者谓之道,形而下者谓之器",亦道器对待。《论语》中"道"字出现60次,没有与器对待的;"器"字出现6次,没有与道对待的。《孟子》中"道"字出现140次,没有与器对待的;"器"字出现4次,没有与道对待的。

《老子》说:"万物负阴而抱阳"(第42章),阴阳相连,《庄子》中"阴阳"一语出现23次。《论语》有"高宗谅阴"一语,与阳无涉;又有5个

"阳"字,皆作人名地名,与阴无涉。《孟子》"阴"字二见,与阳无涉;"阳"字七见,与阴无涉。

《老子》说:"柔弱胜刚强"(第36章),"柔之胜刚,天下莫不知,莫能行"(第78章)。《庄子》说:"能柔能刚"(《天运》),"淖约柔乎刚强"(《在宥》)。皆刚柔相连。《论语》中"刚"字五见,与柔无涉;有"友善柔"(《季氏》)一语,为"损者三友"之一,亦与刚无涉。《孟子》只言浩然之气"至大至刚",而全书无柔字。

将仁义限定在天道地道之后的人道内,虽是庄子式的安排,但毕竟不是先否定之而后包含之,所以《易传》虽以老庄为主根,还是儒家。

二

随着秦汉军事政治的统一,实现了中国南北文化及其哲学的综合,形成中国本土文化及其哲学,其代表是董仲舒。本文在此只想说明:董仲舒哲学以老庄为主根。

《汉书·董仲舒传》的"天人三策",本是班固"掇其切当世施朝廷者"(中华书局标点本,第2526页),就是摘录其实用于当时朝政的部分,即董仲舒的政治思想,所以第一策开头说:"道者,所由适于治之路也",将道定义为适于治国的所由之路。即便如此,董仲舒在对策中还是明确指出"道之大原出于天"(中华书局标点本,第2518至2519页),"圣人法天而立道"(中华书局标点本,第2515页)。可见他的哲学"大原出于"《老子》的"道法自然"(第25章)。

再看董仲舒的《春秋繁露》,有三整篇:《离合根》,《立元神》,《保位权》,发挥老庄之学。兹摘录数段,以见一斑:

《离合根》云:"故为人主者,法天之行","以无为为道,以不私为宝。立无为之位而乘备具之官,足不自动而相者导进,口不自言而摈者赞辞,心不自虑而群臣效当,故莫见其为之,而功成矣。此人主所以法天之行也"。

《立元神》云:"故为人君者,谨本详始,敬小慎微,志如死灰,形如委衣,安精养神,寂寞无为。休形无见影,掩声无出响(苏舆云,数语当出古道家),虚心下士,观来察往。""为人君者,其要贵神。神者,不可得而视也,不可得而听也。是故视而不见其形,听而不闻其声。不闻其声,故莫得其响;不见其形,故莫得其影。莫得其影,则无以曲直也;莫得其响,则无以清浊也。无以曲直,则其功不可得而败;无以清浊,则其名不可得而度也。所谓不见其形者,非不见其进止之形也,言其所以进止不可得而见也。所谓不闻其声者,非不闻其号令之声也,言其所以号令不可得而闻也。不见不闻,是谓冥昏。能冥则明,能昏则彰。能冥能昏,是谓神人"。苏舆作《春秋繁露义证》,于此篇之后云:"此篇颇参道家之旨","汉初《老》学盛行","或董子初亦兼习道家"。这个意思,接近本文所说的董仲舒哲学以老庄为主根。

《保位权》云:"为人君者,居无为之位,行不言之教,寂而无声,静而无形,执一无端,为国源泉。因国以为身,因臣以为心。以臣言为声,以臣事为形。有声必有响,有形必有影(凌曙注:《列子·黄帝书》曰:形动不生形而生影,声动不生声而生响)。声出于内,响报于外;形立于上,影应于下。响有清浊,影有曲直;响所报非一声也,影所应非一形也。故为君虚心静处,聪听其响,明视其影,以行赏罚之象。""是以群臣分职而治,各敬而事,争进其功,显广其名,而人君得载其中,此自然致力之术也。圣人由之,故功出于臣,名归于君也。"此则老庄而兼黄老矣。

三

两汉之交,佛教东来,代表印度文化,与中国文化相综合,历时千余年,形成东方文化及其哲学,而以朱熹为代表。朱熹出入佛老,精通道家道教,其学以老庄为主根,已有"朱子道,陆子禅"之定评,此评出于明末潘用微(参见钱穆《中国近三百年学术史》,中华书局影印台湾版,第52页),已成共识,无烦辞费。

到了元代,马可波罗东来,代表泰西文化,开始与东方文化相综合。八百年来,东西文化尚在综合过程之中。佛学,西学,其能嫁接在中国文化之上者,均以老庄为砧木。老庄既为中国哲学之主根,亦为嫁接外国哲学之砧木。余尝作《主根与砧木》一文(载于《哲学研究》1993年11期),提出此说。若此说不谬,则未来中国哲学在老庄这条主根上发展,可断言矣。

(发表于《道家文化研究》第十辑,上海古籍出版社1996年出版)

论屈原的精气说

(1983年)

屈原名平,这是司马迁在《史记·屈原列传》中写得清清楚楚的。可是屈原在《离骚》开头自叙身世时写道:"皇览揆余于初度兮,肇锡余以嘉名;名余曰正则兮,字余曰灵均。"两说不同,后人对此有种种解释。其实也很简单,用现代的名词说,这不过是屈原在文学创作中对自己的名、字进行了艺术加工罢了。他名平,字原,倒应当真正是他父亲为他起的,代表他父亲的意思。至于名正则,字灵均,说是他父亲起的,实际上是他自己的艺术加工品,代表他自己的意思。

在那个时代,中国有一派哲学思想,对于"正"、"平"、"灵"之类有一套讲法。它说:"天主正,地主平"(《管子·内业》),又说:"凡人之生也,必从平正"(《管子·内业》)。认为正平是天地人的根本。它还说:"灵气在心,一来一逝,其大无外,其小无内。"(《管子·内业》)认为灵气就是作为宇宙本体的道,又叫做精气。屈原的父亲的意思,似乎只取其"地主平"这一点。屈原自己的意思则大大扩展了,取其囊括了整个宇宙的思想。这派哲学思想,就是齐国稷下唯物派的精气说。这种精气说,不仅反映在屈原的名、字上,而且从屈原的作品来看,也正是它的哲学基础。这就是本文试图论证的主题。

为了这个主题的需要,先说一下稷下唯物派精气说的轮廓。

我国春秋战国时期，很有几个学术中心，齐鲁地区就有两个。一个是鲁国孔子的洙泗，是民办的，可是官方很重视，有些诸侯、大夫向它咨询问题，征聘学生，它是儒家一家的天下。一个是齐国的稷下，是官办的，却是一个"百家争鸣"的园地。《史记》有两处谈到稷下的盛况(见《田敬仲完世家》、《孟子荀卿列传》)。稷下先生们"不治而议论"，"各著书言治乱之事"，除了单行著作，还有论文汇编。现存的《管子》，就是这样的汇编。它以"管子"为名，是由于其中有反映管仲思想的篇章，更由于齐国极其尊崇管仲，即使是并不反映管仲思想的篇章，也都奉他为冠冕。

《管子》中有《心术上》、《心术下》、《白心》、《内业》等四篇，现在合称"《管子》四篇"，有其共同的中心思想。其作者为谁，尚无定论，姑且名之为"稷下唯物派"；其中心思想，姑且名之为"稷下唯物派精气说"。

《内业》说："气，道乃生，生乃思，思乃知，知乃止矣。"这段话，把从存在到思维都讲了。几个"乃"字，既表示生成上的先后关系，也表示本原与派生的关系。第一位是气，它是宇宙的本体。这是"通天下一气耳"(《庄子·知北游》)的气一元论。这是道家的自然观。可是道家是要讲"道"的，那么道与气是什么关系呢？是一回事，在同时讲的时候，气还是排在道的前边，以见对气的强调。作为气一元论，是与老庄相同的。可是在气一元论中，精气说的特色就在于一个"精"字，这是与老庄有所不同的。

所以《内业》进一步说："精也者，气之精者也"，"凡物之精，此则为生:下生五谷,上为列星;流于天地之间,谓之鬼神①;藏于胸中,谓之圣人"。就人来说,胸中所藏精气越多,其智慧和道德就越高,可以高到圣人的水平。老庄也都讲圣人,但是老庄说圣人是由"为道日损"、"坐忘"达到的。稷下唯物派则说圣人是由胸中多藏精气达到的。这是一个显著的不同,构成精气说的显著的特色。就这一点说,稷下唯物派用的可以说是正的方法,老庄用的可以说是负的方法。

人的胸中怎样可以多藏精气呢?《内业》说:"敬除其舍,精将自来。"人的胸好比是个宿舍,只要恭恭敬敬地把宿舍扫除得干干净净,精气自然就会进来。《心术上》说:"神者,至贵也。故馆不辟除,则贵人不舍焉。"神就是精,好比是贵人,不住不干净的房间。扫除什么呢?就是要"去欲","虚其欲"。(均见《内业》)这仍然是清心寡欲的常谈。在这一点上,又用的是负的方法。如果一点也不用负的方法,那就不成其为道家。而且这种去欲的负的方法,在精气说中也是基本的。

有了精气,就不仅有智慧。精气生思生知,即智慧,前面说过了。道是精气,前面也说过了。至于德,《心术上》说:"德者,道之舍"。又说:"德者,得也","道之与德无间"。道与德是一回事,从本体来说,叫做道;从各个事物所得到的道来说,叫做各个事物的德。各个事物都是道的宿舍,住在它那里的道,就是它的德。所以德也是精气。《心术下》又说:"气者,身之充也","充不美,则心不得"。充而美呢,那就是"内得"(《内业》),又叫"内德"(《心术下》)、"中得"(《内业》)。这种充而美的"内得",也可以叫做内美。它们也都是精气。

---

① 关于鬼神,还有《心术下》说:"思之,思之,不得,鬼神之力也,其精气之极也。"《内业》也说:"思之,思之,又重思之,思之而不通,鬼神而不通,鬼神将通之,非鬼神之力也,精气之极也。"这些话都显示出精气说的鬼神观,即认为鬼神也是精气,不承认有非精气的鬼神,即不承认有超自然的鬼神。

心内充满精气,就不仅"四体乃固","九窍遂通";"乃能穷天地,被四海,中无惑意,外无邪灾","不逢天灾,不遇人害"。还不止此,更能"大心而敢,宽气而广","是谓云气,意行似天"。(均见《内业》)朝这个方向走下去,就必然想象以至相信白日飞升,上天云游了。《内业》最后还讲了饮食之道。朝它所讲的方向走下去,饮食就会成为"修炼"的手段,为上天云游的目的服务了。

　　以上转述的并不是稷下精气说的全部。这些转述是为分析屈原作品中的哲学思想而安排的,只是论证本文主题的准备工作。

　　屈原的著作,流传到现在的只有几篇文学作品了。探讨他的哲学思想,主要的依据是《离骚》和《远游》。《离骚》是屈原的作品,是从来没有异议的,对《远游》就有异议了。说《远游》不是屈原作品的人,所持理由尚不足以构成定论。以下的辩论,也许有助于从哲学思想上肯定它是屈原所作。还有《天问》中的哲学思想,也附带提一下。

　　在《离骚》中,只需要着重提出一个问题。请看这四句:

　　　　跪敷衽以陈辞兮,耿吾既得此中正。

　　　　驷玉虬以乘鹥兮,溘埃风余上征。

文意很清楚:"得此中正",才能够"上征"。"中正"是条件,是原因,"上征"是结果。"中正"怎么能使人"上征"? 这就是需要着重提出的一个问题。

　　现在很方便,新出了一部《离骚纂义》,其中关于上引的"中正"的释义,编纂了自王逸以来的十六家原文,几乎全都释为"中正之道"。释为"中正之道"并不错,只是问题仍然存在:"中正之道"怎么能使人上天云游?

　　王逸也未必意识到这个问题,只是若试用十六家的释义来解答这个问题,则十五家全不沾边,惟有王逸的释义庶几近之。王逸也是释为"中正之道",可是他说是"得此中正之道,精合真人,神与化游"。

其馀各家都比王逸晚出,一定都斟酌过王逸注,可是谁都不理睬"精合真人,神与化游"八个字。也许他们好心好意地认为,这八个字未免亵渎了屈子。其实呢,十六家费了许多言语,却只有这八个字符合屈子原意的方向。

这个方向就是精气说的方向。

中正,是道德。按照精气说,道德是精气。说中正能使人上天,不好理解。说道德能使人上天,也不好理解。说精气能使人上天,就好理解了。

中正,就是"纷吾既有此内美兮"(《离骚》第九句)中的"内美"。撇开兮字,这一句与"耿吾既得此中正"在整个句型以及每个对应词的词性词序上都完全相同,更重要的是"中正"与"内美"所指也完全相同。前面说过,"内美"就是"内得"、"内德"、"中得",都是指充满胸中或心内的精气,"中正"亦然。《离骚纂义》罗列的十九家释义,有十八家释"内美"为"忠贞"之类的美质,惟有王逸释为"内含天地之美气"。这一回王逸就不只是庶几近之,而是完全正确。美,是美气;正,也是正气,在《远游》中就是作"正气":

> 内惟省以端操兮,求正气之所由。(《远游》第十九、二十句)

为什么求正气?《远游》是从头说起:

> 悲时俗之迫厄兮,愿轻举而远游。
>
> 质菲薄而无因兮,焉托乘而上浮。(第一至四句)

"轻举而远游"就是《离骚》的"上征"。可是《离骚》说是早已具有"内美",得到"中正",所以要"上征"就"上征"。《远游》则说"质菲薄而无因",就是没有"内美"、"中正",也就没有上浮"托乘",可见内美、中正起托乘的作用。这里叫做正气,既然起托乘的作用,所以要求它。

这里要再问一个问题,为什么没有了正气,而要去求呢?《远游》

是这样说明的：

> 遭沈浊而污秽兮,独郁结其谁语？
> 夜耿耿而不寐兮,魂茕茕而至曙。
> 惟天地之无穷兮,哀人生之长勤。
> 往者余弗及兮,来者吾不闻。
> 步徙倚而遥思兮,怊惝怳而永怀。
> 意荒忽而流荡兮,心愁悽而增悲。
> 神倏忽而不反兮,形枯槁而独留。（第五至十八句）

这说明了两点：第一,外面的精气,由于"污秽",不愿进来,《内业》等篇说得很明白,前面讲过了；第二,里面原有的精气,由于如此悲哀,也都跑掉了,不回来了。《内业》说："凡人之生也,必以平正。所以失之,必以喜怒忧患。"《心术下》也这样说。精气旧的失去,新的不来,所以"形枯槁而独留"。

怎么办呢？只有再求。首先要"惟省""端操",也就是：

> 漠虚静以恬愉兮,澹无为而自得。（第二十一、二十二句）

扫除污秽,化掉悲哀,"恬愉无为"（《心术上》）。经过这一番工夫,果然"时仿佛以遥见兮,精皎皎以往来","精气入而粗秽除",求得了正气,终于"掩浮云而上征"了。

《远游》说"掩浮云而上征",《离骚》说"溘埃风余上征",是相同的。但是又不同,《离骚》只说了其然而未说其所以然,《远游》既说了其然又说了其所以然。《远游》中写了王子乔的一段话,这段话就是这个所以然。这段话的理论色彩,使《离骚》黯然失色。就本文所讨论的主题而论,《远游》的价值超过《离骚》,其根据主要在于王子乔这段话。现在人们常说"形象思维"。可以说"形象思维",但是与之相对的是"理论思维",决不是"逻辑思维"。王子乔这段话虽是理论思维的内容,却是形象思维的形式；所以虽然是哲学理论,又仍然是文学创作。它俨然是《老子》式的哲学诗。

王子乔这段话的每一句,都可以在《管子》四篇中找到相应的话。现在逐句写在下面:

> 曰:道可受兮,不可传。

相应于《心术上》:"大道可安而不可说。""可受"即"可安"。"不可传",即"不可说"。道,即精气。

> 其小无内兮,其大无垠。

相应于《心术上》:"道在天地之间也,其大无外,其小无内。"

> 无滑而魂兮,彼将自然。

相应于《内业》:"勿烦勿乱,和乃自成。"滑,乱也。而,即尔。无滑,即勿烦勿乱。《内业》又说:"所以失之,以躁为害。心能执静,道将自定。"亦此意。

> 一气孔神兮,于中夜存。

《心术下》:"一气能变曰精。"一气,即精气。孔,甚也。精气很灵,"于中夜存"。孟轲也说过类似的话,见于《孟子·告子上》:"夜气不足以存,则其违禽兽不远矣。"孟轲讲的气,与这里讲的气,是不同的。但是有一点相同:都认为中夜是聚气的好时候,而夜气最值得保存。

> 虚以待之兮,无为之先。

相应于《心术上》:"虚其欲,神将入舍。"又:"恬愉无为,去智与故。"用智,故意,都是有心,亦即有为,都应当去掉,不可以先有任何人为的做作,要等待精气自然而然地来。

> 庶类以成兮,此德之门。

相应于《内业》:"凡道无根无茎,无叶无荣,万物以生,万物以成。""此德之门"是总括和结束,隐然以为是"众妙之门"(《老子》第一章)。

不过从屈原现存的全部作品看来,掌握上述理论固然是"上征"的必要条件;还有其充足条件,就是坚持"修炼"。其饮食方面有如下

所说,兹附录之:

> 飡六气而饮沆瀣兮,漱正阳而含朝霞。(《远游》)
>
> 吸飞泉之微液兮,怀琬琰之华英。(《远游》)
>
> 朝饮木兰之坠露兮,夕餐秋菊之落英。(《离骚》)
>
> 折琼枝以为羞兮,精琼爢以为粮。(《离骚》)
>
> 捣木兰以矫蕙兮,糳申椒以为粮。(《惜诵》)
>
> 吸湛露之浮源兮,漱凝霜之雰雰。(《悲回风》)
>
> 登昆仑兮食玉英。与天地兮同寿,与日月兮齐光。(《涉江》)

似乎无须多说:上天云游之类,当然是形象思维的浪漫主义的虚构。虽是虚构,也有其哲学方面的基础,以上所说的就是这个基础。关于《天问》中的哲学思想,也只有在这个基础上去理解。

《天问》用"谁"、"何"、"孰"、"焉"、"安"、"几"、"胡"等词提问,整整问了一百七十个问题,却没有作出任何回答。《天问》中写下了那么多的"怪"、"力"、"乱"、"神",是浪漫主义的;而又一一提出质问,是理性主义的。题目中的"天"字,是指宇宙的全体。不妨采用李陈玉的粗略分段,开头四十四句为第一段,是关于天的;以下六十八句为第二段,是关于地的;再以下二百六十一句为第三段,是关于人的。第一段是关于天的,这个"天"是与"地"与"人"相对的。"天问"之"天"则没有与之相对的东西,它是绝对的全体。

真正具有哲学兴趣的是第一段,其中又只有"阴阳三合,何本何化?"两句具有形上学的兴趣,另一部分则只具有宇宙发生论的兴趣。

这里只谈一下"阴阳三合,何本何化"。

有人说,"三"即"参","三合"即"参合"。说阴阳参合在一起,原无不可,但是要在阴、阳二者中分别哪个是本,哪个是化,就简直难以说通了。所以我们不取此义。

那么"三"就是数目了。阴、阳只是二,还差一个。字面虽然没有出现它,句义应当暗含它。它是什么呢?多数注家根据《春秋穀梁传》"庄公三年"中的说法,认为"三合"指阴、阳、天。这个解释的困难,也出在"何本何化"上。以阴阳为本(例如阴阳家)吗?则以天为化,这在先秦哲学史上没有根据。以阴阳为化吗?则以天为本,先秦各家虽然都讲天,可是还没有以天为本的,以天为本的哲学,要到西汉董仲舒的系统中才出现。这个解释的困难,还出现在逻辑上。若说这个"天"是与"地"相对的,则由于"阴阳三合"以及前面的十句都讲的是天地尚未剖判的问题,所以天不是与地相对的。若说这个"天"不是与"地"相对的,则它是绝对,不能与阴、阳并列而三。

我们主张,在屈原精气说的基础上,以"阴阳三合"指阴、阳、气。阴、阳也就是阴气、阳气。析言之为三,合言之一气耳,毫无困难。以气为本,以阴、阳为化,也毫无困难。

在战国时代后期,由于合纵抗秦的需要,齐楚有着频繁的交往,屈原就曾经作为楚使到过齐国,有机会亲自接触稷下的学术思想。但是在稷下各家的思想中,屈原接受了《管子》四篇的思想,重要的原因之一可能是,它是道家,而楚是道家的故乡,不免触动他的乡思,"爱屋及乌",这正符合屈原作为伟大爱国者的性格。另一个重要原因可能是,儒家思想以及北方的其他思想,倾向于现实主义和古典主义;道家思想则代表南方的思想,倾向于理想主义和浪漫主义;后者更符合屈原作为伟大诗人的性格。

在人类历史上,有的哲学把物质说成精神的东西,那当然是唯心主义;也有的哲学把精神说成物质的东西,例如古希腊的赫拉克利特认为灵魂是火转化的一种状态,古罗马的卢克莱茨认为灵魂和精神是由极其精微细小的原子构成的(参见敦尼克主编《哲学史》第一卷),稷下唯物派精气说正是这一类的哲学。把精神说成物质固然也不对,但是无碍于它是唯物主义。由此可见,稷下唯物派精气说以及屈原的精气说思想,与辩证唯物主义与历史唯物主义,不可同日而语。如果说,在精气说的基础上,还有《离骚》一类的伟大作品;那么,在辩证唯物主义与历史唯物主义的基础上,就可能有更伟大的作品:这是我们有理由期待于今人的。本文主题的现实意义,也就在此。至于屈原作品的其他基础,有的比精气说更为重要,因不在本文主题范围之内,故未涉及。

(楚史研究会1983年年会论文,发表于湖北人民出版社1984年出版的《楚史论丛》初集)

天民屈原说

（1985年）

人是宇宙一分子，这种身份，借用孟子的话，可称"天民"(《孟子·尽心上》)，意思是"宇宙的公民"(citizen of the universe)。人又是社会一分子，这种身份，与"天民"相对，可称"人民"，意思是"社会的公民"(citizen of society)。这"人民"不是现在通常所说的人民，只取其与"天民"相对之义，好比说与"天道"相对的"人道"。

历来的屈原研究，都是将屈原作为人民。全面的屈原研究，还必须将屈原作为天民。就客观的存在说，人民与天民都是一民，作为人民的屈原与作为天民的屈原都是一个屈原。就主观的认识说，只认识人民而不认识天民，只研究作为人民的屈原而不研究作为天民的屈原，则不仅对于屈原不可能有全面的认识，就是对于人民，对于作为人民的屈原，也不可能有全面的认识。

研究作为人民的屈原与研究作为天民的屈原，是研究屈原的两个方面或层次。前者是从社会的观点看屈原，所看的是其政治价值、道德价值，属于政治学、伦理学范围；后者是从宇宙的观点看屈原，所看的是其审美价值、形上价值，属于美学、形上学范围。

中国的文学研究，一直要到王国维手里，才真正自觉地注意到上述两个方面。他说的"以人观物"(《人间词话·三》)，相当于从社会的观点看问题;他说的"以物观物"(《人间词话·三》),相当于从宇宙的观点看问题。他写《红楼梦评论》,就是一次认真的尝试。

说人是宇宙一分子,大概无人反对。说要从宇宙的观点看问题,这问题可就大了。其实事情极其简单:不是常说宇宙观吗?如果不从宇宙的观点看问题,怎么叫做宇宙观呢?

从宇宙的观点看,人是万物中的一物,所以人看其他的物,是以物观物。正因为同是宇宙之物,人对他物才有可能移情(empathize),人才可能有审美观照。再说得难听一些,人要审美,就必须放下作为人的臭架子,将自己与所审的对象都当做宇宙之物(这丝毫不意味着降低审美者的水平),才能由此进而建立审美关系。正如要动员群众,就必须放下动员者可能有的臭架子,将自己当做群众中的一员(这也丝毫不意味着降低动员者的水平),才能由此进而建立正确的群众关系。屈原作品充满非人的即包括神的、动物的、植物的、静物的种种形象,人们多注意其源出神话传说与作者想象,殊不知正是屈原从宇宙的观点以物观物的成果。本文不拟谈宇宙观点中的美学问题,只拟谈一点宇宙观点中的形上学问题。

宇宙观点中的范畴有四个:存在,变化,空间,时间。这是第一层次的范畴,还有其馀层次的范畴,兹不俱论。四者之间的关系是:存在于空间,变化于时间,存在与变化不可分,空间与时间不可分。这是就客观方面说。再就主观方面说,它们就是作家及其作品的存在感,变化感,空间感,时间感。

从屈原的最主要的作品《离骚》看来,上述四感均甚显然,总而言之,它们显示出:存在于空间是快乐和幸福的,变化于时间是痛苦和悲哀的,由于既然存在就必然变化,于是构成矛盾冲突和悲剧。

《离骚》一开始就说:"帝高阳之苗裔兮,朕皇考曰伯庸。摄提贞于孟陬兮,惟庚寅吾以降。皇览揆余于初度兮,肇锡余以嘉名:名余曰正则兮,字余曰灵均。纷吾既有此内美兮,又重之以修能。"这是说其人获得存在进入空间;身世高贵,名嘉内美,何等快乐幸福。这是社会空间。后面更进入宇宙空间:"驷玉虬以乘鹥兮,溘埃风余上征";"吾令羲和弭节兮,望崦嵫而勿迫";"饮余马于咸池兮,总余辔乎扶桑;折若木以拂日兮,聊逍遥以相羊";"前望舒使先驱兮,后飞廉使奔属;鸾皇为余先戒兮,雷师告余以未具;吾令凤鸟飞腾兮,继之以日夜;飘风屯其相离兮,帅云霓而来御";"凤皇翼其承旂兮,高翱翔之翼翼","麾蛟龙以梁津兮,诏西皇使涉予";"屯余车其千乘兮,齐玉轪而并驰;驾八龙之蜿蜿兮,载云旗之委蛇";"抑志而弭节兮,神高驰之邈邈。奏《九歌》而舞《韶》兮,聊假日以媮乐"。可见在宇宙空间就更其快乐幸福:其人不仅是鸟兽之王,而且是诸神之王,帝上之帝。一切仪仗、排场、享受都是按此规格。活动之自由,至于连太阳也要拂它一拂。可注意的是,没有与此人完全平等的第二个人,虽有第二个人,却是他的仆夫。所以其人的存在,真正是空间的主宰。

可是变化于时间就是另一个样子了。"汨余若将不及兮,恐年岁之不吾与";"日月忽其不淹兮,春与秋其代序;惟草木之零落兮,恐美人之迟暮";"老冉冉其将至兮,恐修名之不立";"忳郁邑余侘傺兮,吾独穷困乎此时也";"曾歔欷余郁邑兮,哀朕时之不当;揽茹蕙以掩涕兮,霑余襟之浪浪":都是痛苦而悲哀的。便是进入宇宙空间,也沾不得时间的边,入时就要背时:"吾令帝阍开关兮,倚阊阖而望予,时暧暧其将罢兮,结幽兰而延伫";"朝吾将济于白水兮,登阆风而绁马;忽反顾以流涕兮,哀高丘之无女";只要涉及时间变化,便遭帝阍冷遇,更有无女之哀,至于涕流。可注意的是,时间中的变化按说会有变坏变好两种可能,而在《离骚》中却只有变坏一种现实。"何昔日之芳草兮,今直为此萧艾也?""及年岁之未晏兮,时亦犹其未央;恐鹈鴂之先鸣兮,使夫百草为之不芳"。芳草变成萧艾,百草变得不芳,都是在时间中实现的。这使人想起雪莱的三啊:"宇宙啊!生命啊!时间啊!"(O world! O life! O time!)其中的时间感也是痛苦而悲哀的。雪莱的三啊是天民之诗;可以与之对比的梁鸿的五噫,则是人民之诗,其中的"辽辽未央兮,噫!"也显然有痛苦而悲哀的时间感。

时间感与空间感是矛盾冲突的,屈原怎样解决呢?屈原的解决是中断他的时间,以求存在于永恒(eternity),于是造成从社会的观点看来是千古的悲剧。屈原采用的方式,后来还有人采用,他们从宇宙的观点看来,这种方式自然具有不同于从社会的观点所看出的意义。

窃尝比较科学、文学(诗)、哲学(形上学)三者之异同,以为科学是感性的内容,理性的形式;文学是理性的内容,感性的形式;哲学是理性的内容,理性的形式。无论人民之作,天民之作,都是感性的形式。感性的存在是有限的存在,理性的存在是无限的存在。真正的文学都是从感性见理性,从有限存在见无限存在。无限存在,就是屈原在《远游》中所说的"可受"而"不可传"的"道"。可感受者是道的感性形式,不可言传者是道的理性内容。文学的妙用,就在于以其感性形式传达不可言传的理性内容,使人感受到其所传达的理性内容。我们在以上所说的,希望是其理性内容,但是仍以言传,在屈原看来,这实在是不是办法的办法。

《远游》中有四句融天民之作与人民之作为一体之作:

> 惟天地之无穷兮,
> 哀人生之长勤。
> 往者余弗及兮,
> 来者吾不闻。

陈子昂的《登幽州台歌》云:

> 前不见古人,
> 后不见来者。

念天地之悠悠，

　　　独怆然而涕下。

恰好与以上《远游》四句句句对应，后者一、二句与前者三、四句对应，后者三、四句与前者一、二句对应。这种对应并非偶然，因为同属见道之作，所以相通。这种相通，可以上通孔子的"逝者如斯夫！不舍昼夜"，下通李白的"登高壮观天地间，大江茫茫去不还"，苏轼的"哀吾生之须臾，羡长江之无穷。挟飞仙以遨游，抱明月而长终"。至于毛泽东同志的"子在川上曰：逝者如斯夫！"亦属见道之作，但是《水调歌头·游泳》通篇的存在感、变化感、空间感、时间感都是欢乐的，充满革命的乐观主义。这一点，确实是前无古人的。

（作于1985年6月，为中国屈原学会成立大会暨第四次学术讨论会论文，后收入中国屈原学会编的论文集《楚辞研究》，齐鲁书社1988年印行）

屈原哲学要义

(1994年)

屈原只留传文学作品。屈原文学作品的哲学含义,举其要义,在于三篇:在于《离骚》的以自为本;《远游》的精气学说;《天问》的不答之答。

《离骚》的以自为本,就是肯定自我,认识自我,实现自我。屈原奋斗一生以实现自我,最后以自沉超越自我,亦所以实现自我,乃自我实现之最后完成。《离骚》开头自叙身世名字,是肯定自我,接着说:"纷吾既有此内美兮,又重之以修能",是认识自我。以下描写的一切活动,皆实现自我。若一以贯之,即以自为本。它是楚人精神、老子哲学、尤其是庄子哲学的文学表现,即诗的表现。在心灵的最高层次,真正的哲学、真正的诗是相通的。在这个意义上,可以说《离骚》是有韵的《庄子》,《庄子》是无韵的《离骚》。维也纳学派说,形上学是概念的诗;我们说,诗是形象的哲学。《离骚》正是形象的哲学。

细读《离骚》,深感一个伟大自我的伟大存在。这个伟大自我,绝对自由,绝对负责:"折若木以拂日兮,聊逍遥以相羊";"欲远集而无所止兮,聊浮游以逍遥":连太阳也要拂它一拂,你看该多自由;且反复自许逍遥,令人联想《庄子·逍遥游》的逍遥。"长太息以掩涕兮,哀民生之多艰";"亦余心之所善兮,虽九死其犹未悔":又是绝对负责,负责到底。爱楚国,爱楚人,谁来爱?我来爱!没有这个自我,则所谓爱国爱民,岂不都是无头公案!一部《离骚》,都是这个伟大自我的伟大运动。

以自为本,岂非个人主义?个人主义,岂能爱国爱民?这就涉及道德哲学的根本问题,不得不在此多说几句。

在道德哲学中,有人总是把个体与集体对立起来,理由是集体大于个体之和,个体好比一颗一颗的珍珠,集体好比一串珍珠,一串珍珠,是各颗珍珠加上穿珠的线,比串上一颗一颗的珍珠之和多了一条穿珠的线,所以集体大于个体之和。此喻虽妙,但不合于人。一个一个的个体的人结成集体,如果也有一条线把他们穿起来的话,则这条线也是这些个体的人辐射出来的,不是外来的,故无所增加。换言之,这条线也是结成集体的那些个体的人所自有的。所以人的集体不大于、仍等于人的个体之和。又有人说,集体力量大于个体力量之和。但集体力量再大,仍由个体力量组成,除组成集体力量的个体力量以外,别无集体力量。不是别无"集体力量",而是别无"力量"。何况自然力的合力是按照平行四边形法则合成的,不是大于、而是小于两个分力之和。至于人力的合力则更复杂,往往出现"一个和尚挑水吃,两个和尚抬水吃,三个和尚没水吃"的情况。何可一概而论,断定集体力量大于个体力量之和?

把个体与集体对立起来,必然导致把个体主义与集体主义对立起来,只认为个体主义以自为本,否认集体主义以自为本。他们以为,集体主义以自为本,就没有集体主义了。其实不然,若不以自为本,则首先就没有集体,哪还有集体主义?

这完全是不同层次的问题。在以何为本的层次上,都是以自为本,此外别无所本;就是说,个体主义以自为本,集体主义亦以自为本,在这个层次上,二者皆以自为本,并无分别,更无对立。在以何为主的层次上,才有个体主义与集体主义的分别以至对立,这是在特定的历史条件下出现的。在以何为归的层次上,又是同归于自。个体主义、集体主义皆以实现自我为归。正如马克思、恩格斯的《共产党宣言》所说,代替旧社会的"将是这样一个联合体,在那里,每个人的自由发展是一切人的自由发展的条件"。"联合体"是集体,"每个人的自由发展"相当于实现自我。

所以《离骚》的以自为本,不是与爱国爱民相反,而是以爱国爱民为己任,为爱国爱民献出一切,爱国爱民正是屈原的实现自我。《老子》第八十一章云:"既以为人己愈有,既以与人己愈多。"有就有在实现自我,多也多在实现自我。

屈原《远游》的精气学说,源出老庄和齐国稷下道家。屈原数次出使齐国,有条件亲受稷下真传。屈原述而无作,然以诗表现之,亦是贡献。

《老子》第二十一章说"道之为物","其中有精,其精甚真";第十章说:"抟气致柔";第四十二章说:万物"冲气以为和"。《庄子·知北游》云:"通天下一气耳";又云:"摄汝知,一汝度,神将来舍。德将为汝美,道将为汝居"。都是说精气在人心中就是精神,简称"神",就是"道",人所得的道就是人的"德"。齐国稷下道家也有此类讲法,见于《管子》的《心术》(上、下)、《白心》、《内业》等四篇。

屈原的《远游》体现了以上的精气学说,甚至其中托名王子乔说的一段关键性的话,每一句都可以在《管子》上述四篇中找到相当的话:《远游》说:"道可受兮,不可传",相当于《心术(上)》的"大道可安而不可说"。《远游》接着说:"其小无内兮,其大无垠",相当于《心术(上)》的"道在天地之间也,其大无外,其小无内"。《远游》接着说:"无滑而魂兮,彼将自然",相当于《内业》的"勿烦勿乱,和乃自成"。滑,乱也。无滑,即勿烦勿乱。自然,即自成。《内业》又云:"所以失之,以躁为害。心能执静,道将自定",亦此意。《远游》接着说:"一气孔神兮,于中夜存",相当于《心术(下)》的"一气能变曰精",一气即精气。孔,甚也。《孟子·告子(上)》云:"夜气不足以存,则其违禽兽不远矣",也认为夜气最值得保存。《远游》接着说:"虚以待之兮,无为之先",相当于《心术(上)》的"虚其欲,神将入舍"及"恬愉无为,去智与故",不可以先有人为的做作,要等待精气自然而然地来。《远游》接着说:"庶类以成兮,此德之门",相当于《内业》的"凡道无根无茎,无叶无荣,万物以生,万物以成"。结束语俨然近于《老子》第一章的"众妙之门"。

屈原的《天问》的不答之答,要从《庄子》讲起。

《庄子·天下》云:"南方有倚人焉曰黄缭,问天地所以不坠,风雨雷霆之故。惠施不辞而应,不虑而对,遍为万物说"。《战国策·魏二》有"魏王令惠施之楚"章,此次问答当在此时。

《庄子·天运》云:"天其运乎?地其处乎?日月其争于所乎?孰主张是?孰纲维是?孰居无事而推行是?意者其有机缄而不得已耶?意者其运转而不能自止耶?云者为雨乎?雨者为云乎?孰隆施是?孰居无事淫乐而劝是?风起北方,一西一东,在上彷徨,孰嘘吸是?孰居无事而披拂是?敢问何故?"

这一连串的问题,显然就是黄缭与惠施问答的问题,也是屈原在《天问》第一部分提出的问题,也是楚国思想界讨论的问题:这是楚国法令森严而使楚人思想转向自然界的一种表现。

但是惠施的答案失传了。《庄子·则阳》记载了两个答案:"季真之莫为,接子之或使"。"莫为"是说没有什么东西使之这样,"或使"是说或有某种东西使之这样。《则阳》评论说:"或使则实,莫为则虚","或使"之说太实了,"莫为"之说太虚了,都不行。《则阳》认为:"或使、莫为,言之本也,与物终始";但是"道,物之极,言默不足以载,非言非默,议有所极"。就是说,"或使"、"莫为"都是人说的,人的语言只能说实际的有名字的"物",至于"道",是物的准则,不是物的本身,没有名字,不在人的语言所说的范围之内,所以不可言说。《则阳》是超越"或使"与"莫为"的层次,进入"道"的层次,道的层次超越言说,只好以不答为答,这就是不答之答。

屈原思索过这一连串的问题,他的态度是问而不答。问而不答,还是有其倾向的。对于其倾向,有一种理解是,重点在于"谁"、"孰"之类。如《天问》云:"曰:遂古之初,谁传道之?""圜则九重,孰营度之?"这是已经肯定有"传道"者,有"营度"者,不过不知道他们是谁。这种理解是以为屈原在"或使"之说的基础上提问,问"或使"的"或"是谁。

我们的理解则不然。照我们的理解,《天问》是以神话传说为依据,又对神话传说作理性的反思。神话传说,把传道之者,营度之者等等,说得有鼻有眼,活灵活现。但是理性要问:他们到底是谁?你再瞎编一气,即使说的很可爱,但是并不可信。《天问》提出问题,是为了交给理性审查,所以屈原的倾向,是对这些神话传说爱之而不信之。既然不信,你说是"或使"也好,他说是"莫为"也好,我都不信,不信二者,也不信此类言说。

所以屈原的答案不是"或使"之说,不是"莫为"之说,而类似《则阳》的不可言说之说。《天问》问而不答,是以不答为答;不答之答,正是老庄精神。

(1994年发表于上海《学术月刊》)

楚国哲学的根本特色

(1995年)

楚国哲学是以"自"为本。从鬻子的"自长""自短"(《列子·力命》),到老子的"自然""自化"(《老子》第二十五章,第五十七章),庄子的"自本自根"(《庄子·大宗师》),都是以自为本。

人的存在,都是一个一个的个体,这个个体,就是他的"自"。人的个体,是自然的存在,而有超自然的愿望。人的自然存在,无论在空间上、时间上,都很有限。人有超自然的愿望,要求在空间上、时间上,进入无限。人的血肉之躯,不可能进入无限。人的精神状态,则可能进入无限,就是自觉个体与宇宙合一,也就是自觉天人合一。宇宙无限,若个体自觉与宇宙合一,也就自觉同其无限。个体的精神状态,只能与血肉之躯同存,仍是有限。但只要一息尚存,便能自觉天人合一,进入无限。一旦自觉这个合一,则这种天人合一之感,不仅比平常客观实在之感,更为实在,而且更为深刻,因为更为自觉。这种天人合一的精神状态,可以使人从一切局限(包括时空局限)解放出来,把个体全部能量释放出来。《庄子》中的"至人"、"神人"、"圣人"、"真人"(至人、神人、圣人见《逍遥游》,真人见《大宗师》、《天下》。尚有他篇,兹不枚举。),都自觉天人合一,而进入无限。在这里,哲学的任务,就是指明个体本来与宇宙合一,指明个体如何自觉这个合一。

这是哲学的思维,哲学的体验:哲学的生活。哲学的生活,作为个体生活,夫不能代妻,妻不能代夫;父不能代子,子不能代父;君不能代臣,臣不能代君:谁也代替不了谁,自己只有靠自己。虽可互相帮助,不能互相代替。这就叫个体本位。我们说,楚人哲学世界观是个体本位的天人合一,就是这些意思。

至少从鬻熊开始,楚国元首不再是巫觋首领,亦未见全社会性的宗教组织、宗教活动。虽仍有巫史,其在朝者不过备员顾问,占卜吉凶;其在野者不过龟策禳祷,消灾决疑。较之观射父所说的主管一切(天、地、神、民、物)的巫权,已是江河日下,面目全非。《汉书·地理志下》说楚地"信巫鬼,重淫祀",是风俗,不是宗教。在这个意思上,从鬻熊开始,楚国已是一个以哲学代宗教的国家。

楚人以哲学为世界观,经历了道治和法治。道治时期的鬻熊哲学,以"道"为最高观念。法治时期的哲学中,《老子》的最高观念,比"道"更进一步,主张"道法自然"(《老子》第二十五章),以为"自然"比"道"更高。何谓"自然"?就是自己如此。"自然"是个词组,是个主谓结构,"自"是主词,"然"是谓词,可见以"自"为本。《庄子》比道法自然又进一步,主张道即自然,以为道"自本自根"(《庄子·大宗师》),更是以"自"为本。老庄以自为本,即以个体为本位,正是以个体为法治的法律行为的主体。只有以自己为主体,才能够对自己的行为负责。只有能够对自己的行为负责,才能够在法律面前平等。只有能够在法律面前平等,才有真实的法治。在这个意义上,老庄哲学正是楚国法治实践的哲学总结。韩非很懂得这个意义,所以他一个劲地从《老子》摘取他需要的哲学。

老庄哲学,尤其是庄子哲学,既肯定个体,又解放个体,把个体从一切局限解放出来,把个体的全部能量释放出来,在法治调节下,成为强大无比、无穷无尽的创造力量。这是创造楚国历史的唯一能源。

(长江文化暨楚文化国际讨论会论文,收入《长江文化论集》)

论苏轼的哲学思想

(1984 年)

苏轼研究学会在 1982 年的黄州讨论会上,会长的报告历叙成绩之后指出,苏轼的哲学思想方面还未见研究论文。本文就是聊补此阙的一个尝试。

研究苏轼的哲学思想,可以有两条途径:一条是从他的文学作品中提炼哲学思想,一条是研究他的哲学专著。两者要结合起来,互相印证。本文还只能限于研究他的哲学专著,附带涉及他的文学思想。

苏洵、苏轼、苏辙都有哲学专著。全祖望最后编定的《宋元学案》,虽然收入了三苏的哲学资料,但是不称"学案",而称"学略",入了另册。我们不赞成全氏的做法,但是佩服他的眼力,他看出了苏轼的《易解》①具有特色,予以节录。当然,他也是以朱熹的评判为根据的。我们的研究,也就以《易解》为基本资料。

苏洵晚年好《易》,作《易传》未成,命苏轼完成,这就是《易解》。苏洵卒于 1064 年,16 年后,即 1080 年,苏轼在黄州写给文彦博的信中说:"到黄州后无所用心,覃思《易》、《论语》,若有所得。"才开始《易

---

① 苏轼自己在《志林》的《记过合浦》条、《仇池笔记》的《易·书·论语说》条都提到此书,惟未说承父志为之。王偁《东都事略》云:"洵晚读《易》,作为《易传》,未竟,疾革,命轼述其志,卒以成书。复作《论语说》,最后居海南,作《书传》,三书既成,抚而叹曰:'后有君子,当知我矣!'"此说为《宋史》本传所本。苏辙之孙苏籀著《栾城遗言》,亦记此事,惟有抑轼尊辙倾向,故以王偁说为准。《四库全书总目》卷二论及此书(题为《东坡易传》),可参阅。

解》的构思和写作。在《易解》中,苏轼就"道"、"性"、"命"等基本范畴发挥了自己的见解。这是以注解的面貌出现的。在这里,我们无须考究它与所解的经传原意是否相符,只考究它本身所含的哲学意义。

苏轼以为"道"、"性"都是难见、难言的。人只好以可见者言之,则所言者不是道本身、性本身,而只是"道之似"、"性之似"。他说:

> 圣人知道之难言也,故借阴阳以言之,曰"一阴一阳之谓道"。"一阴一阳"者,阴阳未交而物未生之谓也。喻道之似,莫密于此矣。

(《宋元学案·苏氏蜀学略》)

> 古之君子,患性之难见也,故以可见者言性。以可见者言性,皆性之似也。

(《宋元学案·苏氏蜀学略》)

"难见"、"难言",就是不可见,不可言。在另一处他就干脆说"不可得而言":

> 性之所在,庶几知之,而性卒不可得而言也。

(《宋元学案·苏氏蜀学略》)

道不可言,故借阴阳以言之。什么是阴阳?他说:

> 阴阳果何物哉?虽有娄旷之聪明,未有能得其仿佛者也。阴阳交然后生物,物生然后有象,象立而阴阳隐。凡可见者,皆物也,非阴阳也。

(《宋元学案·苏氏蜀学略》)

离娄之明,师旷之聪,据说都是绝顶的,犹不能得阴阳之髣髴,这就是说,阴阳也是不可见的。不可见,是由于无象。在宇宙生成过程中,道与阴阳(阴阳是道作为统一物所包含的两个方面)无象,阴阳相交而生的物才有象。有了物象,阴阳就隐了。隐在哪里呢?既然阴阳本来就是隐而不可见的,所以"象立而阴阳隐"这句话就有阴阳隐于物中的意思,否则何必重复地说"阴阳隐"呢。所以虽然不见阴阳,却可以从物生推知阴阳,因为阴阳就隐在物中。

"凡可见者皆物也,非阴阳也",当然更非道。道不是物,所以没有名字,所以在语言中没有相应的语词,所以不可能在语言中出现,所以不可言。这显然是地道的《老子》逻辑。《老子》第一章:"道,可道,非常道。""常道"不可道,苏轼的"道"与之相当。可道之道,苏轼的"道之似"与之相当。这是苏轼区别"道"与"道之似"的思想渊源,也是他区别"性"与"性之似"的思想渊源。若严格地贯彻这个逻辑,则不仅道不可言,阴阳亦不可言。但是"阴阳交"之类的说法,毕竟比"道"形象化一些,所以苏轼还是以为"一阴一阳"是"道"的最切近的比喻。

阴阳不可见,但是不可以因此说阴阳无有。他说:

> 然谓阴阳为无有,可乎?虽至愚知其不然也。物何自生哉?是故指生物而谓之阴阳,与不见阴阳之仿佛而谓之无有:皆惑也。

(《宋元学案·苏氏蜀学略》)

他认为,如果谓阴阳为无有,就不能解释"物何自生"的问题。所以要反对两个极端,既不能说阴阳即物,又不能说阴阳无有。所以"阴阳之未交,廓然无一物,而不可谓之无有,此真道之似也。"(《宋元学案·苏氏蜀学略》)

用阴阳可言"道之似"。由"道之似"可以悟"道"。由阴阳的无象而非无有,可以悟出道也是无象而非无有。由阴阳交而生物,可以悟出道生万物。苏轼正是要人们像这样由"道之似"而悟"道"本身。这是他受禅宗影响的表现。禅宗认为,"第一义"不可说。苏轼的"道",又相当于禅宗的"第一义"。第一义虽不可说,又总要有某种方法以表显之,禅宗于是用拈花、竖指、扬眉、瞬目等动作。苏轼的"道之似",又与禅宗的这些动作相当。由道之似而悟出道本身,即所谓觉悟。觉悟是自己觉悟,自己却不可说,也不可为人说,因为觉悟中没有语言活动,只有直觉活动;觉悟是直接认识,不是间接认识;觉悟是顿(飞跃),不是渐(量变);这就是所谓禅机,所以禅机无言,只用动作。此所谓"言语道断"。(《维摩诘所说经·弟子品》)苏轼的"道之似"的比喻,讲起来仍用语言。在禅宗看来,既用语言,仍是"被枷带锁"。所以苏轼不过是受了禅宗影响,还不算地道的禅宗。

然而前面说过,苏轼的《老子》逻辑则是地道的。他明确地说:

> 阴阳一交而生物,其始为水。水者,无、有之际也,始离于无而入于有矣。老子识之,故其言曰:上善若水;又曰:水几于道。圣人之德,虽可以名,而不囿于一物,若水之无常形,此善之上者,几于道矣,而非道也。若夫水之未生,阴阳之未交,廓然无一物,而不可谓之无有;此真道之似也。

(《宋元学案·苏氏蜀学略》)

所谓"无、有之际",就是道生物的过渡状态。道是无,物是有。"道是无",这个"无"并非"无有",而是"非有","非有"也存在。从这意义上说,"道是无"这个"无"也是"有",只是在相对于"物是有"的"有"而言的时候,称它为"无"而已。

《老子》对水赞不绝口,是因为水无定形而非无有,最近似于道之无象而非无有。照《老子》所说:"水善利万物而不争,居众人之所恶",而有"居善地,心善渊"等七善(第八章)。"江海能为百谷王"、"以其善下之也"(第六十六章)。"天下莫柔于水,而攻坚强者莫之能先"(第七十八章)。所以水有"上善",而"几于道"(第八章)。苏轼则进一步从宇宙生成论的观点看,以为水是生物之始,处于离无入有即由道生物的过渡阶段。方生未生的水,"真'道之似'也"。

但是,水虽无定形,还是有象,不如气(或风)之无象。于是稷下道家就讲气(见《管子》的《心术》等四篇),庄子就讲风(见《庄子》的《逍遥游》、《齐物论》)。三苏根据老苏家学,以基本相同的哲学思想阐发文学思想的时候,也总是以水、气(或风)为喻。苏洵在《仲兄字文甫说》中说:

> 且兄尝见夫水之与风乎?油然而行,渊然而留,渟洄汪洋,满而上浮者,是水也,而风实起之。蓬蓬然而发乎太空,不终日而行乎四方,荡乎其无形,飘乎其远来,既往而不知其迹之所存者,是风也,而水实行之。……然而此二物者,岂有求乎文哉?无意乎相求,不期而相遭,而文生焉。……故夫天下之无营而文生之者,惟水与风而已。

苏辙最妙于言水之善,复于论文时专门讲气。其《道德真经注》对于第八章的"七善"就水立训,远承河上公注之遗绪,超过了其他各家注。其言曰:

> 避高趋下,未尝有所逆,善地也。空虚静默,深不可测,善渊也。利泽万物,施而不求报,善仁也。圆必旋,方必折,塞必止,决必流,善信也。洗涤群秽,平准高下,善治也。遇物赋形,而不留于一,善能也。冬凝春冰,涸溢不失节,善时也。有善而不免于人非者,以其争也。水唯不争,故兼七善而无尤。

其论文讲气,如苏辙在《上枢密韩太尉书》中说:

> 辙生好为文,思之至深,以为文者气之所形;然文不可以学而能,气可以养而致。孟子曰:"我善养吾浩然之气。"今观其文章,宽厚宏博,充乎天地之间,称其气之小大。太史公行天下,周览四海名山大川,与燕赵间豪俊交游,故其文疏荡,颇有奇气。此二子者,岂尝执笔学为如此之文哉!其气充乎其中,而溢乎其貌,动乎其言,而见乎其文,而不自

知也。

苏轼自评其文,亦以水为喻:

> 吾文如万斛泉源,不择地而出。在平地,滔滔汩汩,虽一日千里无难;及其与山石曲折,随物赋形,而不可知也。所可知者,常行于所当行,常止于不可不止,如是而已矣。其他,虽吾亦不能知也。
>
> (《文说》)

总而言之,都是以道家哲学为基础的文学思想。苏洵为两个儿子起名字的时候,写了一篇《名二子说》,全文如下:

> 轮辐盖轸,皆有职乎车,而轼独若无所为者。虽然,去轼,则吾未见其为完车也。轼乎!吾惧汝之不为外饰也。
>
> 天下之车,莫不由辙,又言车之功者,辙不与焉。虽然,车仆马毙,而患不及辙,是辙者,善处于祸福之间也。辙乎!吾知免矣。

轼是车前横木,以无用为用。辙能功成身退,得免于祸患。苏洵的许多著作,宛如纵横家言,独于为二子起名时,寄以老、庄式的期望。这正如嵇康的《家诫》,最足以显现作者真正的灵魂。

前面说过,苏轼认为,性也是不可见而不可言,以可见者言性,所言者皆"性之似",而非性本身。但是,他又明确地指出了"性之所在":

> 君子日修其善,以消其不善。不善者日消,有不可得而消者焉。小人日修其不善,以消其善。善者日消,有不可得而消焉。夫不可得而消者,尧舜不能加焉,桀纣不能逃焉,是则性之所在也。
>
> (《宋元学案·苏氏蜀学略》)

"不可得而消者"即"性之所在"。君子日消其不善,小人日消其善,都有其不可得而消者,性即在此。由此可以悟出,性是不可消的。这个不可消的性,尧舜这样的善人也不能增加它,桀纣这样的不善之人也不能逃脱它,可见是善人与不善之人所共有的,所以性本身无善无不善。苏轼曾经信持孟子的性善说,学《易》后才知道性无善无不善。他自述这段思想经历说:

> 昔于孟子以为性善,以为至矣。读《易》而后知其未至也……夫善,性之效也。孟子未及见性,而见其性之效,因以所见者为性。犹火之能熟物也,吾未见火,而指天下之熟物以为火。夫熟物,则火之效也。

(《宋元学案·苏氏蜀学略》)

善是性之效,不是性本身,正如"熟物"是火之效,不是火本身。作为性之效的善,可见、可言、可消,性本身则不可见、不可言、不可消。苏轼是想借此超越历来的性善、性恶之争,认为潜存的性无善无不善,当它实存于社会之中才有善与不善的效果。

现在要问:性与道是什么关系?苏轼讲过这个问题,他说:

> 敢问性与道之辨。曰:难言也。可言其似:道之似,则声也;性之似,则闻也。有声而后闻邪?有闻而后声邪?是二者,果一乎?果二乎?……性者,所以为人也,非是无以成道矣。

(《宋元学案·苏氏蜀学略》)

他没有肯定声与闻谁先谁后,是一是二。不过从声与闻的关系看,则声是本体,闻是人得之于声者。由这种"道之似"与"性之似"的关系,可以悟出道与性的关系:道是本体,性是人得之于道者。所以说:"性者,所以为人也。"性是人之所以为人者,有此性则可以成道,无此性则"无以成道"。

照这样说,则"君子之道"是"成之以性"。可是他又说:"君子之道,成之以性者,鲜矣。"(《宋元学案·苏氏蜀学略》)这两个说法,互相矛盾,又并不矛盾。君子之道,固然是成之以性,但是由于有"意"作怪,就不能成之以性了。他说:

> 属目于无形者,或见其意之所存。故仁者以道为仁,意存乎仁也;知者以道为知,意存乎知也。贤者存意而妄见,愚者日用而不知,是以君子之道,成之以性者,鲜矣。
>
> (《宋元学案·苏氏蜀学略》)

道无形,无形则不可见,只好以己意揣测,于是各有"意之所存"。意存于仁,则以道为仁。意存于知,则以道为知。仁者,知者,都是"贤者",贤者才有意,"愚者"连意也没有。贤、愚是人之性。在苏轼看来,人非贤即愚,有贤性者有意,其意造成妄见,有愚性者无意,只会日用而不知。妄见"道",不知"道",皆"无以成道"。所以又说"君子之道,成之以性者,鲜矣"。

在这里,"成道"一语的深层显然有歧义。苏轼用"成道"表示了两个不同的概念:一个是宇宙生成论的概念,一个是认识论的概念。兹分别略加说明。

就宇宙生成论说,《乾·象辞》是一段有意义的资料,苏轼对其中"乾道变化,各正性、命"二语的解释说:

> 正,直也。方其变化,各之于情,无所不至,反而循之,各直其性,以至于命。

乾道也就是道。道变化起来,使万物各得其性、命之直,即各得其应得的性、命。就性而言,物之性,就是物各得之于道者。前面推测的阴阳隐于物中,以及由声、闻关系悟出的道、性关系,都在此得到正面的证实。

广义的物之性,就包括人之性。但是人之性又与其他物之性不同。在宇宙发生发展过程中,道发展到人之性这个阶段,才算完成,即所谓"非是(人之性)无以成道"。这种说法是要借此论定人在宇宙中的地位,即秦汉人所说的人为万物之灵,人与天地参的地位。这是"成道"的宇宙发生论意义。

就认识论说,"成道"的意义是知"道"、得"道"。苏轼认为,要知"道"、得"道",靠人之性是不成的,已如上述。他抛弃了以性成道的认识论,提出了致道说的认识论。他的致道说体现在著名的《日喻》中,其言曰:

> 世之言道者,或即其所见而名之,或莫之见而意之;皆求道之过也。然则道卒不可求欤?苏子曰:道可致而不可求。何谓致?……莫之求而自至,斯以为致也欤?

> 南方多没人,日与水居也。七岁而能涉,十岁而能浮,十五而能没矣。夫没者岂苟然哉!必将有得于水之道者。日与水居,则十五而得其道。生不识水,则虽壮,见舟而畏之。故北方之勇者,问于没人,而求其所以没,以其言试之河,未有不溺者也。故凡不学而务求道,皆北方之学没者也。

南方没人如何得水之道(又是以水喻道!),实在是一个很好的例子,说明只有"日与水居"而学之,才能致其道。不看没人的例子,很可能将"道可致而不可求"理解为放任自流,不必努力;看了这个例子,就知道是靠长期实践。没人的得水之道,借用黑格尔的话说,不是"自然的赐予",而是"精神的创造"。但是精妙的精神创造,又极似自然赐予。

《日喻》中所说的"道",所指的是规律,可谓道的"规律义"。前面所说的生物的"道",所指的是本体,可谓道的"本体义"。但是,规律是本体的规律,本体是规律的本体,所以二义是统一的,都统一于"道",都是"道"之义。

现在,再由性说到命。苏轼说:

> 圣人以为犹有性者存乎吾心,则是犹有是心也。有是

心也,伪之始也。于是又推其至者,而假之曰命。命,令也。君之命曰令,天之令曰命。性之至者,非命也,无以名之,而寄之命耳。

(《宋元学案·苏氏蜀学略》)

这是认为,性存在心中。心和意一样作怪,使人开始作伪,作伪就是背离了性。为了克服心的作怪,就把性推到顶点,这就是至性,假托为天命,简称命。照这样说,就没有"天命",而"天命"不过是一个假托的空名而已。王安石曾说"天变不足畏",还是肯定有"天命",只是"不足畏"而已。苏轼则否定了天命。朱熹针对此点评论说:"如苏氏之说,则命无所容。"(《杂学辨》)苏轼的哲学的确没有"命"的容身之地。

照传统的说法,命是天命,性是人性,命与性有天人之辨。苏轼反对这个说法,他说:

命之与性,非有天人之辨也,于其不自觉知,则谓之命。

(《宋元学案·苏氏蜀学略》)

又说:

圣人之于性也至焉,则亦不自觉知而已矣,此以为命也。

(《宋元学案·苏氏蜀学略》)

这是说,命与性的区别不在于天人,而在于是否不自觉知。或者以尽性达到不自觉知的状态为命。也可以说,不自觉知的性,就是命。可见性外无命,否定了作为独自存在的命。

值得注意的是,苏轼一再揭示了"意"和"心"的消极作用,他一则说:"存意而妄见","意"妨碍知"道",再则说:"有是心也,伪之始也","心"妨碍尽"性"。这是由于他认为,道与性是自然而然,意与心则是人为,对自然状态有破坏作用。这是三苏的共同见解,反映在他们的文论中,就是都主张为文要自然而然,不要有心有意,简言之,不有意为文。苏轼说:

> 夫昔之为文者,非能为之为工,乃不能不为之为工也。……自闻家君之论文,以为古之圣人,有所不能自己而作者。故轼与弟辙为文至多,而未尝敢有作文之意。
>
> 　　　　　　　　　　　　　　　　　　（《江行唱和集叙》）

"未尝敢有作文之意",即苏洵说的"不求有言,不得已而言出"(《仲兄字文甫说》)。苏洵还说:

> 然而此二物(水与风)者,岂有求乎文哉!无意乎相求,不期而相遇,而文生焉。
>
> 　　　　　　　　　　　　　　　　　　（《仲兄字文甫说》）

无意之极,便是"不自觉知"。苏辙认为孟子、司马迁之文都是气"见乎其文而不自知也"(《上枢密韩太尉书》)。苏轼自状其为文自然而然,不得不然,"其他虽吾亦不能知也"(《文说》)。"不自觉知"作为境界,是尽性的最高境界,也是为文的最高境界。这种境界,当然是由学而致的,苏洵在《上欧阳内翰书》中自述的经历就是证明。

怎样评价苏轼的哲学思想呢?

凡是由苏轼讲的"道之似"悟出来的"道",都是我们的理解,不能作为评价苏轼哲学思想的依据。但是有两点是苏轼自己讲出来的,不是我们悟出来的。

一点是道与意的对立。"贤者存意而妄见"道,"愚者日用而不知"道,可见道是独立于意见知识之外的。列宁说:"物质的唯一'特性'就是,它是客观存在,它存在于我们的意识之外。"(《唯物主义和经验批判主义》第五章第二节,着重号是原有的)可见苏轼在此所说的道,具有物质的唯一特性。

一点是《日喻》中没人得水道的认识论,显然有依赖实践的意义。

苏轼所说的道不可见,并不妨碍道的物质性。至于说道不可言,是因为道生物,就不是一物,就没有名,就没有相应的词在语言中出现,故不可言。从语言学的观点看,这也是一句实话。

苏轼的"不可言"论,与"不可知"论不同。"不可言"论好比哑巴看戏,"不可知"论好比瞎子看戏。不可言,是语言学问题。不可知,是认识论问题。康德是最大的不可知论者,其认识论的唯心论,并不抹杀其本体论的唯物论。苏轼是不可言论者,并不妨碍其本体论的唯物意义,也不妨碍其认识论的唯物意义。

苏轼所讨论的道、性、命等范畴,正是北宋道学共同的范畴,说明苏学也是道学的一部分。北宋道学是统治阶级即地主阶级的意识形态,苏学也不例外。但是苏轼的哲学思想,与北宋的周、张、二程迥异,这是只用阶级性难以解释的,苏学号称"蜀学",这个名称着眼于地区特点,对于说明问题有所帮助。

我国的文化和哲学历来有地区特色。从先秦起,北方以齐鲁地区儒家为代表的文化和哲学,与南方以楚地区道家为代表的文化和哲学,各有鲜明的特色,其影响至为深远,形成古代中华民族共同精神结构中的两极:以磁为喻,儒家是北极,道家是南极;以电为喻,儒家是正极,道家是负极。后来历经融合,而南北仍然各有特色。据现代民族学家考察,原居楚地的少数民族如彝族,迁居四川大小凉山之后,口语中仍有许多道家思想的格言和谚语。可见道家思想深入蜀地,由来已久。李白生于碎叶,幼年和青年时代则在蜀地生活,其作品充满道家思想,是三苏以前最显著的例子。苏轼的哲学思想,也充满道家特色,究其根源,则自幼所受当地文化根基的影响,要比后来个人宦海浮沉的影响,深刻得多。

(苏轼研究学会第三次学术讨论会论文,此会于1984年9月在惠阳举行)

论黄庭坚作品的哲学基础

(1985年)

　　黄庭坚的作品及其哲学基础,都宜放在中国文化总体结构中观察。

　　中国文化总体结构的历时发展中,有三个基本的共时结构。先秦的南北文化交融,形成统一的中国本土文化,即汉文化,是第一个基本的共时结构。然后中印文化交融,形成东方文化,即唐宋文化,是第二个基本的共时结构。然后东西文化交融,形成中国近代文化,在"五四"时期达到高潮而发展至今,是第三个基本的共时结构。

　　每个基本的共时结构,都有其基本的思想因素。先秦的南方文化,基本思想因素是道家思想。先秦的北方文化,基本思想因素是儒家思想。二者交融所形成的统一的中国本土文化,即第一结构,基本思想因素是儒道思想,这是中国文化总体结构的原始根基。与中国本土文化交融的印度文化,基本思想因素是佛家思想。中印文化交融所形成的东方文化,即第二结构,基本思想因素是儒道佛思想。第三结构的基本思想因素,则是儒道佛和西方思想,西方思想中的马克思主义,在第三结构中成为"指导我们思想的理论基础"。

　　每个基本的共时结构,都有其最大的哲学体系,都有其最大的文学代表。拿第一结构说,有董仲舒的哲学体系,有司马相如、司马迁等文学代表。拿第二结构说,有朱熹的哲学体系,有苏轼等文学代表。

黄庭坚是苏门学士之首,与苏轼并称"苏黄",处于中国文化总体结构的第二结构之中。第二结构的基本思想因素中,儒家道家是中国固有的,佛家是外来的,所以与佛家思想交融,是第二结构的特色。所谓三家,实是两方。按地域和历史分,则儒道为一方,佛家为一方。按思想的性质分,则儒家为一方,道佛为一方。打个比方说,儒道是"同乡"关系,道佛是"同学"关系。道家既可以与儒家为一方,又可以与佛家为一方,所以成为儒佛交融的中介和通道。苏黄都是经过道家这个中介和通道,将儒佛融合,从而达到儒道佛的融合,这是苏黄的共同思想基础,尤其是其文学作品的哲学基础。所不同者,苏轼尚有其《易传》等哲学专著,黄庭坚则只是在其作品中体现出来。既然与佛家思想的交融是第二结构的特色,以下就通过与佛家的关系,说明黄庭坚在其作品中体现的儒道佛融合。

在与佛家的关系上,苏黄承认佛家,佛家承认苏黄。双边关系由正常化进而一体化。

苏黄都没有反对道佛的表示。不仅不反对,而且苏轼自号"东坡居士",黄庭坚自号"山谷道人",又称苏轼为"东坡道人"。(如《山谷内集》第十七卷《武昌松风阁》诗云:"东坡道人已沉泉。")当时对佛教徒亦可称"道人"。"居士"是不出家的佛教徒,即所谓"在家僧"。苏轼《和食笋》诗云:"一饭在家僧";黄庭坚《谢杨履道送银茄四首》云:"感君来饭在家僧"(《山谷内集》第十三卷)。苏黄皆以"在家僧"自命。黄庭坚且径自称"僧",其《邹松滋寄苦竹泉橙麴莲子汤三首》云:"压倒江南好事僧",任渊注:"僧,当是山谷自谓"(《山谷内集》第十四卷)。凡此都可以看作苏黄承认佛家的表示。

至于佛家承认苏黄的表示,其最权威者莫过于在《五灯会元》中为苏黄立传①。南宋普济编著的《五灯会元》,记载佛家禅宗历代传法机缘,其体裁可以说是各人传法传记。《五灯会元》卷第十七在"东林总禅师法嗣"中立"内翰苏轼居士"传,在"黄龙心禅师法嗣"中立"太史黄庭坚居士"传。黄传全文如下:

> 太史山谷居士黄庭坚,字鲁直。以般若夙习,虽腆仕,淡如也。出入宗门,未有所向。好作艳词,尝谒圆通秀禅师,秀呵曰:"大丈夫翰墨之妙,甘施于此乎?"秀方戒李伯时画马事,公诮之曰:"无乃复置我于马腹中耶?"秀曰:"汝以艳语动天下人淫心,不止马腹中,正恐生泥犁耳。"②公悚然悔谢,由是绝笔,惟孳孳于道,著《发愿文》,痛戒酒色,但朝粥午饭而已。

> 往依晦堂,乞指径捷处。堂曰:"只如仲尼道:二三子以我为隐乎?吾无隐乎尔者。太史居常,如何理论?"公拟对,堂曰:"不是!不是!"公迷闷不已。一日侍堂山行次,时岩桂盛放,堂曰:"闻木犀花香么?"公曰:"闻。"堂曰:"吾无隐乎尔。"公释然,即拜之。曰:"和尚得恁么老婆心切。"堂笑曰:"只要公到家耳。"

> 久之,谒云岩死心新禅师,随众入室。心见,张目问曰:"新长老死学士死,烧作两堆灰,向甚么处相见?"公无语。心约出曰:"晦堂处参得底,使未着在?"后左官黔南,道力愈胜,于无思念中顿明死心所问,报以书曰:"往年尝蒙苦苦提撕,长如醉梦,依稀在光影中。盖疑情不尽,命根不断,故望

---

① 《五灯会元》不称"传"而称"章"。
② 黄庭坚为晏几道《小山词》作序,其中说:"余少时间作乐府,以使酒玩世。道人法秀独罪余以笔墨劝淫,于我法中,当下犁舌之狱。"传与此合。

崖而退耳。谪官在黔南道中,昼卧觉来,忽尔寻思:被天下老和尚谩了多少!唯有死心道人不肯,乃是第一相为也,不胜万幸。"

后作晦堂塔铭曰:"某夙承记莂,堪任大法。道眼未圆,而来瞻窣堵,实深宗仰之叹。乃勒坚珉,敬颂遗美。"公复设苹蘩之供,祭之以文,吊之以偈曰:"海风吹落楞伽山,四海禅徒着眼看。一把柳丝收不得,和烟搭在玉栏干。"

其中"晦堂"和"堂",都是指"黄龙祖心禅师";"死心"和"心",都是指"黄龙死心悟新禅师",又简称"死心新禅师"或"新禅师"或"新",是黄龙祖心禅师的第一位法嗣。《五灯会元》卷第十七"黄龙祖心禅师"传中云:

将入灭,命门人黄太史庭坚主后事。茶毗日,邻峰为秉炬,火不续,黄顾师之得法上首死心新禅师曰:"此老师有待于吾兄也。"新以丧拒,黄强之,新执炬。

由此可见黄庭坚在晦堂门下地位之高,力量之强。

我并不以为《五灯会元》所记都是信史。我只想由此肯定一点:佛家承认苏黄。它所记的苏轼材料不必引了,它所记的黄庭坚材料亦未全引[①]。对于肯定佛家承认黄庭坚这一点来说,上面引的也就够了。

佛家承认苏黄,是不是为了借重苏黄声望以抬高佛家身价呢?这样的动机和效果是有的,不过这并非事情的全部,更没有因此而胡编瞎说。以上所记,的确在黄庭坚诗中有其反映。

宋徽宗崇宁元年,黄庭坚有《自巴陵略平江临湘入通城,无日不

[①] 在明代,出现徐长孺、凌濛初编的《东坡禅喜集》和陶元柱编的《山谷禅喜集》,都是辑录苏黄谈禅文字,汇为专集。可见前人早已注意到苏黄与佛家关系问题。凌濛初、冯梦祯并且写过一些评语,可以说是开始进行了研究。

雨;至黄龙,奉谒清禅师。继而晚晴,邂逅禅客戴道纯款语。作长句呈道纯》诗,其中说:"灵源大士人天眼,双塔老师诸佛机。"(《山谷内集》第十六卷)黄龙山在江西省武宁县。清禅师即"黄龙灵源惟清禅师",在黄龙祖心禅师的法嗣中居第二,著有《南昌集》,此次请黄庭坚遍阅,决定取舍。诗中"灵源大士"即清禅师;"双塔老师"指祖心禅师及其师慧南禅师,二人皆葬于黄龙山的前山,号"双塔"。上引寥寥两句,对这三位禅师便已推崇备至。用通俗的称呼说,南禅师是黄的师爷,祖心禅师是黄的师父,清禅师是黄的二师兄。他们之间的感情是深挚的。此诗并非对清禅师的当面奉承,而是与戴道纯的背后议论,说的不会是假话。

崇宁三年秋,有《寄黄龙清老三首》(《山谷内集》第二十卷),清老即清禅师,其第三首云:

骑驴觅驴但可笑,非马喻马亦成痴。一天月色为谁好,二老风流只自知。

"二老"指清老和作者。《孟子·离娄上》:"二老者,天下之大老也。"《六祖坛经》:"如人饮水,冷暖自知。"《通玄钞》:"不解即心即佛,真似骑驴觅驴。"《庄子·齐物论》:"以马喻马之非马,不若以非马喻马之非马也。"一首七绝,出处竟遍及儒道佛三家;此诗思想则皈依佛家。道家反对以"马"喻"马之非马",主张以"非马"喻之。"马"是有,"非马"是无,道家讲到了无,也只是讲到了无。佛家则进而否定无,讲到空。在佛家看来,讲有(如以"马"喻之)固然痴,讲无(以"非马"喻之)亦成痴。只有讲空,才能"不著一字,尽得风流"。此诗前两句,佛家的人极赞赏,近人丁福保编《佛学大辞典》就引作"骑驴觅驴"条的例句。

上文说过,"黄龙死心悟新禅师"是祖心禅师法嗣之首,是黄的大师兄;"黄龙灵源惟清禅师"是黄的二师兄。崇宁二年另有《代书寄翠

岩新禅师》诗,其中说:

   苦忆新老人,是我法梁栋。信手斫方圆,规矩一一中。

遥思灵源叟,分坐法席共。

"新老人"即其大师兄,"灵源叟"即其二师兄。此诗表现出对其两位师兄的怀念和推崇。

这些诗都可以算是《五灯会元》所记的反映。

黄庭坚的作品,作为一个总体来看,是体现着儒道佛融合。若从个体来看,即从各个篇章来看,则其儒道佛融合不一定与总体同一比例,而以与杨明叔的"次韵"共十五首为集中体现这种融合的好例。

杨皓,字明叔,与苏轼同乡,向黄谈过苏的许多精辟见解。黄庭坚传给他全部的学问,用诗的形式概括为十五首,其中尤以《次韵杨明叔四首》最集中而全面,全录如下:

   鱼云游濠上,鸦来止坐隅。吉凶终我在,忧乐与生俱。

决定不是物,方名大丈夫。今观由也果,老子欲乘桴。

   道常无一物,学要反三隅。喜与嗔同本,嗔与喜自俱。

心随物作宰,人谓我非夫。利用兼精义,还成到岸桴。

   全德备万物,大方无四隅。身随腐草化,名与太山俱。

道学归吾子,言诗起老夫。无为蹈东海,留作济川桴。

   匹士能光国,三屡不满隅。窃观今日事,君与古人俱。

气类莺求友,精诚石望夫。雷门震惊手,待汝一援桴。

此诗出处亦遍及儒道佛三家。尤为奇特者,是在一句之内,竟能儒佛融合,儒道融合,道佛融合,儒道佛融合。其例如下:

"心随物作宰,人谓我非夫。"《楞严经》:"一切众生,从无始来,迷己为物,失于本心,为物所转。""非夫"出于《左传》宣公十二年:"命为军帅,而卒以非夫",杜预注:"非丈夫也。"此句融合儒佛。又如"利用兼精义,还成到岸桴。"《易·系辞下》:"精义入神,以致用也。利用安身,以崇德也。""到岸"即"到彼岸",即梵文"波罗蜜"。《大智度论》卷十二:"波罗,秦言彼岸。蜜,秦言到。"此句亦融合儒佛。

"全德备万物"。《庄子·德充符》:"而况全德之人乎!"《孟子·尽心上》:"万物皆备于我矣。"此句融合儒道。

"道常无一物"。《老子》第三十二章:"道常无名。"《六祖坛经》:"本来无一物。"此句融合道佛。

"道常无一物,学要反三隅。"《论语·述而》:"举一隅不以三隅反,则不复也。"则又融合儒道佛矣。

以上是分析文字的表面结构,以下分析意义的深层结构。

我不主张"大卸八块",说哪是自然观,如"道常无一物";哪是人生观,如"忧乐与生俱";等等。我主张用系统论的总体论(holism)来分析。

黄庭坚的《次韵杨明叔四首》,作为一个系统的总体,其中融合着的儒道佛因素,有如下的内部联系。

儒家讲"有"。道家否定"有"而讲"无"。佛家否定"无"而讲"空"。翻过来,又可以由否定"空"而得"无",由否定"无"而得"有"。三家是三个层次,好比一幢三层楼,可以一层一层上,也可以一层一层下。儒道佛融合,不是一个大拼盘,而是一幢三层楼。

这幢三层楼,每层各放各的东西,各有各的用场。不妨称第一层为儒家层,第二层为道家层,第三层为佛家层。既然构成一幢楼,则正如《百喻经》那个修楼的故事所说,少了哪层也不行。

既有人生,即有人伦日用,一切都要落实到人伦日用。虽是"匹士",亦应"光国",亦"能光国"。"无为蹈东海,留作济川桴"。"身随腐草化,名与太山俱"。态度是积极的,入世的。这是第一层。

既有人生,便有吉凶,便有忧乐。"吉凶终我在,忧乐与生俱",如何对待?就不仅要为学,而且要为道。《老子》第四十八章云:"为学日益,为道日损",损之又损,以至"大方无隅"(第四十一章),即"大方无四隅",始为得道,而"全德备万物"矣。这是第二层。

如此为道,虽能否定吉凶区别,否定忧乐区别,其前提仍是承认吉凶区别,承认忧乐区别。吉凶属于物,忧乐属于心。随吉凶而忧乐,便是"心随物作宰",而"决定""是物"。要"决定不是物",所以主张"道常无一物":不仅无"有",而且无"无";不仅无肯定,而且无否定。这是第三层。

第一层是实际生活,物质(physical)生活,第二、第三层都是精神境界,意识活动。它说"无",并不是实际世界真的就无了。它说"空",也不是实际世界真的就空了。它不过作如是观而已,说说而已。讲"无"讲"空",仍然在"有"中实际生活。

照黄庭坚这四首诗所说,生活于第一层,而神游于第二、三层,就无入而不自得,"方名大丈夫"。苏黄一生坎坷,颠沛流离,亏得有这幢三层楼的精神结构,才能够活下来,不仅事功上有所建树,而且创作了大量作品。

鲁迅诗云:"躲进小楼成一统,管它冬夏与春秋!"不管春夏秋冬,就是不管时间,进入"永恒"(eternity)。这是神游于第二、三层的精神境界。鲁迅如此。若有人批评苏黄如此,倒不妨反省一下自己是否有时自觉或不自觉地如此。

(发表于《江西师范大学学报(哲学社会科学版)》1986年第2期)

黄庭坚《寺斋睡起二首》一解

(1986年)

小黠大痴螳捕蝉,有馀不足夔怜蚿。
退食归来北窗梦,一江风月趁渔船。

桃李无言一再风,黄鹂惟见绿匆匆。
人言九事八为律,倘有江船吾欲东。

此诗作于元祐四年(1089)暮春。前此三四年间,苏、黄俱在京师,时相唱和。此年三月十六日苏轼受命出知杭州,因为年来又遭攻击,不容于朝。黄庭坚亦不容于时。此诗表现了诗人对超脱此种现实生活的精神境界的追求。

"小黠大痴",语出韩愈《送穷文》,这里是说小处精明,大处糊涂。螳螂捕蝉的故事,始见于《庄子·山木》,又见于《说苑·正谏》。《庄子》说庄周在栗园游玩,见螳螂捕蝉,怪鹊又捕螳螂;庄周用弹弓瞄怪鹊,守园人又骂庄周。《说苑》说蝉不知螳螂在后,螳螂不知黄雀在旁,黄雀不知弹丸在下:"皆务欲得其前利而不顾其后之有患也。"《庄子》说这都是"守形而忘身","见利而忘其真"。诗句兼取《庄子》与《说苑》之意,而归依《庄子》,以此故事比喻小黠大痴:不只是贪近利而忘后患,更严重的是见利忘真,丧失本性。换言之,就是只顾现有的实际生活,忘了应有的精神境界。

应有的精神境界,就是忘怀有馀和不足之类分别的境界。"夔怜蚿",出于《庄子·秋水》,其中说,夔对蚿说,我只用一只脚跳跃而行,谁也不如我简单易行;你用那么多脚,怎么得了？蚿却不接受夔的这种怜悯,说:没有什么,我是顺自然而行。以一足而行,以多足而行,都是自然而然。若以一足为得,其乐"有馀";以多足为失,其乐"不足":便是丧失自然真性而妄生分别的精神境界。现有的实际生活,固然有有馀与不足的分别;但是应有的精神境界,则忘怀有馀与不足的分别。若在精神境界中坚持此类分别,就像夔怜蚿一样可笑。

这样就达到陶潜"忘怀得失"(《五柳先生传》)的境界。陶潜《与子俨等疏》云:"五六月中,北窗下卧,遇凉风暂至,自谓是羲皇上人。"此时所乐,正是此种境界。"退食归来北窗梦"的"北窗",就是用陶潜此《疏》为典。《诗·羔羊》云:"自公退食。"下班回来,吃了饭,往北窗下一躺,梦见一江风月,乘渔船以逍遥,也正是此种境界。即使当个渔翁,也总算超脱京师的纷争。

第二首"桃李无言一再风"两句,可见时令,用意则不止时令。《汉书·李广传赞》有谚云:"桃李不言,下自成蹊。"黄庭坚服膺此言,曾以此八字为韵作诗八首以教后学柳闳;其诗集中明用或暗引此言达三十余次。其意重在"无言",与《大乘起信论》的"离言说相"、陶潜的"欲辩已忘言"(《饮酒》)、《庄子》的"大辩不言"(《齐物论》)、《老子》的"知者不言"(第五十六章)、孔子的"予欲无言"(《论语·阳货》)一息相通,都是同一境界。第一首所达到的境界,从"言说相"看,就是无言境界。精神上虽已达此境界,现实中仍然一再经风,花落净尽,故"黄鹂惟见绿匆匆"而已。桃红李白,匆匆之间都只有绿叶了,这不是早熟,而是夭折。

"桃李无言"的反面是下文的"人言"。《诗·将仲子》云:"人之多言,亦可畏也。""一再风",指下文"九事八为律"。《汉书·主父偃传》:"所言九事,其八事为律令。"诗用此典,比喻当时攻击者深文罗织,法网繁密,不言亦辄得咎。暗含《老子》"法令滋彰,盗贼多有"(第五十七章)的深意:法令如此滋彰,本来并非盗贼,也被划成盗贼了。前首是说梦见江上渔船,此首是说醒来"倘有江船",我情愿顺流而东,像孔子说的"乘桴浮于海"(《论语·公冶长》)。孔子并未浮海,此诗也不过是"吾欲东",都不是实际生活,都只是对超脱实际生活的精神境界的追求。

(发表于《黄庭坚作品赏析》,巴蜀出版社出版)

读王夫之《思问录·内篇》

(1992年10月)

王夫之的哲学著作,最主要的是《张子〈正蒙〉注》,早于此"注"的《思问录》之于此注,则有如康德的《未来形上学导论》之于《纯粹理性批判》。《思问录·内篇》讲了两个根本性问题:王夫之的体系(一)为己而作,(二)以自为本。

张载的《西铭》,从"乾称父,坤称母"讲起。王夫之接着讲:"乾称父。父,吾乾也。坤称母。母,吾坤也。"(引自《思问录·内篇》,以下王夫之的话皆引自《思问录·内篇》)突出一个"吾"字。又讲:"过去,吾识也。未来,吾虑也。现在,吾思也。"又突出一个"吾"字。乾、坤,过去、现在、未来:合称宇宙。他这不是说,宇宙即吾。他这是在肯定宇宙存在的前提下,突出宇宙对吾的关系和意义。我要讲宇宙,并非着思于宇宙的存在,而是着思于宇宙对我的关系和意义。若对我没有关系和意义,我宁可睡大觉,何必讲它。讲宇宙存在如何,是科学。讲宇宙对我的关系和意义如何,是哲学。

王夫之又讲:"极深而研几,有为己、为人之辨焉。深者,不闻不见之实也。几者,隐微之独也。极之而无间,研之而审,则道尽于己而忠信立。忠信立,则志通而务成,为己之效也。求天下之深而极之,迎天下之几而研之,敝敝以为人而丧己,逮其下流,欲无为权谋术数之渊薮,不可得也。"这是接着讲《易·系辞》的"夫易,圣人所以极深而研几也。惟深也,故能通天下之志;惟几也,故能成天下之务",接着讲《论语》的"古之学者为己,今之学者为人"。王夫之旗帜鲜明地主张"为己",意思是说,只有每个个人"道尽于己",才能立忠信;只有每个个人立忠信,才能人人同心(志通)完成任务(务成)。

　　王夫之更进一步讲:"言无我者,亦于我而言无我尔。如非有我,更孰从而无我乎?"言无我,正是对有我而言。如非有我,又由谁来无我? 可见我是出发点,是前提。这是逻辑分析。他又作具体分析:"无我者,为功名势位而言也,圣人处物之大用也。于居德之体而言无我,则义不立而道迷。""故君子为己,而天下之理得矣。"我,可以是功名势位的主体,于此应无我。我,可以是居德之体,于此应有我。但归根到底是有我,以我自己为主体,理才能成为自己的心得,立义而不迷道。

　　可见王氏体系乃为己而作,以自为本。至于它的社会效果,乃"为己之效也"。呜呼! 王氏可谓知本矣。

(1992年10月为纪念王夫之逝世300周年而作)

冯友兰新理学通论

(1987年)

中国现代哲学史有两个基本主题:一个是马克思主义哲学中国化,一个是中国传统哲学现代化。这两个基本主题合起来,就是中国哲学现代化。

马克思主义哲学中国化,产生中国的马克思主义哲学,即毛泽东哲学思想。毛泽东哲学思想,是毛泽东思想的组成部分。毛泽东思想虽然不是毛泽东个人的智慧,但是毛泽东确实是它的实至名归的主要代表人物。

中国传统哲学现代化,也有它的代表人物,也不止一人,但是各人有各人个人建立的哲学系统。中国传统哲学有其要素,就来源而言,本有儒家、道家、佛学,到近代又加上西学。中国近代史从鸦片战争开始,其时马克思主义正在形成,尚未在中国流传,所以中国近代的西学,是前马克思主义的。中国现代史从五四运动开始,其时马克思主义和列宁主义一起在中国流传,所以中国现代的西学,有马克思列宁主义和非马克思列宁主义两部分。所以致力于中国哲学现代化的系统,都是儒道佛西四要素各以不同的分量,不同的结构方式,建立起来的。

各个人的哲学系统,并不等于所含的四要素之和,而多于所含的四要素之和,正如一个活人并不等于他的五官四肢躯干等等之和,而多于他的五官四肢躯干等等之和,这多出的东西就是生命。各个人的哲学系统,多出于所含四要素之和的东西,就是当时的时代精神。四要素好比珍珠,时代精神好比金线,双方的关系是"一线穿珠"。这个比方也不尽恰当:一串珍珠虽然成串,还是个死东西;时代精神贯串四要素而建立的哲学系统,则是个活东西。

中国近代现代的时代精神只有一个,但是可以就两个方面说。就一方面说,就是中国要现代化。就另一方面说,就是中华民族要救亡。这个时代精神,贯串于中国近代现代文明总体之中,当然也贯串于中国传统哲学现代化的各个哲学系统之中,同时更贯串于马克思主义哲学中国化的哲学系统之中。

冯友兰对中国传统哲学现代化的尝试和努力,体现于抗日战争时期所著六书:《新理学》(1938年),《新事论》(1939年),《新世训》(1940年),《新原人》(1942年),《新原道》(1944年),《新知言》(1946年),统称"贞元之际所著书",简称"贞元六书"。六书其实是一部书,《新理学》是这一部书的总纲。以下以"新理学"表示六书合为一部书之中的哲学系统,以《新理学》表示一书。

《新理学》的自觉性,在于冯氏完成《中国哲学史》以后,作为中国哲学史家,深知"新时代之中国哲学史,尚在创造之中","此新时代之思想家,尚无卓然能自成一系统者"(皆《中国哲学史》中语),乃发愤创作新时代之哲学系统。这种自觉,是中国传统哲学自身的觉悟。冯氏的《中国哲学史》(哲学史研究)乃其《新理学》(哲学创作)之准备,所以具有最高程度的自觉性。

《新理学》的综合性,在于它是一个包括宇宙、人生即自然、社会、个人生活各方面的综合系统。换言之,在于它是一个包括本体论、宇宙论、知识论、历史哲学、人生哲学、道德哲学、宗教哲学、艺术哲学的综合系统,所以具有最大规模的综合性。

与《新理学》的自觉性、综合性相比,居于次要地位,但是也很重要的是,"新理学"还具有比较性、通俗性。它充满新旧理学的比较,充满儒、道、佛、西的比较。比较与融合同步,所以讲民族哲学讲世界未来哲学。它深入浅出,把复杂性表现为单纯性,不把单纯性转换成复杂性,所以拥有较多的读者,产生较大的影响。

自觉性、综合性、比较性、通俗性,都是表层特色,一读其书,便可感知。至于领会深层特色,则非好学深思,心知其意莫办。下文从冯氏的哲学观入手,试图表显"新理学"的深层特色。

哲学家,自成系统的哲学家,都有他自己的哲学观。哲学观回答的问题是:在他看来,哲学是什么,是一门什么学问。这是他自己对哲学的觉解,他本此觉解去建造自己的哲学系统。所以他的哲学观决定他的哲学系统的深层特色,研究他的哲学观可以表显和领会他的哲学系统的深层特色。

这是就哲学家说。再就哲学说,哲学观是哲学自身的自觉。它在一个人的思维里,如果处于自发状态,不是自觉状态,这个人就算搞了一辈子哲学,也许搞的并不是哲学。

冯氏第一本著作,他的博士论文中文本《人生哲学》,第一章就明确说出他自己的哲学观:哲学是求好之学,而科学是求真之学。

这是在20年代讲的。尽管后来30年代在《新理学》中,40年代在《新知言》中、在《中国哲学简史》中,80年代在《中国哲学史新编》中,各有关于哲学观的不同讲法,但是其不同只是角度不同,不是所指不同。就所指说,冯氏的哲学观是始终一贯的。这就决定"新理学"也是始终一贯的求好之学。对于这一点,要从"新理学"的发展中作出解释。

关于求好之学,《人生哲学》说:"人生而有欲;凡能满足欲者,皆谓之好。若使世界之上,凡人之欲,皆能满足,毫无阻碍;此人之欲,彼人之欲,又皆能满足而不互相冲突;换言之,若使世界之上,人人所认为之好,皆能得到而又皆不相冲突,则美满人生,当下即是,诸种人生问题,自皆无从发生。不过现在世界,人所认为之好,多不能得到而又互相冲突。如人欲少年,而有老冉冉之将至;人欲长生,而民皆有死。又如土匪期在掠夺财物,被夺者必不以为好;资本家期在收取盈馀,劳动者及消费者必不以为好。于是此世界中,乃有所谓不好;于是此实际的人生,乃为甚不满人意。于是人乃于诸好之中,求唯一的好(即最大最后的好);于实际的人生之外,求理想人生,以为吾人批评人生及行为之标准。而哲学之功用及目的,即在于此。故哲学者,求好之学也。"(第一章第一节)

哲学的内容,用中国的传统的术语说,是由"天道"和"人道"构成的。求好之学,专就求人生理想而论,是人道;再为人生理想建立形上学以为根据,这就是天道。从一个哲学系统的生成历史说,往往是先有其人道,再为此人道建立其天道。从一个哲学系统的逻辑结构说,其人道往往是其天道的应用和具体化。从一个哲学系统的内部层次说,其天道居于高层次,其人道于低层次,其天道却又是其人道的根据,为其人道服务。《人生哲学》也有其天道,文繁未引,可还是杂糅而成,还未能一以贯之,后来的《新理学》方能一以贯之。不过从上段引文已可看出,其中的"标准"就是《新理学》中的"理",其中的"实际"与"理想"的区别就是《新理学》中的"实际"与"真际"的区别。其出发点是实际的人和人欲,其目的是理想地实现人和人欲。人欲有这样的地位,正是新理学与旧理学的原则区别之一。正是以满足人欲的范围和程度为标准,冯氏在《人生哲学》第十二章第六节中作出社会主义制度优于资本主义制度的论断。

但是求好必先求真,不知真无由知好。《人生哲学》第一章第二节中说:"哲学之目的,既在确定理想人生,以为吾人在宇宙间应取之模型及标准,则对于宇宙间一切事物以及人生一切问题,当然皆须作甚深的研究。严格地说,吾人若不知宇宙及人在其中之地位究竟'是'如何,吾人实不能断定人究竟'应该'如何。所以凡哲学系统至少必有其宇宙论及人生论。哲学固须综合科学以研究宇宙之全体,然其所以如此者,固自有目的,非只徒为'科学大纲'而已。"

"综合科学以研究宇宙之全体",就是求真。"固自有目的",就是哲学以求好为目的,哲学不是为求真而求真,而是为求好而求真。科学才是为求真而求真。无论如何,哲学要经过求真。"综合科学以研究宇宙之全体"的求真,等于总结全部科学。谁要总结全部科学,谁就要精通全部科学。除非上帝,任何凡人也做不到这一点。亚里士多德也许做到了,现代的人谁也做不到。即使做到了,科学的总结还是科学,不是哲学。这是一个真正的困难。出路何在呢?"新理学"认为:只能走形式的路子,不能走内容的路子。

顺便说到,现代语言学也曾遇到这种困难,其出路也是走形式的路子。语言有内容和形式。语言的内容也是全宇宙。若走内容的路子,则研究语言也是研究全宇宙。于是只好撇开内容即语义,只研究形式即结构,这就是结构主义,获得很大的成功。后期的结构主义,进一步认为,并不是不得已而撇开语义,而是不应该研究语义,只应该研究结构,这就是形式主义。现在不是说"新理学"从这里受到启发,而是说人类在遇到类似的困难时会找到类似的出路。

《新理学》说:"照我们的看法,哲学乃自纯思之观点,对于经验作理智底分析、概括及解释,而又以名言说出之者。"(绪论第三节)[①]《新知

[①] 从《新理学》起,到1948年年底止,冯氏以"的"字作所有格语尾,以"底"字作形容词语尾,与一般用法不同。但是这个时期的英文著作,后来由涂又光译为中文时,没有保持这种用法。

言》解释说:"此所谓理智底,亦可以说是逻辑底。"(绪论)"我们所谓'逻辑底',意思是说'形式底'。"(第一章)"所谓'形式底',意思是说'没有内容底',是'空底'。"(第一章)

现在讲的哲学,是指形上学。《新知言》说:"形上学的工作,是对于经验作逻辑底释义,科学的工作,是对于经验作积极底释义。所以形上学及科学,都从实际底事物说起。所谓实际底事物,就是经验中底事物。""在对于实际事物底释义中,形上学只作形式底肯定,科学则作积极底肯定,这是形上学与科学不同之处。""我们所谓'积极底',意思是说'实质底'。""所谓'实质底',意思是说'有内容底'。"(均见第一章)

《新知言》还说:"真正形上学底命题,可以说是'一片空灵'。""科学底命题,是灵而不空底。科学底命题,对于经验作积极底释义,积极则有内容,所以不是空底。但一科学命题,可以适用于一类事实,不为一件事实所限,不沾滞一件事实,所以是灵底。""形上学底命题,是空而且灵底。形上学底命题,对于实际,无所肯定,至少是甚少肯定,所以是空底;其命题对于一切事实,无不适用,所以是灵底。"(均见第一章)

"新理学"走这条形式的路子,提出并说明自己的主要观念和主要命题,这就是《新原道》的《新统》章说的:"在新理学的形上学的系统中,有四个主要底观念,就是理、气、道体及大全。这四个都是我们所谓形式观念。这四个观念,都是没有积极底内容底,是四个空底观念。在新理学的形上学的系统中,有四组主要底命题,都是形式底命题。四个形式底观念,就是从四组形式底命题推出来底。"四组命题不必俱引,各组都可以借用一句旧日中国哲学家的话来表达,它们分别是:"有物必有则","有理必有气","无极而太极","一即一切,一切即一"。

《新原道》的《新统》章还说:"新理学中底几个主要观念,不能使人有积极底知识,亦不能使人有驾驭实际底能力,但理及气的观念,可使人游心于'物之初';道体及大全的观念,可使人游心于'有之全'。这些观念,可使人知天,事天,乐天,以至于同天。这些观念,可以使人的境界不同于自然、功利、及道德诸境界。"一句话:这四个观念可以使人有天地境界。这就是求好之学的目的。这就是求好之学的极致。所以"新理学"作为哲学,依然如《人生哲学》所说:"哲学者,求好之学也。"

这里有一个必须回答的问题,就是,这四个观念,为什么,又如何,可以使人有天地境界?最简单的回答是:在于超越。天地境界,就是超越的境界①;形式的观念,就是超越的观念;形式的路子,就是超越的路子,或者更准确地说,是通向超越的路子。形式的路子走到这里,就成了超越的路子了。到底如何超越,冯氏在1947年用英文写的《中国哲学与未来世界哲学》②中有系统的说明。

《新知言》的《绪论》说:"形上学是哲学中底最重底一部分,因为它代表人对于人生底最后底觉解。这种觉解,是人有最高底境界所必需底。我们对于经验的内容,作逻辑底分析、总括及解释,其结果可以得到几个超越底观念。所谓超越就是超越于经验。用中国哲学史中的话说,就是超乎形象底。我们的理智,自经验出发而得到超越于经验者。对于超越于经验者底观念,我们称之为超越底观念,就是形上学底观念,也就是形上学的主要观念。"

《新知言》第十章说:"有只可感觉,不可思议者。有不可感觉,只可思议者。有不可感觉,亦不可思议者。只可感觉,不可思议者,是具体底事物。不可感觉,只可思议者,是抽象底理。不可感觉亦不可

---

① 冯氏的英文著作,将"天地境界"写作 transcendent sphere,即"超越的境界"。
② 此文的中译文发表于1987年第6期《哲学研究》。

思议者,是道或大全。"

《中国哲学简史》第二十八章说:"不可感觉者,超越经验。不可感觉亦不可思议者,超越理智。"

可见冯氏所讲的超越,包括超越经验和超越理智。就"新理学"四个主要观念说,理是超越经验的,气、道体、大全是超越理智的。从层次看,超越理智高于超越经验。从过程看,超越开始于超越经验,完成于超越理智。从总体看,超越经验,超越理智,都是超越。

这里所讲的超越,也就是《中国哲学与未来世界哲学》一文中所讲的"越过界线"(to cross the boundary)。此文说:"康德似乎看出,靠纯粹理性的帮助,没有越过界线的道路。在他的体系中,不论纯粹理性作出多大努力去越过界线,它也总是在界线的此岸。这种努力有些像道家说的'形与影竞走'。但是看来道家却用纯粹理性真的越过界线走到彼岸了。道家的越过并非康德所说的辩证地使用理性的结果,实际上这完全不是越过,而无宁是否定理性。否定理性,本身也是理性活动,正如自杀的人用他自己的一个活动杀他自己"。"若问:由否定理性,是否真正越过了界线?此问没有意义。因为照康德和道家所说,这个界线是理性自己所设。随着理性的否定,也就不再有要越过的界线了。若问:越过界线之后,有何发现?此问亦没有意义。因为照康德和道家所说,辨认一物,不过是理性的功能。随着理性的否定,也就无所谓辨认了。"

理性否定了,则"否定理性"也否定了,因为"否定理性"也是理性活动。此文在前面所说的"没有任何性质,但是具有任何性质的事物都靠它才存在"的"某物"也否定了,因为它是肯定的名词,也是理性的东西。那就勉强用否定的名词来表示,如道家用"无"来表示,但是否定的名词也还是理性的东西,所以"最后,连这个否定的符号也必须自身否定之"。"到了最后就无可言说,只有静默。在静默中也就越过界线到达彼岸"。这种静默,不是普通所指的不说话状态,而是特指的没有任何理性活动的精神状态。

此文接着说:"这是我所谓的形上学的负的方法,道家使用得最多,禅宗也使用它","在这里我们得到真正的神秘主义。从道家和禅宗的观点看,西方哲学中虽有神秘主义,还是不够神秘。西方的神秘主义哲学家大都讲上帝,讲人与上帝合一,但是上帝,既然全知全能,实质上就是一个理智的观念。人只要有一个或几个理智的观念,就还在'界线'的此岸"。

所以冯氏在《中国哲学简史》第二十八章说:"哲学,特别是形上学,是一门这样的知识,在其发展中,最终成为'无知之知'。"所谓"无知之知",就是上面所讲的"否定理性"(无知)的"理性活动"(知)。又说:"关于超越经验和超越理智者,人不可能说得很多。所以哲学,至少是形上学,在它的性质上,一定是简单的,否则它又变成了简直是坏的科学。它虽然只有些简单的观念,也足够完成它的任务。"又说:"'正的方法'即逻辑分析法与'负的方法'并不是矛盾的,倒是相辅相成的。一个完全的形上学系统,应当始于正的方法,而终于负的方法。如果它不终于负的方法,它就不能达到哲学的最后顶点。但是如果它不始于正的方法,它就缺少作为哲学实质的清晰思想。神秘主义不是清晰思想的对立面,更不在清晰思想之下,无宁说它在清晰思想之外。它不是反对理性的,它是超越理性的。"

这种负的方法,就是超越的路子。前面问"到底如何超越",就是如此超越。如此超越所得到的形上学是空的,如此超越所达到的天地境界并不空,至于整个的人生当然更不空。天地境界是有内容的,其内容详见《新原人》的《天地》章。如果只用一句话概括天地境界的内容,那就是"极高明而道中庸"。最高明的形上学应当"极高明"。最高的人生境界不应当只是"极高明",而应当"极高明而道中庸"。

就哲学系统的结构说，其最高层次即形上学应当"极高明"，其总体则应当"极高明而道中庸"。这是"新理学"阐发的"中国哲学之精神"，也是"新理学"评价中国哲学诸系统的标准，也是"新理学"自己追求的目标。

正是在这个意义上，作为求好之学的"新理学"，就是人生境界之学。1945年写的《新知言》，头一句话是："假使我们要只用一句话，说出哲学是什么，我们可以说：哲学是对于人生底有系统底，反思底，思想。"三十多年之后，在《中国哲学史新编》《全书绪论》《什么是哲学》一节中说："哲学是人类精神的反思。"这些反思使人得到的觉解，不仅构成人生境界，而且可以提高人生境界。

哲学是"人类精神的反思"，不是"对人类精神的思"。人类精神的反思，是人类精神自己思自己，若要说主体、对象，则主体、对象都是人类精神。一个自成系统的哲学，就是人类精神的反思，在这个哲学家的思维中的一种表现。就这个哲学家说，他是以人类精神思人类精神。人类精神的反思，其结果是智慧，是哲学。对人类精神的思，其结果是知识，是科学。

人类精神是包括知、情、意的总体。人类精神的最高境界，"新理学"称为天地境界，是知、情、意达到中和的境界，其中，知否定而为智慧，情、意净化而为主体性，智慧为主体性服务。有人说："新理学"是理性主义的。"新理学"是理性主义的，又不只是理性主义的。若要说什么主义，它是知情意中和主义。

以上是试图通过哲学观，表显和领悟"新理学"的深层特色。深层特色，本在语言之外，不可言说。若要勉强言说，就只好说，"新理学"的深层特色是超越性。它通过经验而超越经验，通过理性而超越理性。由分析经验得到四个主要观念，是超越经验。由四个主要观念达到天地境界，是超越理性。

通过经验而超越经验,相当于由感性认识飞跃为理性认识。通过理性而超越理性,相当于由理性认识飞跃为实践。有求真的实践,有求好的实践。求真的实践,使天人相分,分得越彻底越好,才能达到客观真理。求好的实践,使天人相合,合得越彻底越好,才能达到天地境界。二者的区别,就是《老子》"为学日益,为道日损"的区别,也就是冯氏《人生哲学》"天人损益"的区别。

马克思说:"人的思维是否具有客观的真理性,这并不是一个理论的问题,而是一个实践的问题。"(《关于费尔巴哈的提纲》)毛泽东一再说,理论的真理性问题,不能靠理论论证,只有靠实践检验(参见《实践论》,《人的正确思想是从哪里来的》),都是承认理论本身有局限性。理论局限性,是理性局限性的表现。承认理论局限性就是承认理性局限性。前面引过的康德和道家的说法,也是承认理性局限性。新理学也是承认理性局限性。如何超越理性局限性,或是用求真的实践,或是用求好的实践。

以下专就《新理学》进行一些讨论。

前面说过,《新理学》的形上学是讲共相与殊相问题。共相就是"理",殊相就是事物,简称"事"或"物"。现在一般人都认为,新旧理学都不主张理在事中。其实旧理学也有主张理在事中之说①。新理

---

① 如朱熹说:"理不外乎事物之间。"(《近思录集注》卷一引)朱熹在《杂学辨》中批评苏轼《易传》"道与物接而生善"之说时说:"道外无物,物外无道。今曰'道与物接',则是道与物为二,截然各居一方,至是而始相接,则不亦谬乎!"这里的"道"即"理","物"即"事"。这主张理事为一,即主张理在事中,是显然的。朱熹在同书中还说:"阴阳盈天地之间,其消息合辟,始终万物,触目之间,有形无形,无非是也。而苏氏以为象立而阴阳隐,凡可见者皆物也,非阴阳也,失其理矣。达阴阳之本者,固不指生物而谓之阴阳,亦不别求阴阳于物象见闻之外也。"这是对苏轼为《易系辞》"一阴一阳之谓道"写的传的批评。这里合说"阴阳",即"道",即"理";"万物","物象",即"事"。这段话明确指出理与事的联系和区别:既"不别求阴阳于物象见闻之外",即理不在事外;又"不指生物而谓之阴阳",即事不等于理。合而言之,理在事中。可惜此类说法,当代研究者很少注意。

学则对于"在"有自己的解释,从而取消了理在何处的问题。

《新理学》以为,要说"在",总是在时间、空间之中。所在的时间、空间都属于"实际",而理属于"真际"。关于理,只能说它"有",不能说它"在"①。"他之有是不能用关于时间之观念说底",亦是不能用关于空间之观念说的。所以只能说有理无理,不能说理在何处。换句话说,只能说事中"有"理,不能说理"在"事中。"新理学"常说:山是山,必"有"山之所以为山者;水是水,必"有"水之所以为水者;就是说事中"有"理。"新理学"使用"依照"一词,说山依照山之理而为山,而"有"山之理;水依照水之理而为水,而"有"水之理;而不说山之理"在"山之中,水之理"在"水之中。若说理"在"事中,便是以理为事,不是以理为理。朱熹也早已说过,理,不是个光辉辉的东西"在"那里。

《新理学》解释说:"旧理学之讲理,对于理与时空有无关系之问题,未有讨论。盖旧日中国哲学,未尝离事物而分别看时空,因亦未将时空单独作讨论之对象。""照我们的看法,时间空间是两种关系之类,而并不是两个实际底物。""物与物之间,可有在上、在下、并排等类关系,此等类关系之共类,即是空间。事与事之间,可有在先、在后、同时等关系,此等类关系之共类,即是时间。""时或空"即事物所在的空间、时间"是两种实际的关系,而理不是实际底,所以不能入实际底关系之中。有'在上'之理,但'在上'之理,并不在上,不过物与物间之关系,如有依照'在上'之理者,则其一物在其他物之上。有'在先'之理,但'在先'之理,并不在先,不过事与事间之关系,如有依照'在先'之理者,其一事即在其他事之先。"(第二章第五节)

---

① 汉语的"在"与"有"是两个词。外语的"在"与"有",往往用一个词表示,如英语的 to be,德语的 sein,俄语的 БЫТЬ。受其语言影响,西方哲学往往混淆"在"与"有"二义。此二义,正可在中国现代哲学中清楚地区别开来。

《新理学》还说:"李恕谷说:理学家以为'理在事上',而其自己则以为理'即在事中'。若所谓在是存在之义,则理是无所在底。理既不能'在'事上,亦不能'在'事中。理对于实际底事,不能有'在上''在中'等关系。"(第一章第五节)

取消理在何处的问题,必先以为有个理在何处的问题。以为有个理在何处的问题,是把一个关于认识的问题,当成了一个关于存在的问题。1981年冯氏写《三松堂自序》时说明了这个道理。

《三松堂自序》第六章中说:"每一个普通名词所指的都是一个具体的共相,它的内涵就是'理',它的外延就是'事'。理和事,内涵和外延,本来就是合在一起的,只是人的思维对它们加以分析,才显出它们的分别和对立。这是一个关于认识的问题,并不是一个关于存在的问题。就认识说,本来没有谁先谁后、谁上谁下的问题,之所以有这些问题,就是因为把关于认识的问题与关于存在的问题混淆了。"真际与实际的关系也是这样,"'真际'是人的思维从'实际'中用抽象的方法分析出来的,是有'天地境界'的人的精神生活的一部分,这是一个关于认识的问题,不是一个关于存在的问题"。作为一个关于认识的问题,"'真际'和'实际'的分别还是有的,还是可以说的"。"从这个意义上说,'真际'就是'实际',也可以说,'实际'就是'真际'"。

这就是说,"理"不是一个本体论问题,而是一个认识论问题。《新理学》讲理,本是走的本体论路子,应当改为走认识论路子。其所以未走认识论路子,是因为未讲具体的共相,只讲抽象的共相。

这就是说,"新理学"经历一个自我完善的过程。在这个过程中,陆续地克服《新理学》的两个弱点:(一)只用正的方法,未用负的方法;(二)只讲抽象的共相,未讲具体的共相;还有(三)只重共相,未重殊相,这个弱点尚未克服。

关于第一点。冯氏在《中国哲学简史》第二十八章中说:"我在《新理学》中用的方法完全是分析的方法。可是写了这部书以后,我开始认识到负的方法也重要。"《新理学》虽然讲"无字天书",讲"不着一字之诗",但是尚未自觉地运用负的方法。在《新理学》之前的《中国哲学史》,亦未阐发中国哲学历史中的负的方法。后来写《新原道》,才阐发负的方法。所以《中国哲学史》英译本,将中文本的禅宗部分,换成《新原道》的《禅宗》章。《新知言》对正的方法从历史上、逻辑上进行了系统的阐述。《中国哲学与未来世界哲学》更从本体论、认识论进行了系统的阐述。"新理学"著作之自觉运用负的方法,则自《新原人》始。

关于第二点。冯氏对于具体的共相固然早已有名言的知识,可是一直到1950年参加土改的时候,才得到直接经验以与此名言的知识相印证,而领悟其旨意。他在《参加土改的收获》一文①中说:"在一个多月的工作中,我了解了一个哲学名词:'具体的共相'这个名词。这是海格尔哲学系统中的一个名词,表示辩证法中的一个要义。照我向来的思想习惯看,这个名词是自相矛盾的。是共相就不可能是具体,是具体就不可能是共相。在土改工作划分阶级的时候,每一个与土地有关的人都给他一个阶级成分,或是地主,或是贫农,等等。有些人是地主,可是每一个地主的特殊情形都不相同。有许多人是贫农,可是每一个贫农的特殊情形都不相同。这样看,每一个人,都是一个具体的共相。具体的共相,就是共相与具体的结合,也就是一般与个别的结合。了解了这个名词,我开始了解我以前的哲学思想的偏差。马列主义注重共相与具体的结合,一般与个别的结合,而我以前的哲学思想则注重共相与具体的分离,一般与个别的分离。这

---

① 见《学习》1950年第2卷第2期。

个启示,对于我有很大的重要性。"1985年在《怀念金岳霖先生》一文①中回忆1937年在南岳,金氏写《论道》,冯氏写《新理学》,这段往事,冯氏说:"金先生的和我的那两部书,人们认为,内容差不多,其实也有不同,在金先生的体系里,具体共相保留了一个相应的地位,我的体系里没有。我当时不懂得什么是具体共相,认为共相都是抽象,这是我的一个弱点。当时我如果对于具体共相有所了解,在50年代讲哲学继承的时候,我的提法就不同了。"到80年代,冯氏在其著作中,将具体共相的理论,化为具体共相的方法,不止进行具体分析,而且进行具体共相分析。《中国哲学史新编》,尤其是其中的几章"通论",如通论玄学,通论佛学,通论道学,都充满具体共相分析。

  关于第三点。殊相在《新理学》中的地位是,殊相的经验是逻辑分析的对象和出发点,由此前进,达到共相以后,就把殊相丢了,此之谓"过河拆桥"。《新原道》的《名家》章说:"'过河拆桥'是大不道德的事。但讲哲学则非如此不足以达到'玄之又玄'的标准。"所以殊相在《新理学》的形上学中,并没有地位。体现在人生哲学中,就只讲实现人之所以为人的共性,未讲实现个人之所以为个人的个性。在《新理学》看来,个性不过是共性的实例而已。一个类之有共性,并不靠此类各分子之个性,即使此类无其分子,无其分子之个性以为此类之共性的实例,亦无害于此类之有共性。这样看来,对于共性而言,个性可有可无。这与现代社会的民主要求,显然不合。可是1946年冯氏写《国立西南联合大学纪念碑》的时候,论及西南联大历史可纪念的四点意义,则有云:"三校(指北大、清华、南开)有不同之历史,各异之学风,八年之久,合作无间。同无妨异,异不害同;五色交辉,相得益彰;八音合奏,终和且平。此其可纪念者二也。万物并育而不相害,

---

① 见《哲学研究》1986年第1期。

道并行而不相悖,小德川流,大德敦化,此天地之所以为大。斯虽先民之恒言,实为民主之真谛。联合大学以其兼容并包之精神,转移社会一时之风气,内树学术自由之规模,外来'民主堡垒'之称号,违千夫之诺诺,作一士之谔谔。此其可纪念者三也。"可见冯氏是深知个性和民主的,可惜在其他论著中没有多加发挥。冯氏治学著述都注重自己的个性,其哲学系统更有其个性,而其内容,从根本上说,则是共性的哲学,不是个性的哲学。

但是,历史的辩证法表明,《新理学》的弱点,正是"新理学"的强点,靠这些强点,"新理学"才能卓然自立,具有对非解放区其他哲学系统的竞争能力,获得优势,扩大影响。

就第一点说,《新理学》只用正的方法,才能集中全力,引进和运用逻辑分析法,对中国哲学的各种观念,进行彻底的逻辑分析,使之面目一新,作出空前的成绩。不仅对中国哲学,而且对西方哲学,从柏拉图到罗素,到维也纳学派,也有选择地进行彻底的逻辑分析,以平等的身份自立于世界哲学之林,赢得国外学术界的尊重。

就第二点说,《新理学》只讲抽象的共相,有两层积极作用。第一层,作为一种思维方式,这是中国哲学近现代化的必经阶段。讲抽象的共相,是形而上学的思维方式;讲具体的共相,是辩证法的思维方式。恩格斯在《社会主义从空想到科学的发展》中说,西方哲学在近代初期,由当时自然科学移植过来的形而上学思维方式,在当时是"正当的,甚至是必要的",是尔后辩证法思维方式之前的必经阶段。《新理学》的形而上学思维方式,正处于中国的与此相应的阶段,是中国哲学的思维方式由古代的迈进近现代的历史性重大突破。第二层,作为一种形上学,它导致两个世界即真际与实际的区分,像公孙龙论证的那样,为人们指出一个超乎形象的世界,又像柏拉图比喻的那样,使人们由洞穴走出到阳光之下,向人们(至少是一部分学哲学的人)展示一个洁净空阔的理世界和形超神越的天地境界,读其书者顿觉别有一番天地,得到一种哲学的精神享受。

就第三点说,《新理学》只重共相,是当时民族至上、一致抗日、救亡图存的民族心理的反映。冯氏在《怀念金岳霖先生》一文中,回忆卢沟桥事变后随清华迁到南岳的心情,说:"金先生的《论道》和我的《新理学》都是在那里形成的。从表面上看,我们好像是不顾国难,躲入了'象牙之塔',其实我们都是怀着满腔悲愤,无处发泄。那个悲愤是我们那样做的动力。金先生的书名为《论道》,有人问他为什么要用这陈旧的名字,金先生说,要使它有中国味。那时我们想,哪怕只是一点中国味,也许是对抗战有利的。"至于《新理学》,则不只名字有中国味,而且内容有中国味。全部"新理学"著作都是彻内彻外地有中国味。请看《新理学》一书中没有任何外文,就连一个拉丁字母、一个阿拉伯数字也没有。提到几个外文词语,都是用音译的汉字写出。蒙自石印本错字多,冯氏自制勘误表后,赋诗一首,有云:"鲁鱼亥豕君莫笑,此是当前国难图。"可谓字字不忘国难。在这个意义上,"新理学"是真正的中国哲学、民族哲学、抗战哲学,所以打动了读者,产生了巨大的强烈的反响。

(1987年中国现代哲学史研究会成立大会及第一次学术讨论会论文,其三分之二发表于《哲学研究》1988年第6期,其全文收入中国现代哲学史研究会成立大会论文集《中国现代哲学和文化思潮》一书,求实出版社1989年出版)

冯友兰新理学简论

(1990年10月)

一

冯友兰氏一贯主张：哲学之用，不在于提供积极的知识，而在于提高人生的境界。最高的人生境界，冯氏称之为"天地境界"。冯氏的哲学创造，其中心就是天地境界。冯氏的《新原人》一书专讲天地境界。所以《新原人》是冯氏新理学的中心著作，其他著作都是为《新原人》的天地境界说分担特别任务：《新理学》提供其形上学基础，《新事论》提供其文化哲学，《新世训》提供其生活方法，《新原道》阐明其在中国哲学的地位，《新知言》阐明其在世界哲学的地位：堪称"五翼"。

1949年以后，冯氏的第一篇"忏悔录"是《新理学底自我检讨》。这篇长文的真意，一句话归总：其他什么都能丢，唯有天地境界说不能丢。他胆敢为天地境界说辩护，说："我在《新原人》那本书中提出的关于人底境界的说法，照现在看，那种提法及说法，是有害的，但是其中的主要的意思，我现在还觉得是代表中国旧哲学底优良传统，在新社会中还是有用的。我觉得，新社会供给那个意思以更多的例证。""例如一个人了解劳动创造人类,劳动创造世界。另一个人了解劳动可以增加社会生产。另一个人了解劳动可以得到上级底奖赏。这三个人对于劳动的了解不同,他们去劳动的时候,劳动底意义不同,他们底境界也就不同了。照《新原人》底说法,了解劳动有创造世界底意义的人,本着这个意义去劳动,在这样的劳动中,他底境界是天地境界。这样的说法,似乎没有什么害处。"这个例证,在尔后数十年中,没有遭到迎头痛批,因为谁也不好意思说,劳动为了奖赏的人,比劳动为了创造世界的人,有更高的人生境界。

冯氏认为,客观世界只有一个;主观世界人人各有一个,各有不同。在主观世界中,各人对于人生的觉解,构成各人自己的精神境界。精神境界也是人人各有一个,各有不同。但大致分类有四:自然境界,功利境界,道德境界,天地境界。各人的精神境界,随着其人对于人生的觉解的变化,亦在这四种境界中变动。

在自然境界,人是不自觉的为己的社会公民。在功利境界,人是自觉的为己的社会公民。在道德境界,人是自觉的为公的社会公民。在天地境界,人是自觉的为公的宇宙公民。

这四种境界,依次为四步。天地境界中又有四步:依次为知天、事天、乐天、同天。

天,是万有的总名,或曰大全,或曰宇宙。"人的肉体,七尺之躯,诚只是宇宙的一部分。人的心,虽亦是宇宙的一部分,但其思之所及,则不限于宇宙的一部分。人的心能作理智底总括,能将所有底有,总括思之。如此思,即有宇宙或大全的观念",这就是知天。知天的人,其一切行事,自觉都是事天。他由此而得到快乐,这快乐不是与痛苦相对的快乐,而是绝对的逍遥,这就是乐天。在事实上,天,作为大全,不可思,只可反思。大全不可思,因为思的人自己不在大全外。大全可反思,因为思的人自己亦在大全中。反思之所思者乃是宇宙的整体,不是宇宙的一部分。所以反思宇宙,就是自同于大全。"自同于大全,不是物质上底一种变化,而是精神上底一种境界。所以自同于大全者,其肉体虽只是大全的一部分,其心虽亦只是大全的一部分,但在精神上他可自同于大全",这就是同天。(引语均见《新原人·天地》)

天地境界的最高处,是同天境界,也就是天人合一。有原始的合一,有后得的合一。在自然境界,天人本是合一的,这是原始的合一,这是自然的赐予。人的理性使人自觉为人,在天人之间划了一条界线,于是超越了自然境界,而进入功利境界、道德境界。到了同天境界,又超越了天人之间的界线,复归于天人合一,这是后得的合一,这是精神的创造。

关键在于超越天人之间的界线。这条界线,本是理性所划。超越这条界线,就是超越理性。在超越界线之前,必须对界线有清楚的理解,而最清楚的理解,就是理性的极度的发扬。只有极度发扬理性,才能最终超越理性。新理学之讲理,首重理观念,意义正在此。换句话说,新理学之讲理,是为了最终超越理。发扬理性,是为了最终超越理性。超越理性,则"言语道断,心行处灭"(《仁王经》语),一切思议,一切言说,一概用不着了。也不是用不着,而是用不得,只要一用,就还在界线的这边,而没有超越过去。(说详见冯氏《中国哲学与未来世界哲学》)

儒家"仁"的境界,道家得"道"的境界,佛家"证真如"的境界,都是一种同天境界。基督教义的最高处也讲到近似同天的境界。冯氏所讲的同天境界,则是融合它们而又超越它们的新说。西方的哲学,只讲到道德境界。就是讲道德境界,康德也只讲到"义",没有讲到"仁"。黑格尔更没有讲到"仁"。西方没有人讲到"仁"。所以西方文字中,找不到一个准确翻译"仁"字的字。

有天地境界的人,有知而又无知。他自觉其在天地境界中,所以有知。他不思大全,而同于大全,所以无知。

有天地境界的人,有我而又无我。他自同于大全,则整个大全都是他的我,这是有我,他是真正的主宰。他自同于大全,则无物我、人我之分,这是无我,他能真正的无私。

有天地境界的人,有为而又无为。事物之来,他亦应之,这是有为。他之应之,是顺理应事,别无计较,这是无为。

有天地境界的人,化除了"方内"与"方外"、动与静的对立。"担水砍柴,无非妙道",方内与方外同一。"动亦定,静亦定",动与静同一。"所谓定者,即是常住于同天的境界,做事时是如此,不做事时亦是如此。"

有天地境界的人,不仅要过道德生活,而且要过功利生活,而且要过自然生活。他有天地境界,也过这些生活,就是极高明而道中庸。他过这些生活,仍有天地境界,就是道中庸而极高明。极高明,道中庸,是一行,不是两行。

二

于是有一个问题:人为什么有天地境界?

新理学的回答是:人之有天地境界,是因为人有人之所以为人者。人之所以为人者,就是人之理。人依照人之理,达到极点,就有天地境界。

这样回答,就是为天地境界提供形上学根据。这就要求创作一个形上学,以证明有理。这就是《新理学》的任务。所以《新理学》开宗明义,宣称"理学即讲理之学"(见绪论第一节),《新知言》反复说新理学"证明有理"。(第六章说"我们还可以从另一点证明有理",第七章说"由于有分析命题,我们亦可证明于真际中有理"。)

《新理学》的形上学,照《新知言》的解释,"对于实际所作底第一个肯定,也是唯一底肯定,就是:事物存在"(第六章)。"事物存在"这个命题,是全称肯定呢,还是特称肯定呢?光从中文字面看不清楚,因为没有"所有"或"某些"的限定。冯氏用英文写的《中国哲学简史》则一清二楚地写道:Philosophical, or rather metaphysical, reasoning starts with the experience that something exists.(第二十八章)这句话既说明"事物存在"是特称肯定命题,更说明它是《新理学》形上学的出发点。

《中国哲学简史》的这段话说:"哲学的推理,更精确地说,形上学的推理,是从某事物存在这个经验出发"。"我从'某事物存在'这句话演绎出《新理学》的全部观念或概念","这些观念或概念,全部被这样地看作仅仅是'某事物存在'这句话的逻辑蕴涵"。"按照这样的路线进行推论,我已经在《新理学》中能够演绎出全部的中国哲学的形上学观念,把它们结合成一个清楚而有系统的整体"。

这段话对于理解新理学的形上学极其重要。这段话显示新理学的形上学与旧理学的形上学,结构根本不同:前者是从"某事物存在"一句话演绎出来的系统,后者则不是从某一出发点演绎出来的系统。新理学的新就新在这里。这是运用西方逻辑、进行逻辑分析的成果。旧理学当然没有西方形式逻辑这样的工具和方法。所以冯氏在《新对话(一)》中诙谐地描写朱熹的灵魂"近来也研究逻辑"。

"在新理学的形上学的系统中,有四个主要底观念,就是理、气、道体、及大全"。这四个主要观念的名称,都是中国哲学固有的,但"理之观念有似于希腊哲学(如柏拉图、亚里士多德的哲学)中及近代哲学(如黑格尔的哲学)中底'有'之观念。气之观念,有似于其中底'无'之观念。道体之观念,有似于其中底'变'之观念。大全之观念,有似于其中底'绝对'之观念"。(见《新原道·新统》)"有似于"不是等同于,但毕竟相似。这是新理学的形上学,在内容上,接受西方哲学影响的地方。再说到现代,则是接受西方的新实在论。

所以无论在方法上,在内容上,新理学都是中西哲学交融的产物。旧理学则是中印哲学交融的产物。

从"某事物存在"这句话,怎样演绎出新理学的形上学的全部观念呢?在这里不能讨论怎样演绎出全部观念,只限于讨论怎样演绎出理之观念,也就是讨论怎样"证明有理"。这是我们现在的目标。

"某事物存在",也可以说是有某事物。照《新原道·新统》所说,在逻辑上,有某事物,蕴涵有某事物之所以为某事物者。为了简便,设某事物为山,于是说:有山,蕴涵有山之所以为山者。或说成:有山,必有山之所以为山者。"山之所以为山者"就是山之理。所以有山必有山之理,由有山推出有山之理。问题不就解决了吗?不,问题并不这么简单。

冯氏已在此处指明,"有山"的"有",是实际的有;"有山之所以为山者"的"有",是真际的有;这两个"有"字意义不同。山,是实际的物,是特殊,是殊相;山之所以为山者,是真际的理,是普遍,是共相。金岳霖氏也说:"有特殊底'有',和有普遍底'有',根本是两件事"(《知识论》第五章ⅢC2),"有共相底有,和有殊相底有,大不相同"(同书同章ⅣC2),"普遍的底有是实在(reality),特殊的底有是存在(existence)"(同书第九章ⅤC2)。两个"有"字意义不同,使问题复杂化了。

若是一句话,某字出现两次而意义不同,尚可各讲各的,无妨并用。若是逻辑命题和推论,而有两个"有"字意义不同,又都在关键位置,则其推理就不可能是重言蕴涵式(tautological implication)的了。必须加上条件为前提,不仅承认两个"有"字意义不同,还要规定其不同是实际与真际的不同,还要规定实际的山比真际的山之理所说的要多些(山比山之理多了时空性),才能正确地推理,推出真的命题为结论。但是,这些条件恰恰是这个推论所要达到的结论,这样的论证便有丐词(begging the question)或循环之嫌:此其一。何况世界是否有序,尚有争议,主张世界无序者颇有理由反对有物必有理的推论:此其二。《新知言》虽将《新原道》的"有山"改为"山是山",避开第一个"有"字,但"山是山"的两个"山"字意义又不同:前"山"指个体,后"山"指类,亦非同语反复。后来《中国哲学简史》仍作 something exists,仍是《新原道》的讲法。《中国哲学简史》英文原本出书已是1948年冬季了,这个问题也就搁置下来了。

但是冯氏在思想中仍在酝酿修正。1950年的《参加土改的收获》一文,谈到当时他对"具体共相"的体会。农村的阶级成分,都是类名。每个类名,有其内涵,这是共相;有其外延,这是殊相,而殊相是具体的。所以每个类都是具体共相,每个个体更是具体共相,因为内涵与外延是联在一起的。内涵与外延虽然联在一起,但是由外延可推知必有内涵,由内涵不能推知必有外延,因为有空类等等复杂情况。这些规定和推理,已是逻辑共识,无人否认。由外延推知必有内涵,就是由有物推知有理,没有困难了。这个意思,1985年冯氏写《中国哲学史新编》第四册《通论玄学》时,作为辨名析理的方法而表述出来。这是写玄学方法的出发点。我读这部分稿子时,他说:我改了,从类和类名出发。我的感受是,新理学的新出发点终于写定了,旧出发点的困难终于克服了。

新的出发点好比欧氏几何的公理,旧出发点好比欧氏几何的定理。定理要有假设然后证明,公理不要假设而自明。所以旧出发点的困难,在新出发点这里都克服了,也不是克服了,而是根本不存在了。

再具体到"人"。由一个一个的人而知有人类,其类名为"人"。

作为类名的"人"有其内涵和外延。其内涵即人之理,其外延即个人。由外延推知必有内涵,即由个人推知必有人之理。个人依照人之理,达到极点,便有天地境界。

三

那么,殊相和个性又是怎样呢?

冯氏、金氏的回答都是:共相时空化了就是殊相,除了时空化的共相别无殊相;共性时空化了就是个性,除了时空化的共性别无个性。殊相、个性都是存在,存在是存在于时空,两个殊相或个性不可能存在于同一时空,所以不可能完全相同。此二氏之所同。不同的是:冯氏以为殊相乃共相之实例,无其实例而共相仍有。金氏以为共相可独立于其"任何"殊相,但不独立于其"所有"殊相。所以个体的地位,在冯氏体系中可有可无,在金氏体系中稍微强些,也强不了很多。

新理学认为,个人"依照"人之理,但在依照上有差别,因此个体有差别。承认"依照"上的差别,意味着个体主体能动性上的差别,具有激发个体主体能动性的积极作用。但是个体主体能动性何以有差别?追问到最后,就不能再用个体主体能动性的差别来说明,而仍用共相实现于特殊的时空的差别来说明。于是,这么一点点个体主体能动性也被消解了。

照新理学来讲,个人依照"人之理",而不依照个人之理。也不是不依照个人之理,而是根本没有个人之理。在新理学中,只有类有理,个体只能依照其类之理而有性。个体之理,在新理学看来,是一个根本不通的名词。

其实事情并非如此。就存在说,存在的都是一个一个的个体。

类的存在就是其类所有个体的存在,别无其他存在。就认识说,认识就是认识个体本有的性质和关系。个体的性质和关系就是个体之理。类之理,是由其类的个体之理概括出来的。个体之理是本原的,类之理是引出的。也就是说,个性是本原的,共性是引出的。这并非否认类之理和共性,只是说它们是第二等的。更不是反对天地境界,只是说它是实现个性之极致。《新理学》曾十分准确地指出:"道家注重个体,他们不但不说一类事物所必依照之理,似乎对于类亦不注意。"(第四章第一节)走这条路,道家也达到了天地境界。这些问题太大,不是一段话说得清楚,需要从长讨论。

(1990年10月冯友兰哲学思想讨论会论文)

UNIVERSALS AND INDIVIDUALS: A BRIEF DISCUSSION OF NEW *LIXUE*

Tu Youguang[1]

edited by Diane B. Obenchain

Part One

Professor Feng Youlan has insisted throughout that the function of philosophy is not in providing positive knowledge of matters of fact, but, rather, is in raising the realm (*jingjie*, 境界) of human living. The highest realm of human living is what Feng calls "the realm of Heaven and Earth" (*Tian Di jingjie*, 天地境界).[2] At the center of Feng's philosophical creation is precisely the realm of Heaven and Earth. His book, *Xin Yuan Ren* (A New Treatise on the Nature of Man, 新原人),[3] especially discusses the realm of Heaven and Earth and, therefore, is the central work of Feng's New *Lixue*(理学). His other works fulfill their special appointed tasks in service to the theory of the realm of Heaven and Earth in *Xin Yuan Ren*. *Xin Lixue* (A New Treatise on Rational Philosophy, 新理学)[4] supplies its metaphysical foundation; *Xin Shi Lun* (A New Treatise on Practical Affairs or China's Road to Freedom, 新事论)[5] supplies its cultural philosophy; *Xin Shi Xun* (A New Treatise on the Way of Life, 新世训)[6] supplies its way of living; *Xin Yuan Dao* (The Spirit of Chinese Philosophy, 新原道)[7] expounds its position in the history of Chinese philosophy; and *Xin Zhi Yan* (A New Treatise on the Methodology of Metaphysics, 新知言)[8] expounds its position in the history of world philosophy. We may call these other books the "Five Wings."

After 1949, Feng's first written confession was entitled "A Self-examination of New *Lixue*."[9] The true and deep intention of this long piece, put succinctly, is this: everything else can be cast away, only the theory of the realm of Heaven and Earth can not be cast away. He dared to speak in defense of his theory of the realm of Heaven and Earth, saying:

> As regards my way of speaking concerning human realms which is brought out in the book *Xin Yuan Ren*, according to the present view, the method of presentation and method of speaking are harmful. However, as regards its main meaning, at present I still consider that it represents the fine tradition of China's old philosophy, which, in [China's] new society, still has use. I consider that [China's] new society offers even more examples of that meaning. For example, a person understands that labour creates humankind, labour creates the world. Another person understands that labour can increase social production. Yet another man understands that labour can acquire reward from those above. The understanding of these three

persons as regards labour is not the same; when they go to labour, the meaning of labour is not the same; and, therefore, their realm is also not the same. According to the manner of speaking in *Xin Yuan Ren*, when one who understands the meaning of 'labour creates the world' goes to labour with such a meaning in mind, in the midst of labouring, that person's realm is the realm of Heaven and Earth. This manner of speaking seems to have no harm.[10]

This example, during subsequent decades, has not met with head-on criticism because anyone would be too embarrassed to say that one who labours for one's reward, in comparison with one who labours for the sake of creating the world, has an even higher realm of human living.

Feng considered that as regards objective worlds, [the greater world] has only one. As regards subjective worlds, each person has one and each [world] has differences from others. In a subjective world, each person's awareness and understanding of human living gives structure to each person's own spiritual realm. As for spiritual realms, each person also has one and each [spiritual realm] has differences from others. However, [spiritual realms], roughly classified, have four [types]: the realm of nature (*ziran*, 自然), the realm of utility (*gongli*, 功利), the realm of morality (*daode*, 道德), and realm of Heaven and Earth (*Tian Di*, 天地). The spiritual realm of each person changes with that person's awareness and understanding of human living; this changing movement is also within these four types of realms.

In the realm of nature, persons are not aware of self and are self-serving citizens of society. In the realm of utility, persons are aware of self and are self-serving citizens of society. In the realm of morality, persons are aware of self and are public-serving citizens of society. In the realm of Heaven and Earth, persons are aware of self and are public-serving citizens of the universe.

These four types of realms are successively four stages. The realm of Heaven and Earth also has four successive stages: knowing Heaven (*zhi Tian*, 知天), serving Heaven (*shi Tian*, 事天), rejoicing in Heaven (*le Tian*, 乐天), and being one with Heaven (*tong Tian*, 同天).

Heaven is a general name for all having [in the greater world] (*you*, 有),[11] which could also be called the "Great Whole" (*daquan*, 大全), or the "universe":

> The human body is seven *chi*(尺) in height and is truly only one part of the universe. The human heart-mind (*xin*, 心), although it is one part of the universe, still the extension of its thinking is not limited to one part of the universe. The human heart-mind is able to make reasonable summary (*Lizhi de zongkuo*, 理智的总括), is able to take all 'having [in the greater world]' (*you*) and think it in general summary. Thinking like this, [one] has a concept of the universe or the Great Whole.[12]

This is knowing Heaven. As for one who knows Heaven, the entirety of one's carrying out of affairs with self-awareness serves Heaven. A person, because of this, acquires happiness; this happiness is not the opposite of pain and thus relative, but is absolute carefreeness (*xiaoyao*,逍遥). This is precisely rejoicing in Heaven (*le Tian*). In fact, however, Heaven as the Great Whole, can not be thought, it can only be reflectively thought (*fansi*,反思). The Great Whole can not be thought because the person thinking is oneself not outside the Great Whole. The Great Whole can be reflectively thought because the person thinking is oneself also within the Great Whole. That which reflective thought thinks is the entirety of the universe; it is not one part of the universe. Therefore reflectively thinking the universe is precisely oneself to be one with the Great Whole (*zi tong yu daquan*,自同于大全):[13]

> Oneself being one with the Great Whole is not a material kind of change, but is a spiritual kind of realm. Therefore, as for one who oneself is one with the Great Whole, although one's body is only one part of the Great Whole and one's heart-mind also is only one part of the Great Whole, nonetheless, spiritually one oneself can be one with the Great Whole.[14]

This is precisely oneself being one with Heaven (*zi tong yu Tian*,自同于天).

The highest point in the realm of Heaven and Earth is the realm of being one with Heaven. This is precisely Heaven and human person joined as one (*Tian ren he yi*,天人合一). [One spiritual realm] has primitive joining as one and [another spiritual realm] has acquired joining as one. In the realm of nature, Heaven and human person are originally joined as one. This is primitive joining as one. This is "the gift from the hand of nature."[15] Human reason causes a person to become aware of oneself as a human person and, in between Heaven and human person, to draw a boundary line. Thereupon, one has transcended the realm of nature and entered the realm of utility and the realm of morality. Having reached the realm of being one with Heaven, one again has transcended the boundary line between Heaven and human person and returned to Heaven and human person joined as one. This is acquired joining as one; this is a creation of the spirit, which "must spring from the labour and culture of the spirit."[16]

The key is in transcending the boundary line between Heaven and human person. This boundary line is originally drawn by reason. Transcending this boundary line is to transcend reason. Before transcending this boundary line, one must have clear understanding as regards this boundary line. However, the clearest understanding [of this boundary line] arises precisely in the developing of reason to the farthest degree. Only when reason is developed to the farthest degree, is one able, in the very end, to transcend reason. When New *Lixue* discusses *li* (pattern, principle) and puts first priority on the concept of *li*, its purpose lies just in this. In other words, when New *Lixue* discusses *li*, its purpose is, in the very end, to transcend *li*. The development of reason is for the purpose of, in the very end, transcending reason. In transcending reason, "the way of words breaks and the place where mind runs vanishes(*yan yu dao duan*, *xin xing chu mie*,言语道断,心行处灭);" all thinking, all speaking are of no use. Yet, it really is not that they are of no use, but, rather, that they can not acquire use. For the moment one wants to use thinking and speaking, one is still inside the boundary line and has not transcended across it.[17]

The realm of "benevolence" (*ren*, 仁) in *Ru* (儒) thought, the realm of "Way" (*dao*, 道) in Daoist thought, the realm of "bearing witness to true thusness" (*zheng zhenru*, 证真如) in Buddhist thought, all are a kind of being one with Heaven. The highest place in Christian teaching also nears the realm of being one with Heaven. Feng Youlan's discussion of the realm of being one with Heaven is a new theory which merges these [teachings] and also transcends these [teachings]. What is discussed in Western philosophy only reaches the realm of morality. Even when discussing the realm of morality, Kant's discussion only reaches "rightness" (*yi*, 义); it does not reach "benevolence." All the more Hegel's discussion does not reach "benevolence." The West lacks anyone whose discussion reaches "benevolence." Therefore, in Western languages one can not find a word to translate exactly the Chinese character *ren* (仁).

One who has the realm of Heaven and Earth has knowledge (*you zhi*, 有知) and also does not have knowledge (*wu zhi*, 无知). One is aware of oneself in the realm of Heaven and Earth and so has knowledge. One is not thinking of the Great Whole, but, rather, is one with the Great Whole, and so does not have knowledge.

One who has the realm of Heaven and Earth has self (*you wo*, 有我) and also does not have self (*wu wo*, 无我). One is one with the Great Whole and so the entire Great Whole fully is one's self; this is having self. One is truly lord and master. One is one with the Great Whole and so does not have distinguishing between self as thing (ego) and self as all human persons (non-ego); this is not having self. One is able truly not to have selfness.

One who has the realm of Heaven and Earth, has action (*you wei*,有为) and does not have action (*wu wei*,无为). When events/things happen, one responds to them; this is to have action. When one's responses to events/things follow *li*(理), without calculation or haggling, this is not having action.

One who has the realm of Heaven and Earth does away with the opposition between "inside" and "outside" and the opposition between activity and stillness. "To carry water and to chop wood have not what is not the Mysterious Way": this means inside and outside are one and the same. "In activity settled, in stillness settled": this means activity and stillness are one and the same. "So-called 'settled' (*ding*,定) is precisely to live constantly in the realm of at oneness with Heaven. When handling affairs one is like this; when not handling affairs one is also like this."[18]

One who has the realm of Heaven and Earth not only must live a moral life, but also a utilitarian life and a natural life. When one has the realm of Heaven and Earth yet still passes his days living morally, with utility and naturally: this is none other than "the attainment of the sublime and the performance of the common task."[19] One passes one's days living morally, with utility, and naturally, and yet one continues to have the realm of Heaven and Earth. This is the performance of the common task and the attainment of the sublime. The attainment of the sublime, the performance of the common task, are one and the same activity, not two activities.

Part Two

Thereupon, [one] has a question: why do human beings have the realm of Heaven and Earth?

The answer given in New *Lixue* is this: human beings have the realm of Heaven and Earth because human beings have that by which human beings are human beings. That by which human beings are human beings is *li* of human being. When a human being following *li* of human being reaches the utmost point, this, then, is having the realm of Heaven and Earth.

Such an answer provides a metaphysical basis for the realm of Heaven and Earth. This is to demand the creation of a metaphysics to demonstrate that [the greater world] has *li*. This is the task of *Xin Lixue*. Therefore, *Xin Lixue* in the first place declares, "*Lixue* discusses the study of *li*,"[20] and *Xin Zhi Yan* says once and again that New *Lixue* "demonstrates that [the greater world] has *li*." Chapter Six says, "We still can from a different standpoint demonstrate that [the greater world] has *li*." Chapter Seven states, "From having [these] analytical propositions, we also can demonstrate that truth (*zhenji*,真际) has [within it] *li*."

As regards metaphysics in Xin *Lixue*, according to the explanation in *Xin Zhi Yan*, "the first and only affirmation [metaphysics] makes concerning actuality is this: event/thing exists (*shiwu cunzai*, 事物存在)."[21] Is this proposition "event/thing exists" an overall affirmation or a particular affirmation? Looking just at the Chinese characters, it is not clear because the statement does not have a limitation such as "all" (*suo you*, 所有) or "some" (*mouxie*, 某些). However, in *A Short History of Chinese Philosophy*, Feng wrote in English more accurately: "Philosophical, or rather metaphysical, reasoning (*tui li*; literally, 'to push or extend *li*', 推理) starts with the experience that something exists."[22] This, then, states clearly that "some event/thing exists" is a particular, affirmative proposition and, moreover, states clearly that the proposition "some event/thing exists" is the starting point of metaphysics in *Xin Lixue*.

Feng, in his *A Short History of Chinese Philosophy*, continues:

> From the statement: 'Something exists' [*mou shiwu cunzai*], I have in my *Hsin Li-hsueh* [*Xin Lixue*] deduced all the metaphysical ideas or concepts not only of the Ch'eng-Chu [Cheng-Zhu, 程朱] school but also of the Taoists [Daoists]. They are all considered in such a way that they are simply the logical implications of the statement that something exists. ⋯
>
> Following the same line of argument, I have been able in my *Hsin Li-hsueh* to deduce all the metaphysical ideas of Chinese philosophy and to integrate them into a clear and systematic whole.[23]

These statements are extremely important to understand metaphysics in New *Lixue*, for they reveal that the structure of metaphysics in New *Lixue* and the structure of metaphysics in old *Lixue* are fundamentally not the same. The former is a system deduced from one statement "some event/thing exists"; the latter is not a system deduced from a certain starting point. That by which the New *Lixue* is new is precisely here. New *Lixue* makes use of Western logic and is the fruit of advancing such logical analysis. Of course, old *Lixue* (Neo-Confucianism) did not have tools and methods of Western formal logic and the like. Hence, in his "*Xin Duihua*" ("New Dialogue", 新对话), Feng described humorously that Zhu Xi's soul "also studies logic recently."[24]

In his final chapter entitled "A New System" of his *Xin Yuan Dao*, Feng states:

> The metaphysical system of New *Lixue* has within it four main concepts, namely *li* (pattern, principle), *qi* (energy-matter, 气), *daoti* (embodiment of *dao* [way], 道体), and *daquan* (great whole).[25]

The names of these four main concepts are "natives," anciently had, in Chinese philosophy. However,

> The concept of *li* bears resemblance to the concept of 'being' (*you*) in Greek philosophy, notably in Plato and Aristotle, and in modern Western philosophy, notably in Hegel. The concept of *qi* (energy-matter) also bears resemblance to the concept of 'non-being' (*wu*) in these philosophies. The concept of *daoti* (embodiment of *dao* [way]) bears a resemblance to the concept of 'becoming' or 'change' (*bian*, 变) in these philosophies. The concept of *daquan* (great whole) bears resemblance to the concept of 'the Absolute' (*juedui*, 绝对) in these philosophies.[26]

However, "bear resemblance to" is not equivalent to "being one and the same as", still, in the end, all do bear resemblance. These are the places in which New *Lixue* metaphysics, in its content, has received influence from Western philosophy. As regards Western philosophy contemporary with Feng, New *Lixue* received the influence of Western New Realism.

Therefore, whether in method or in content, New *Lixue* is a product of Chinese philosophy and Western philosophy combining and blending together. The old *Lixue* (Neo-Confucianism) was the product of Chinese philosophy and Indian philosophy combining and blending together.

From the statement "some event/thing exists" (*moushiwu cunzai*), how are all the metaphysical concepts of New *Lixue* deduced? Here we can not examine how to deduce all the concepts; rather, we are limited to examining how to deduce the concept of *li*, that is, how "to demonstrate [the greater world] has *li*." This is our present purpose.

"Some event/thing exists" (*moushiwu cunzai*) can also be expressed as "[the greater world] has some event/thing" (*you moushiwu*).[27] According to the last chapter of *Xin Yuan Dao*, logically, "[the greater world] has some event/thing" implies (*yunhan*, 蕴涵) "[the greater world] has that by which some event/thing is discerned as (*yiwei*, 意谓) some event/thing." For simplicity and convenience, let us establish "some event/thing" as "mountain." Then when we say "[the greater world] has mountain (*you shan*)," this implies "[the greater world] has that by which mountain is discerned as mountain." In other words, if [the greater world] has mountain, then [the greater world] must have that by which mountain is discerned as mountain. "That by which mountain is discerned as mountain" is the *li* of mountain. Therefore, if [the greater world] has mountain, then [the greater world] must have *li* of mountain. From "[the greater world] has mountain," we infer (*tuichu*; literally "push out", 推出) "[the greater world] must have *li* of mountain." Is the problem solved already? No, the problem is not so simple.

Here Feng himself points out clearly that "has" (*you*) in "[the greater world] has mountain (*you shan*)" is "has" (*you*) in actuality (*shiji*, 实际), which is having in time and space. The "has" (*you*) of "[the greater world] has that by which mountain is mountain" is "has" (*you*) in truth (*zhenji*), which is having not in time and space and yet is not to be spoken of as not having. The meanings of these two "has" (*you*) characters are not the same. As for mountain, it is a thing in actuality (*shiji*); it is specific or particular (*teshu*, 特殊); it is particular [in the sense of having different quality/ies] (*shuxiang*, 殊相). As for that by which mountain is mountain, it is *li* in truth (*zhenji*, 真际), it is general or universal (*pubian*, 普遍); it is universal [in the sense of having shared qualities] (*gongxiang* 共相).[28] Professor Jin Yuelin also said, "'Has' of 'has particulars' (*you teshu de you*) and 'has' of 'has universals' (*you pubian de you*), basically are two separate matters."[29] "'has' of 'has universals' and 'has' of 'has particulars' differ greatly."[30] "'Has' of universals is reality (*shizai*, 实在); 'has' of particulars is existence (*cunzai*, 存在)."[31] Because the meanings of the two "has" (*you*) characters are not the same, the problem becomes complicated.[32]

If it is a sentence in which a certain word appears twice but the meanings in each instance are not the same, still we may explain each meaning of the word according to each context, without hindering dual usage. If it is a logical proposition or an inference which has two instances of "has" (*you*) with meanings not the same and both are in key positions, then its reasoning can not be in the form of tautological implication (*chongyan yunhanshi*, 重言蕴涵式).[33] In order to make an accurate and precise reasoning, in order to infer (*tuichu* ["push out"]) a true proposition as a conclusion, we have to add some condition as a premise. Not only do we have to assert that the meanings of the two "has" (*you*) are not the same, we also have to stipulate that where they are not the same is where actuality (*shiji*) and truth (*zhenji*) are not the same. Moreover, we further have to stipulate the so-called "more" of mountain in actuality in comparison with *li* of mountain in truth (that is, mountain in comparison with *li* of mountain is more as regards its spatiality-temporality). However, these conditions as premises are precisely the conclusions to which this inference wants to arrive. Such a theoretical demonstration then would beg the question or be circular. This is the first difficulty.

Moreover, the question of whether the world does or does not have (*you*) order still has controversy. Those who maintain the world does not have order have considerable reason to oppose the inference "if [the greater world] has a thing, [the greater world] must have the *li* of that thing." This is the second difficulty. Although *Xin Zhi Yan* changed *Xin Yuan Dao*'s "[the greater world] has mountain (*you shan*)" to "mountain is mountain (*shan shi shan*)" in order to avoid the first "has" (*you*), the two meanings of "mountain" in "mountain is mountain" then are not the same: the former "mountain" refers to an individual (*geti*, 个体); the latter "mountain" refers to category/class (*lei*, 类). Once again, "mountain is mountain" is not a tautology. Later in *A Short History of Chinese Philosophy*, Feng still used "some event/thing exists" [or something exists], that is, still used the method of explanation from *Xin Yuan Dao*.[34] The original volume in English of *A Short History of Chinese Philosophy* was already published in the winter of 1948, but [given the times] the discussion of this problem could not but be put aside.

However, Feng in his thinking continued deliberating over how to revise the problem. In his paper, "What I Learned Participating in the Work of Land Reform,"[35] Feng talked about at that time his knowing from experience of [Hegel's] "concrete universal" (*juti gongxiang*, 具体共相). In the rural area, each class status is a category/class name (*leiming*, 类名). Each category/class name has its intension (*neihan*; literally, "internally contain", 内涵),[36] this is universal (*gongxiang*). Each category/class name has its extension (*waiyan*; literally "outward lengthening", 外延); these are particulars (*shuxiang*) and particulars are concrete (*juti de*). Therefore, because intension and extension are combined in one together, every category/class (*lei*) is a concrete universal (*juti gongxiang*) and every individual (*geti*), still more, is a concrete universal. Although intension and extension are combined in one together, from extension we can infer (*tuizhi*; literally "push to know", 推知) that [a category/class name] must have intension, but from intention we can not infer that [a category/class

181

name] must have extension. This is so because [the greater world] has empty categories/classes and similarly complicated situations. These stipulations and inferences already are common logical knowledge; no one denies this. From extension to infer that [a category/class name] has intension is precisely from [the greater world] has a thing to infer that [the greater world] has *li*. No difficulty here. This new thinking was expressed in 1985 when Feng, while writing his *New History of Chinese Philosophy*(中国哲学史新编), Volume 4, generally discussed *Xuan Xue* ("Deep-and-Profound Study", 玄学) [Neo-Daoism] using this thinking as a method of "discriminating names and separating *li*(辨名析理)" [that is, of analysis]. This was the starting point of Feng's writing about the *Xuan Xue* method. When I read this part of his manuscript, Feng said: "I revised it; I start from category/class and category/class name." What I experienced at that very moment was that New *Lixue*'s new starting point was finally definite in writing and the difficulties of the old starting point were finally overcome.

The new starting point is like the axiom (*gongli*; literally "*li* open to all", 公理) of Euclidian geometry, while the old starting point is like the theorem (*dingli*; literally, "determined *li*", 定理) of it. A theorem must have some condition or assumption before its demonstration. An axiom does not need any condition or assumption, but is self-evident. Hence, the difficulties of the old starting point are in the new starting point here all overcome; nay, not overcome, they basically no longer exist.

Now, let us again return concretely to "human being." From

one after another individual human being, we know [the greater world] has the category/class of human being; the name of this category/class is "human being." "Human being" as a category/class name has its intension and extension. Its intension is *li* of human being and its extension is individual human being. From extension we infer that [a category/class name] must have intension, that is, from an individual human being, we infer that [the category/class name] must have *li* of human being. If an individual human being follows *li* of human being and arrives at its farthest point, then [that individual human being] has (*you*) the realm of Heaven and Earth.

Part Three

Then, what are particulars (*shuxiang*, literally, "different quality/ies") and what is individuality (*gexing*; literally, "nature of one individual")?

Feng Youlan's and Jin Yuelin's responses both would be: a universal (*gongxiang*; literally, "quality shared in common") temporalized and spatialized (*shikonghuale*, 时空化了) is a particular (*shuxiang*); apart from temporalized and spatialized universals, [the greater world] does not have particulars. Generality (*gongxing*; literally, "nature shared in common") temporalized and spatialized is individuality (*gexing*); apart from temporalized and spatialized generalities, [the greater world] does not have individualities. Particulars (*shuxiang*) and individualities (*gexing*) both exist (*cunzai*). [Here] exist is exist in time and space. Two particulars or two individualities can not exist in the same time and space, so they can not completely be one and the same (*xiangtong*; literally, "mutually one and the same"). This is where Feng and Jin are the same. Where they differ is this: Feng considered a particular to be an actual example (*shili*) of a universal; if [the greater world] does not have actual example of a universal, [the greater world] would still have a universal. Jin considered that a universal can stand independent of any particular, but it can not stand independent of "all" particulars. Therefore, as regards the status of the individual (*geti*), in Feng's system it can exist or it can not exist, whereas in Jin's system the status of the individual is a bit stronger, but really not that much stronger.

New *Lixue* holds that every human being "follows" (*yizhao*, 依照) *li* of human being, but following has differences. Because of this, individuals have differences. Recognizing differences in "following" [*li*], that is, differences in individual initiative (*geti zhuti nengdong xing*, 个体主体能动性), has the positive effect of stimulating recognition of even more individual initiative. But whereby or how does [the greater world] have differences in individual initiative? If we pursue this question to the very end, we can not again use differences in individual initiative to explain, but, rather, continue to use differences in particular time and space in which a universal manifests in actuality to explain [whereby or how the greater world has differences in individual initiative]. However, thereupon, even this tiny, small amount of individual initiative is dissolved.

According to New *Lixue*, each individual person follows "*li* of human being" (*ren zhi li*) and does not follow "*li* of individual human being" (*geren zhi li*). Nay, it is not *not* following *li* of individual human being, but, rather, it is basically that [the greater world] has no *li* of individual human being. In New *Lixue*, only category/class (*lei*) has *li*; an individual is only able to follow *li* of category/class whereby [an individual] has nature (*xing*,性). As for *li* of an individual (*geti zhi li*), in the view of New *Lixue*, it is a term which is logically self-contradictory and can not be understood.

In fact, however, matters really are not like this. As regards existence (*cunzai*), that which exists is one individual (*geti*) after another in every case. Existence of category/class is existence on the part of individuals which that category/class has; [the greater world] has no other existence. As regards knowing, knowing is none other than knowing the qualities and relations which each individual originally has. Individual qualities and relations are none other than *li* of an individual (*geti zhi li*). *Li* of category/class (*lei*) is generalized out from *li* of individuals of a category/class. *Li* of individuals is the original source; *li* of category is derived. This is also to say that individuality (*gexing*) is the original source; generality (*gongxing*) is derived. This really is not to deny *li* of category/class or generality; rather, this states only that *li* of category/class or generality is secondary. All the more, this is not to deny the realm of Heaven and Earth; rather, this is to say only that the realm of Heaven and Earth manifests the perfection of individuality. *Xin Lixue* once very accurately pointed out:

> The Daoists emphasize individuals (*geti*). They not only do not talk about *li* which events/things of a category/

class must follow, it is as though they do not give any attention to category/class at all.[37]

Going down this road the Daoists also attained the realm of Heaven and Earth. These questions are too great to explain clearly in one paper. It would be best if we could take time to discuss them in detail.

NOTES

1. Professor Tu Youguang is currently Professor of Philosophy at the Research Institute for Higher Education at Huazhong University of Science and Technology, in Wuchang, Wuhan. He is a graduate of Tsinghua University, Department of Philosophy, where he studied under Feng Youlan. For the past ten years, Professor Tu has been the General Compiler and Editor of Feng Youlan's *Sansongtang Quanji* (The Collected Works at the Hall of Three Pines or The Collected Works of Feng Youlan). Tu also translated into Chinese Feng Youlan's (Fung Yu-lan's) *A Short History of Chinese Philosophy*, originally written in English, and transcribed Feng Youlan's autobiography entitled *Sansongtang Zixu* (Autobiography at the Hall of the Three Pines). For all his devoted and insightful work with and on behalf of Professor Feng Youlan, Tu Youguang has often been called affectionately Feng Youlan's "Number One Student." Professor Tu offered the Editor his own, polished English translation of his Chinese paper. However, in order to integrate Professor Tu's work with the rest of the papers in this volume, the Editor, in consultation with Professor Tu (in Feng Youlan's home,

Summer 1993) has carefully re-translated Professor Tu's paper, following his lead, using terms consistently with other essays in this volume. Any misrepresentation of Professor Tu's intention in his carefully worded essay is deeply regretted.

Professor Tu Youguang knows Feng Youlan's heart-mind and thinking perhaps better than anyone. In Part One of his essay, Professor Tu Youguang puts our attention on the lasting intention of Feng Youlan's philosophical work: to raise the realm of human living. In Feng's discernment, this is the function of any and all philosophical work. Feng calls the highest realm of human living the "the realm of Heaven and Earth" (*Tian Di jingjie*). Feng's *Xin Yuan Ren* (New Treatise on the Nature of Man) discusses the realm of Heaven and Earth at length and is the central work of Feng's New *Lixue* system. Even in 1950, in his first self-criticism after thought reform campaigns had begun, Feng with courage used his theory of realms of human living to distinguish between different persons' comprehension of labour. Professor Tu goes on to carefully sort out each of Feng's four realms (of nature, of utility, of morality, of Heaven and Earth). Putting our attention on the last of these, the realm of Heaven and Earth, Professor Tu presents four successive stages within this highest realm (knowing, serving, rejoicing in and being one with Heaven). Professor Tu points out that human reason initially draws a line between Heaven and human person, but when the final stage is attained, this boundary is transcended as human reason itself is transcended. Tu then compares this highest stage with similar attainments in other traditions and Western philosophy. Explaining clearly and precisely what this stage of being one with Heaven is, Professor Tu emphasizes that one continues to live within the material world in a moral, useful, and natural manner, while yet having this realm of Heaven and Earth.

From his analysis of the centrality of the theory of realms in Feng's New *Lixue*, Professor Tu goes on to discuss why human beings have the realm of Heaven and Earth. This is because human beings each have *li* (pattern, principle) of human being (*ren*) which they follow to be human beings, including having the realm of Heaven and Earth. Professor Tu, then, presents Feng's metaphysical theory of *li*, which Feng derived from one affirmation concerning actuality, that is, from one statement of fact: some event/thing exists. In using Western logic to advance a new understanding of *Lixue*, Feng's New *Lixue* is quite different from old *Lixue*. Professor Tu lucidly examines a problem area in Feng's logical derivation of *li*, a problem area which Professors Yin Lujun and Chen Lai, in their individual essays, have examined as well. Tu's argument is that to make the logical inferences that Feng does, one must stipulate certain conditions as premises. However, these conditions as premises are exactly the conclusions to which Feng's inferences are intended to lead. So the theoretical demonstration is circular. Given the times of 1948 when these problems were being discussed, resolution had to wait.

Feng continued to ruminate over these problems during his participation in agrarian land reform in 1950. Learning through experiences during that time, Feng grasped universals and particulars newly in terms of Hegel's "concrete universal." Although his new thinking was not expressed in writing until 1985 (in Volume Four of his *New History*), it was originally worked out when working in rural areas and thinking over the problem of class. He discerned that each class has its intension or universal and its extension, which is particulars. From extension, one may infer intension, but not the other way around. Feng's starting point now was changed to category or class name which has *li*. An individual, as a member of a category or class, is an extension of that category or class name. *Li* is the intension of that category or class name. If an individual follows *li* of that category or class name to the farthest point, one has the realm of Heaven and Earth.

Although the circularity of Feng's argument was now resolved with this new starting point, there is still the problem that, in Feng's view, category/class has *li*, whereas in Professor Tu's discernment individuals have *li*. One problem with the view that category/class has *li* is that it offers no meaningful way of explaining or encouraging differences in individual initiative. Another problem is that the only existence that category/class has is the existence on the part of the individuals of that category/class. Third, knowledge begins with knowing the qualities and relations between individuals. *Li* of category/class is a generalization derived from knowing qualities and relations of individuals. In Professor Tu's discernment, the realm of Heaven and Earth manifests not the perfection of category/class, but rather the perfection of an individual. Such is the Daoist understanding of the realm of Heaven and Earth. —editor

2. [Another name for *Tian Di jingjie* is "sphere of transcendence."—editor]

3. *Xin Yuan Ren* (New Treatise on the Nature of Man) (Chongqing: Cmmercial Press, 1943).

4. [*Xin Lixue* (New *Lixue*) (Changsha: Commercial Press, 1939). *New Treatise on Neo-Confucianism* is the most recent translation of the title of this book which is also known in English as *New Rational Philosophy*.—editor]

5. *Xin Shi Lun* (New Treatise on Practical Affairs), also known by a different Chinese title, *Zhongguo Ziyou Zhi Lu* (China's Road to Freedom), (Shanghai: Commercial Press, 1940).

6. *Xin Shi Xun* (New Treatise on the Way of Life) (Shanghai: Kaiming Shudian, 1940).

7. *Xin Yuan Dao* (The Spirit of Chinese Philosophy) (Chongqing: Commercial Press, 1944), translated into English by E. R. Hughes (London: Kegan Paul, 1947).

8. *Xin Zhi Yan* (A New Treatise on the Methodology of Metaphysics) (Shanghai: Commercial Press, 1946).

9. "*Xin Lixue de Ziwo Jiantao*" ("A Self-examination of New *Lixue*"), in *Guangming Ribao* (Guangming Daily), October 8, 1950.

10. *Xin Yuan Ren*, *op. cit.*, Chapter Seven, "*Tian Di*" ("Heaven and Earth"), *Sansongtang Quanji*, *op. cit.*, Volume Four, p. 633. [Quotation marks added.—editor]

11. [See Introduction, Part Three, for further discussion of Chinese *you* ("have") and its translation into English in this volume.

As Professor Tu Youguang will shortly explain in his essay, in Feng Youlan's philosophical thinking Chinese *you* ("have") has two senses: *you* in the sense of "have in actuality" (*shiji*), i. e. have in space-and-time, and *you* in the sense of "have in truth" (*zhenji*), i. e. "have" but not "have in space-and-time." Feng uses Chinese terms *cunzai* ("existence in space-and-time") and *qiancun* ("hidden existence or subsistence outside of space-and-time") to coordinate with "*you* (in actuality)" and "*you* (in truth)," respectively. In talking about Feng Youlan's philosophy, we prefer translating *you* as "having", inclusive of both types of having rather than as "existence," for two reasons. First, as demonstrated in the Introduction, Part Three, English "have" works in a syntactically parallel way with Chinese *you*, while English "exist" does not. Secondly, in English, strictly speaking, "exist" is inclusive of only one kind of having, that is, having in space-and-time. Whereas English "have" is as flexible as Chinese *you* in referring to two types of "*you*," in actuality and in truth. —editor]

12. See footnote #10 above, *loc. cit.*

13. [The sense in which Professor Tu Youguang is using Chinese *fansi* here seems to be that of "reflecting back or returning back as one whole," that which is presented to it, as a mirror does, for example, or as a still ocean reflects back the moon. Hence, in this sense, reflective thought (*fansi*) is the mind reflecting back the whole of what is given to it. Importantly, in this sense of "giving back or reflecting back the whole" kind of thinking, what is *not* meant is "consciousness of" kind of thinking, which requires a sepa-

ration of subject and object, so that the subject is separated from and outside of, while looking back at, an object. Such "consciousness of" kind of thinking is often what "reflective thinking" means to speakers of Western languages, and would appear to be different from that which Professor Tu Youguang is describing here. —editor]

14. See footnote #10 above, *loc. cit.*

15. G. W. F. Hegel, *The Science of Logic*, trans., Wallace (Oxford: Clarendon Press, 1892), p. 55.

16. *Ibid.*

17. See Feng's paper, "Chinese Philosophy and a Future World Philosphy," in *Philosophical Review* (Ithaca, NY: Cornell University Press), November 1948, p. 543.

18. *Xin Yuan Ren*, *op. cit.*, Chapter Seven, "Heaven and Earth" (*"Tian Di"*), p. 646.

19. [See Chapter One of this volume for an examination of this phrase from the *Zhong Yong* (Doctrine of the Mean) and Feng's understanding of it. It is this phrase which penetrates through and is the core of Feng's *Xin Yuan Dao*. We have offered here Professor Tu Youguang's translation of the phrase. In Chapter One and elsewhere in this volume, we have translated this phrase as "arriving at highest illumination, one tracks in the way perfectly in ordinary living."—editor]

20. *Xin Lixue*, *op. cit.*, Intrduction, Section One, *Sansongtang Quanji*, *op. cit.*, Volume Four, p. 5.

21. *Xin Zhi Yan*, *op. cit.*, Chapter Six, *Sansongtang Quanji*, *op. cit.*, Volume Five, p. 224.

22. Fung Yu-lan, *A Short History of Chinese Philosophy*, *op. cit.*, Chapter 28, p. 335. [Throughout this volume, we have translated *shiwu cunzai* or *moushiwu cunzai* as "some event/thing exists," which is a bit more literal translation than Feng Youlan's own "something exists," the expression he used when writing *A Short History of Chinese Philosophy* in English. For consistency with other papers in this volume, we shall continue with our more literal translation, except when citing directly from Feng's work in English. —editor]

23. *Ibid.*

24. ["*Xin Duihua*" ("New Dialogue"), in *Nandu Ji* (Southern Crossing Collection); Part One (1932. 9), Part Two (1932. 10), Part Three (1932. 12), Part Four (1935. 10). Professor Tu Youguang cites here "*Xin Duihua*", Part One, reprinted in *Sansongtang Quanji*, *op. cit.*, Volume Five, p. 276. —editor]

25. *Xin Yuan Dao*, *op. cit.*, Chapter Ten; translated into English by E. R. Hughes (London: Kegan Paul, 1947), Chapter Ten, p. 205. [To be consistent with use of these same terms in other essays of this volume, translation of Feng's statement and four terms into English here is the Editor's. —editor]

26. *Ibid.*, p. 213. [Translation here of Feng's original Chinese text is the Editor's. Matching of Chinese terms *you*, *wu*, *bian*, and *juedui* with "being," "non-being," "change," and "Absolute" is approximate. This volume's Introduction, Part Three, suggests that at deeper levels of analysis, these matchings or pairings may actually interfere with, rather than advance, Western comprehension of Chi-

nese metaphysical discernment. —editor]

27. [See Introduction, Part Three, for a discussion of the interchangeability of these two statements. —editor]

28. [See Introduction, Part Three, last section, on "Feng's Philosophical Terms in English Translation," for a discussion of the meaning of the Chinese term *xiang* ("quality/ies") in Feng's *gongxiang* ("universal" or "shared quality") and *shuxiang* ("different quality/ies"). —editor]

29. Jin Yuelin, *Zhi Shi Lun* (Epistemology) (Beijing: Commercial Press, 1983), Chapter 5, Section 3, C2, p. 259.

30. *Ibid.*, Chapter 5, Section 4, C2, p. 265.

31. *Ibid.*, Chapter 9, Section 5, C2, p. 519.

32. [Throughout these statements of Jin Yuelin, we could express the implicit place or location which "has" particulars or universals as "the greater world," using the expression we have used previously in analyzing Feng's propositions. Our expression "the greater world," like Feng's *daquan* ("great whole"), is inclusive of both actuality and truth. See this volume's Introduction, Part Three, for a discussion of Chinese *you* ("have," "having") as an action that takes place in a context or place. Stating fully in English what is implicit in Chinese, we may say "the greater world has particulars" and "the greater world has universals." We could also say more specifically "actuality has particulars" and "truth has universals." —editor]

33. [The meaning of Chinese "*you* (have or has)" shifts 1) according to what is had and 2) according to the location in which having takes place. For example, "has" of "actuality has a thing existing

in time and space" is different from "has" of "truth has *li* (pattern, principle). "—eidtor]

34. Fung Yu-lan, *A Short History of Chinese Philosophy*, *op. cit.* , p. 335.

35. "*Canjia Tugai de Shouhuo*" ("What I Learned Participating in the Work of Land Reform"), in *Xuexi* (Learning), 2. 2 (1950).

36. [Chinese *han* in *neihan* means "contain"; it occurs also in Chinese *yunhan* ("imply") in which both *yun* and *han* mean "contain." Hence, the same Chinese term *han* is used to refer both to "intension" (*neihan*) and "implication" (*yunhan*). —editor]

37. *Xin Lixue*, *op. cit.* , ch. 4, sect. 1, *Sansongtang Quanji*, *op. cit.* , Volume Four, p. 90.

新理学的"理"论与方法

(1988年)

宋明道学中的理学,冯友兰氏的新理学,都是讲理之学。要讲理,大概不成问题。要讲理世界,就是说,要讲总括万理的世界,即真际,它与总括万物的世界,即实际,是两个世界,要这样讲,问题可就来了。人们首先就会问:有理世界吗?若有,它在哪里?

冯氏的答案,有几个发展阶段。

在旧理学中,朱熹以为:"形而上者,无形无影是此理。形而下者,有情有状是此器。"[①]冯氏在《中国哲学史》中解释说:"以现代哲学中之术语言之,则所谓形而上者,超时空而潜存(subsist)者也;所谓形而下者,在时空而存在(exist)者也"。[②] 这是冯氏答案的最初阶段。

这种潜存说,来自西方的新实在论。通过新实在论,冯氏形成自己的彻底实在论(radical realism)。彻底实在论一名,可与詹姆士的彻底经验论(radical empiricism)一名比照。在《新对话》中,冯氏说:"我们主张彻底的实在论,以为具体的东西,人虽不知之,他亦是有;

---

① 《朱子语类》卷九五。
② 《中国哲学史》,商务印书馆"部定大学用书"本,第896页。

抽象的原理，人虽不知之，他亦是有。不过你不能问他有于什么地方。"①这是冯氏答案的第二阶段。

这种彻底实在论，发展为《新理学》中的纯客观论。《新理学》说："我们的主张可以说是一种纯客观论。""照常识的看法，一件一件底实际底事物，是客观底，但言语中之普通名词如人、马等，形容词如红底、方底等，所代表者，均不是客观底，或不能离开一件一件底实际事物而独有。我们的纯客观论则主张不独一件一件底实际事物是客观底，即言语中之普通名词或形容词所代表者，亦是客观底，可离开一件一件底实际事物而独有。不过此所谓有，只是就真际说，不是就实际说。"②这是冯氏答案的第三阶段。第二阶段说，不能问有于什么地方。为什么不能问？现在回答了：因为"此所谓有，只是就真际说，不是就实际说"。

若就实际说，一件一件的实际事物皆有于空间、时间之中。照新理学所说，空间、时间都是实际事物之间的一种实际关系。物与物之间，可有在上、在下、并排等实际关系，这些关系所属于的类就是空间，抽去了这些关系中的物，便无空间。事与事之间，可有在先、在后、同时等实际关系，这些关系所属于的类就是时间，抽去了这些关系中的事，便无时间。

照新理学所说，实际关系，和实际事物一样，都依照真际中有关的理。例如，物依照在上之理而在上，事依照在先之理而在先。但在上之理并不在上，在先之理并不在先。正如人依照人之理而为人，但人之理并非人；方的物依照方之理而方，但方之理并不方。总起来

---

① 《新对话》（一），收入《南渡集》上编，引文见《三松堂全集》卷五，第280页，河南人民出版社1986年版。

② 《新理学》，商务印书馆"大学丛书"本（简称"商务版"）第5、50页，《三松堂全集》（简称"全集"）卷四，第34、37、38页，河南人民出版社1986年版。

说,空间依照空间之理,但空间之理并非空间;时间依照时间之理,但时间之理并非时间。也就是说,物依照空间之理而有空间性,但空间之理没有空间性;事依照时间之理而有时间性,但时间之理没有时间性。既然连空间之理也没有空间性,则其他的理更没有空间性;既然连时间之理也没有时间性,则其他的理更没有时间性。所以一切理皆无空间性,亦无时间性。换言之,理,理世界,虽有,而不有于空间、时间之中。①(照新理学所说,理不仅没有空间性、时间性,而且没有任何性。只有实际事物,由依照某理,而有某性。简言之,物有性,理无性。)

所以讲理,讲理世界,讲真际,都不能用空间的观念,也不能用时间的观念。旧理学虽然能分形上、形下两个世界,而讲理时,却往往以为理"如有物焉","是亘古亘今常存不灭之物"②,这就是用空间、时间的观念讲理,把理讲成了空间、时间中的实际事物。这就是拖泥带水。新理学清洗了这些泥水,创立了自己的时空论,论证了理、理世界、真际根本与空间、时间无干。

照常识的看法,一说有,就要说有于哪里;一说有于哪里,就是说在哪里;一说在哪里就是在空间、时间。这些"有"字"在"字,最易引起误解。《新理学》说:"事物对于理,可依照之而不能有之。理对于事物,可规定之而不能在之。"③二者之间是依照与规定的双向关系,而不是有、在的合一关系。这也就取消了"理在事中"之类提法的根据。

这也就是共相与殊相的关系:殊相依照共相而不有之,共相规定殊相而不在之。

---

① 参看《新理学》第二章第五节。
② 朱熹《答陈同甫书(甲辰第三书)》。
③ 《新理学》,商务版,第58页,"全集"卷四,第43页。

以上都是30年代、40年代的说法。到80年代,冯氏又多了半个多世纪的阅历,他在《三松堂自序》中说:"真际和实际的分别还是有的,也还是可以说。"①他在《中国哲学史新编》第四册《通论玄学》章中关于"辨名析理"的论述,可以说是《新理学》绪论、第一章对理的逻辑分析的进一步发挥。他在《中国哲学史新编》第五册《通论道学》章中说:

> 照道学家所说的,共相与殊相之间,一般与特殊之间,殊相并不是共相的摹本,而是共相的实现。实现也许是不完全的,但是如果没有殊相,共相就简直不能存在。在这一点上,道学的各派并不一致。朱熹自己的思想也不一致。不过我认为这应该是道学的正确结论。

这应该是道学的正确结论,也应该是新理学的正确结论。这也是冯氏在共相与殊相的关系问题上的最新意见,否定了摹本说,代之以实现说。这是冯氏答案的第四阶段,即最新阶段,也许是晚年定论了。

《新理学》中的依照与规定之说,是摹本说。不过这是只就依照与规定之说来说。若就新理学系统的总体来说,则新理学是人学的圣学,而"圣学始于哲学底活动,终于道德底行为"②。哲学的活动是知天,道德的行为是事天。就知天说,所知是摹本;就事天说,其事便是实现。所以就新理学系统的总体来说,就不是摹本说,而是实现说。或者更严密一些说,新理学系统始于摹本说,终于实现说。所以冯氏最近的实现说,并没有否定新理学系统的总体,而是将新理学本有之义说清楚。其实,哲学的能事也就是将本有之义说清楚。将本有之义说清楚了,当然是进了一步,所以实现说是冯氏答案的最新阶段。

---

① 《三松堂自序》,三联书店1984年版,第254页,"全集"卷一,第237页。
② 《新理学》,商务版,第295页,"全集"卷四,第202页。

有人从道德形上学的角度看新理学，认为新理学作为道德形上学是他律的，而非自律的。他们推崇康德的自律说，以为非如此便无道德实践的主体性可言。冯氏是敬佩康德的，但是经过比较研究，认为"康德所说道德行为，只是义底行为，而不是仁底行为"①；"康德只说到义，没有说到仁"②。若要作"他"、"自"之分，康德当然认为义是"自"的；而新理学则认为义仍是"他"的，仁才是"自"的。这种不同，来自两个哲学系统的不同，不必求其一律。虽不一律，仍有可比性，就可比之处来说，的确应当说，康德只讲到义，没有达到仁。若要用他律、自律的术语说，则可以说，新理学的道德论，始于他律，终于自律。从他律到自律，都有道德实践主体性一以贯之，并不是只有自律才有主体性。若要用冯氏自己的术语来说，则可以说，他律说是摹本说，自律说是实现说。

实现说之妙，还在于将上述答案之以前诸阶段，皆超过之而又包含之。超过之而又包含之，是真正的哲学意义上的否定之。不仅将上述答案之以前诸阶段超过之而又包含之，而且将常识的"有"、"在"亦超过之而又包含之。共相之理属于真际，无所谓"有"、"在"，不能说它"有"、"在"。然而共相之理实现于殊相之事物，即属于实际，便有其"有"、"在"了，可以说而且必须说"有"、"在"了。在此也只有在此，才可以说而且必须说"理在事中"了。这已经是只就实际说，不是就真际说了。

上述冯氏对于共相与殊相关系问题的答案，就是新理学的"理"论。新理学的"理"论，与旧理学的"理"论，各有不同的精神，不同的面目。

旧理学是中印文化交融的产物，新理学是东西文化交融的产物。

---

① 《新原人》，商务版，第80、81页，"全集"卷四，第612页。
② 《新原道》，商务版，第11页，"全集"卷五，第19页。

所以新理学的要素,比旧理学的要素,多一个西学。西学中的逻辑分析方法,使"理"论的面目一新,形成了新理学。这种新面目,是新的时代精神即中国现代化的一种表现。

这当然不是说,新理学只有西学的方法,而无西学的内容。这不过是说,西学的方法造成了理学的新面目。新理学系统,若比作大厦,其内容就好比建筑材料,有本国的,有进口的,进口的材料只是这里用一些,那里用一些;其方法就好比设计图纸,不论本国的还是进口的材料都得按它处理,从而造成了大厦的面目。

逻辑分析方法,可以说是正的方法。《新理学》成书之后,冯氏悟到负的方法也重要。正的方法是来自西方的,负的方法是东方本有的,它就是道家和禅宗的方法。例如,《庄子》的齐物。如何齐?以不齐齐之;禅宗的第一义,如何说?以不说说之。这是方法论上的无为,不仅可以济有为之穷,而且在一定条件下胜过有为,正如"此时无声胜有声"。自《新原人》开始,冯氏兼用正负两种方法。在冯氏手里,负的方法不是反对正的方法,而是超越正的方法。在冯氏手里,负的方法也不是道家、禅宗原来的负的方法,而是经过逻辑分析的负的方法。若以道家、禅宗的负的方法为 thesis,则逻辑分析的正的方法为 antithesis,则冯氏的负的方法为 synthesis。可见冯氏的负的方法,比道家、禅宗的负的方法,更高一层。由于冯氏的负的方法是经过逻辑分析的负的方法,所以冯氏方法的总体,包括正的方法和负的方法,仍可通称为逻辑分析方法。

逻辑分析方法,与西方现代其他哲学方法相比,有一个特点,就是使用这个方法,不会随之羼入内容。使用其他方法则不然,如使用现象学方法,会随之羼入现象学的内容;使用存在主义方法,会随之羼入存在主义的内容;使用直觉主义的方法,会随之羼入直觉主义的内容;等等。当然,不论使用哪种方法,只要使用某种方法,就是作某种肯定,逻辑分析方法也不例外。但是现象学的肯定,存在主义的肯定,直觉主义的肯定,等等肯定,都是有内容的;惟有逻辑分析的肯定,是没有内容的,纯形式的。由此比较可知,只有逻辑分析方法,才是真正纯粹的方法。谁要讲现象学,讲存在主义,讲直觉主义,都是可以讲的,不过只宜作为内容讲之,不宜作为方法用之,因为它们都不是纯粹的即不会随之羼入内容的方法。如果你的目的就在于羼入现象学的内容,或存在主义的内容,或直觉主义的内容,则使用现象学的方法,或存在主义的方法,或直觉主义的方法,正可达到目的。

是逻辑分析方法,使新理学具有与旧理学不同的面目。尽管如此,方法还是方法,内容还是内容,方法与内容不能混为一谈。

有人看出逻辑对于冯氏哲学系统的重要性,认为如此重要,以致"冯氏未能超越逻辑的层面而进入哲学的境界","其所讲的很可能只是逻辑而不是哲学"。[①] 这种看法,就是由于将冯氏的哲学方法与其哲学内容混为一谈的缘故。

由于将方法和内容混为一谈,而逻辑分析是知性的,有人认为冯氏的哲学是知性的。[②] 冯氏的哲学方法诚然是知性的(正的方法),或是经过知性的(负的方法),冯氏的哲学内容则不能只说是知性的。冯氏的哲学内容固然讲知性,可是也讲意志,讲情感,讲直觉,一直讲到神秘主义。同时讲它们的关联,彼此达到中和,形成最高的精神境界,即天地境界。讲知性,固然要用知性的方法;讲意志,讲情感,讲直觉,讲神秘主义,只要是"讲",仍然要用知性的或经过知性的方法,否则你讲的别人不懂。所用的虽是知性的方法,所讲的并不限于知性的内容。

逻辑分析方法,借用中国往日的话说,就是"辨名析理","循名核

[①] 台湾《中央日报》1983年7月15日副刊。
[②] 李泽厚《略论现代新儒家》,见《中国现代思想史论》,东方出版社1987年版。

实"。前者是分析名的内涵,知其所指的共相;后者是分析名的外延,知其所指的殊相。由此判其异同,或同名异谓,或异名同谓。以此为基础,进而对命题,以至对系统,皆可作此种分析。

冯氏用逻辑分析方法所得之成果,即其全部著作。此就一般意义说。若就具体论点说,可举数例:

同名异谓者,如"天"之五义①,"道"之六义②,四种"日新"③。

异名同谓者,如道家的"精"、"神"、"明"④,所指相同。

判别命题、系统者,如判名家之"离坚白"、"合同异"为两派⑤,判二程为两派⑥。又如国内哲学之比较,中西哲学之比较。

1957年冯氏提出的哲学遗产继承方法,依然是逻辑分析方法。所谓"抽象意义"或"一般意义",来自分析内涵;所谓"具体意义"或"特殊意义",来自分析外延。前者多宜继承,后者不能继承。用这种继承方法,冯氏早已作出了继承哲学遗产的样板,这就是他的哲学创作《新理学》。

殊相是不可能继承的。殊相实现共相,分析殊相而见其实现的共相,共相是可能继承的,但必须将它实现于新的殊相。这就是继承的全过程。讲逻辑分析,就只能讲到这里。至于继承涉及的选择,选择涉及的标准,则属于社会分析的范围。

若对冯氏新理学系统进行社会分析,便可见其对中国社会最有意义的两点:一点是论证中国的出路只有现代化,这又决定于生产力

---

① 《中国哲学史》,商务版,第55页。
② 《新理学》,商务版,第101页,"全集"卷四,第72页。
③ 《新理学》,商务版,第111页以下,"全集",卷四,第79页以下。
④ 《先秦道家哲学主要名词通释》,见《中国哲学史论文二集》第178页以下,上海人民出版社1962年版。
⑤ 《中国哲学史》,商务版,第268页。
⑥ 《中国哲学史》,商务版,第869页。

的现代化。① 一点是建构一个天地境界,取代宗教,作人的最高的精神境界。② 又可见其对中国社会深为不利的一点,就是重共相不重殊相,不利于个性的充分发展。

这就涉及新理学的历史地位。在《新理学》的开端,冯氏就说:"我们现在所讲之系统,大体上是承接宋明道学中之理学一派","我们是'接着'宋明以来的理学讲底"。③《新原道》则自标新统。下文拟对这些话作出粗略的解释,至于详细的解释,则有《新原道》、《新知言》二书在。④ 下文的解释分两层说:第一层说,为什么接着宋明道学讲;第二层说,为什么接着理学一派讲。

就第一层说。立足于中国看文化,则先有南北文化交融而有中国(本土)文化,然后中印文化交融而有东方文化,然后东西文化交融而有世界文化。文化的最高层次是哲学。就其哲学说,中国南方的代表是道家哲学,中国北方的代表是儒家哲学,参与中印交融的印度代表是佛教哲学,参与东西交融的西方各派可统称为西方哲学。所以构成中国本土哲学的要素是道家、儒家,构成中国中古哲学的要素是道家、儒家、佛学,构成中国现代哲学的要素是道家、儒家、佛学、西学。中国中古哲学系统完成于宋明道学。清代道学大都传述前人,"俱无显著的新见解加入"⑤。所以冯氏新理学只接着宋明道学讲。

就第二层说。宋明道学有气学(张载)、理学(程颐、朱熹)、心学(程颢、陆九渊、王守仁)三派。其中代表性和影响,皆以朱熹系统为

---

① 详见《新事论》,商务版单行本,收入"全集"卷四。
② 详见《新原人》。
③ 《新理学》,商务版,第1页,"全集"卷四,第4、5页。
④ 《新知言》自序云:"《新原道》述中国哲学之主流,以见新理学在中国哲学中之地位。此书论新理学之方法,由其方法,亦可见新理学在现代世界哲学中之地位。"
⑤ 《中国哲学小史》,商务印书馆"万有文库·百科小丛书"本,第95页,1933年版。此书乃《中国哲学史》之节略,仅四万余字,至陆王而止。可见冯氏当时心目中之中国哲学史止于宋明道学,故接着宋明道学讲。

最大。就代表性说,朱熹吸收张载之学不少,在一定程度上可以代表气学。王守仁编《朱子晚年定论》,就是追认朱熹可以代表心学。就影响说,元明清皆奉朱熹之学为正统。新理学既自标新统,则必须取旧统而代之。旧统非他,就是朱熹理学,在这一点上没有选择余地。正如项羽要取代的只有秦始皇,别人没有被他取代的资格。王夫之的系统也许超过朱熹,但是没有取得正统的地位。所以自标新统的新理学,只能接着朱熹理学讲。

(发表于《中州学刊》1989年第1期)

《新原人》是"贞元六书"的中心

(1995年)

冯友兰先生的"贞元六书"以《新理学》为总纲,这是冯先生自己说了的①;而以《新原人》为中心,这一点是我的学习心得。

说《新原人》是"贞元六书"的中心,其基本根据有一条,也只要这一条就够了,这一条就是,冯先生毕生主张:哲学不能给予积极知识,但能提高精神境界。冯先生在1990年写《中国哲学史新编·全书总结》,总结只讲两个问题,第一个问题就是重申这个主张(见《中国现代哲学史》,香港中华书局1992年版,第244页以下)。再过半年他就逝世了,所以真正是毕生主张。

既然哲学是提高精神境界之学,则什么是精神境界,怎样提高精神境界,便是哲学的中心问题。《新原人》专讲这个中心问题,当然是"贞元六书"的中心著作。

明确《新原人》是"贞元六书"的中心,对于"贞元六书"的内部关系我才恍然大悟:《新理学》是为《新原人》提供形上学基础,《新事论》是为《新原人》提供文化学根据,《新世训》是为《新原人》提供初级生活方法,《新原道》是论证《新原人》在中国哲学史的地位,《新知言》是

---

① 见《三松堂自序》三联书店1984年版,第246页。

论证《新原人》在世界哲学史的地位。

冯先生的学术生涯,从他作博士论文《人生理想之比较研究》,到最后一次讲课,在中国文化书院讲《中国哲学的特质》(见涂又光纂《三松堂全集》第十三卷,河南人民出版社1994年版,第539页以下),都是《新原人》中心说的历史根据。在1950年首次自我否定"贞元六书"的文章中,唯独为《新原人》辩护,更能说明问题。

值得特别提到《新原人·自序》。这篇《自序》开端四句是:

为天地立心,

为生民立命,

为往圣继绝学,

为万世开太平。

这四句是张载(横渠先生)的话,冯先生晚年简称之为"横渠四句"。"贞元六书"各有一篇《自序》,在1984年出版的《三松堂学术文集》中,这六篇《自序》,只收入《新原人》的一篇。《新原人·自序》中说:"此书虽写在《新事论》《新世训》之后,但实为继《新理学》之作。"是《新原人》之特殊地位,从中可知矣。

"横渠四句"是冯先生一生抱负,曾引用之于1933年的《中国哲学史·自序》,又引用之于1942年的《新原人·自序》,再引用之于1990年《中国哲学史新编·全书总结》的"乱曰"。"乱曰"一语出于屈原《离骚》的结尾,相当于现在说的"尾声",英文的"epilogue"。年轻人若不熟悉《离骚》,心想"乱曰"是什么?错了错了。香港版竟将"乱曰"改为"故曰"(见此书第262页第1行)。香港出版此书,是"言公"(章学诚语)之义举,令人感激。但这个"乱曰"错得非同一般,错得看不到冯先生的屈原式心情了。屈原死守楚国,冯友兰死守中国:此心千古相通。

再回到前面说的冯先生那条毕生主张。哲学,特指形上学,不能提供积极知识,这容易理解。哲学,特指形上学,却能提高精神境界,这需要解释。照《新原人》的解释,精神境界由觉解构成。觉解是知识,是不是积极知识?这不是一刀切。大致地分析言之:自然境界无觉解无知识;功利境界有觉解有知识,此知识是积极知识;道德境界有觉解有知识,此知识仍有积极知识;天地境界有觉解有知识,此知识不是积极知识,而是理、气、道体、大全等空灵观念。这些空灵观念能使人知天,事天,乐天,同天,整个《新原人·天地》一章都是讲这个道理,整个《新原人·学养》一章都是讲这个功夫。

《新世训》讲的是构成功利境界、道德境界觉解的积极知识,冯先生本人对《新世训》评价最低,因为它没有讲到天地境界。《新原人》的中心是天地境界学说,作为天地境界学说,与《新世训》相比,则可说:《新世训》用正的方法,《新原人》用负的方法;《新世训》是"为学日益",《新原人》是"为道日损";《新世训》是有字人书,《新原人》是无字天书。

所谓无字天书,就是用空灵观念构成的。冯先生的新理学,有四个基本观念,其中以气观念最空灵。照《新原道》、《新知言》以及《中国哲学简史》的解释,气是超感性的,又是超理性的;气不是感觉的对象,又不是思维的对象。气是真正的无。气不是事物,不可感,不属于实际(事物世界);气不是理,不可思,不属于真际(理世界)。大全由真际与实际构成,由这两个世界构成,而气不属于这两个世界:莫非气在大全之外(这是自相矛盾的名词)?还是大全之内要为气搞个"第三世界"?

这不是气观念独有的问题,而是所有超感性超理性的空灵观念都有的问题。解决这个问题也极为简单:因为两个世界的界线本为理性所设,既然超理性了,也就超这个界线了,没有两个世界之分了,遑论第三世界!这才是真正的大全。这种空灵观念使人的精神境界同一于大全,这就是同天,这就是天地境界。

天地境界是冯友兰哲学思想的最高境界,天地境界说是冯先生所说的最哲学的哲学。其历史渊源,冯先生明明白白地说过:《庄子·山木》"所谓道德之乡,正是我们所谓天地境界";"用庄子等道家的话",则《新原人》"所谓道德境界,应称为仁义境界,《新原人》"所谓天地境界,应称为道德境界"。老庄所谓道德,是道与德两个观念,道指生成万物的原理,德指生成个体的原理。现在所谓道德,是一个双音节的词,表示一个(不是两个)观念,相当英文的"morality"。《新原人》"为避免混乱,所以我们用道德一词的现在底意义,以称我们所谓道德境界"(引语均见《新原人·境界》)。这些话明明白白地说明,天地境界学说的主根是老庄,不是孔孟。

中国哲学在老庄这条主根上发展:这是古代,是现代,也是将来。

(发表于清华大学出版社 1995 年出版的《冯友兰先生百年诞辰纪念文集》)

《冯友兰英文著作集》介绍

(1992年)

一、关于全书

此书[①]原拟名为 A COLLECTION OF FUNG YU-LAN'S WORKS ORIGINALLY WRITTEN IN ENGLISH,意谓冯友兰氏用英文写的著作集,此名与实符合,但不大像英文书名,故改为今名;改为今名,本意却又不大明显了。这也是编书的难处之一。但中文名仍宜为《冯友兰英文著作集》,不宜为《冯友兰哲学文集》。

此书收入冯氏的博士论文和《中国哲学简史》二书,论文和发言九篇。冯氏用英文写的著作除 Chinese Philosophy and a Future World Philosophy 一文未及收入外,悉备于此。此外尚有冯氏英译《庄子》一书,除正文外,有冯氏自撰引言一篇,评注72则,选译郭象注35段,附录《论郭象哲学》一文,已由外文出版社单行出版,亦冯氏英文之作,附志于此。

冯氏《三松堂全集》共14卷;此集英文著作,实全集之第15卷;外

---

① Selected Philosophical Writings of Feng Yu-lan,外文出版社1991年版,673页。

加英译《庄子》,冯氏著作乃全。

1987年1月,92岁的冯氏用英文为《冯友兰英文著作集》写了序言,是此书全书的总括,全译如下:

　　学者晚年,能见本人全集之编纂与出版,诚一大难得之乐事。此事赖各种因素凑合,多有在人力以外者。在此意义上,我认为自己是幸运的。我的故乡河南省,其人民出版社,正在编我的全集,名为《三松堂全集》,其第一卷已经出书了。

　　河南出的全集各卷是用中文写的。原来用英文写的著作,亦译成中文,收入全集。同时,在北京的外文出版社将我原来用英文写的著作编为一卷出版,这对河南人民出版社的工作将是可贵的补助。

　　本卷第二部分第一篇题为《为什么中国没有科学》,此文的发表标志我的学术生涯开始。这是1922年在哥伦比亚大学哲学系双周会上宣读的论文。最后一篇是1982年在哥伦比亚大学授予我荣誉学位仪式上的发言。这篇发言是我的学术生涯简要总结。这个生涯从开始到此时刚好六十年。

　　著作虽有许多,但只有一个中心论题,像一条线贯串于全集,就是这个坚强的信念:中国是旧邦而有新命,新命是现代化。

　　中国共产党正领导中国人民建设有中国特色的社会主义;这正是我所理解的新命的含义。照我的理解,中国特色不是像自外涂在产品上的颜色,它是自内由生理因素决定的。中国古代文化是决定中国特色的遗传因素。中国现代化一旦完成,中国将是亦古亦今,亦旧亦新。这就是我的中国是旧邦新命的信念的实现。

此乃我平生志事的全部。此卷著作皆此志事的部分。此卷的全体就是如此。以下试各别论之。

二、关于博士论文

冯氏博士论文,是在美国哥伦比亚大学约翰·杜威教授指导下完成的,题为 A Comparative Study of Life Ideals(《人生理想之比较研究》),由商务印书馆出版;冯氏又用中文再写一遍,修订补充,题为《人生哲学》,解放前作为高中教科书,亦由商务印书馆出版。

此书以人生理想,即人生哲学为中心,讲了中外哲学史上的十派哲学,其代表人物为庄子,柏拉图,叔本华;杨朱,墨子,笛卡儿,培根,费希特;孔子,亚里士多德,王阳明,黑格尔;等人。虽有十派,复可分为损道、益道、中道,故此书又名《天人损益论》。损道、益道虽有贡献,亦有偏颇,故此书主张中道。

此书英文本与中文本基本相同而有所不同,其不同处主要是:英文本在损道、益道、中道三部分各有一章结论,全书最后一章是总结论,此四章结论在中文本中都没有了;中文本加写两章新人生观,乃英文本所无。今但论中文本之所无,以见英文本之价值非中文本全能代替。

英文本的损道结论说,损道各派,如庄子,柏拉图,叔本华,至少有三点共同之点:(一)寡欲主义,(二)弃智主义,(三)神秘主义。

英文本的益道结论说,益道各派,如杨朱,墨子,笛卡儿,培根,费希特,亦有三点共同之点:(一)快乐主义,(二)主智主义,(三)自我主义。

英文本的中道结论说,中道各派,如孔子,亚里士多德,王阳明,

黑格尔,也有三点共同之点,就是:

(一)寡欲主义与快乐主义中和。如孔子和亚里士多德的中庸之道,亚里士多德的快乐性质差异之说。

(二)弃智主义与主智主义中和。以黑格尔为例,他一方面攻击"上帝喜爱的人在睡眠中接受上帝的智慧"(《心之现象学》,Baillie 英译本,第10页),这是主智;一方面又攻击知性以数理科学形式,将正在运动的因素,从精神过程的总体孤立出来,并死死扣住,当做牢靠的真理,这是弃智。他认为,直觉害怕推理,知性只以推理为真理,思辨哲学既抓住运动总体又抓住中间推理。也就是说,直觉是"正";知性是"反";理性是直觉与知性的"合",即弃智与主智中和。

(三)神秘主义与自我主义中和。仍以黑格尔为例,他认为,自我与大全合一了,大全就变成自觉的了。此时,精神就是自我,具体的自我,再没有别的。而且,在精神或自我的回忆中,任何个体的过去一切经验,无不保存。在大全中,个体永远不必害怕丧失它自己。自我与大全合一,这是神秘主义;此时精神即自我,这是自我主义。

英文本最后一章总结论,讨论了哲学家之蔽,哲学之问题,哲学与宗教,哲学与科学,哲学与历史,哲学与美术,等问题,最后提出一个总看法:

> 可以说哲学是人的理性生命的灵魂。我们的时代是世界上各种不同的灵魂相会讨论的世代。相会讨论,已经有许多冲突,还会有更多冲突。所希望者,经过冲突,诸位灵魂变得更加"自为",互相帮助,都升到更高水平。但这不过是"小过"而已。"小过"虽"既济",然必仍有"未济"。"物不可穷也,故受之以'未济'终焉"。

"小过","既济","未济",是《周易》六十四卦的最后三卦。始于"乾"卦而终于"未济"卦,这个次序,《序卦》传专论之。《序卦》传所论,照冯氏的诠释,就是宇宙演化次序。"过"是超过,小小地超过了过去,也有所成就,故为"既济"。既济者,已经有成就也。虽然既济,仍然未济,有待将来成就之。

这四章结论,相当艰深,其不写入高中教科书也固宜。

损道重在过去,以过去原始状态为至善。益道重在将来,以将来进步之极为至善。中道重在现在,其人生哲学,主张在当前生活中,寡欲与快乐中和,弃智与主智中和,大全与自我中和:这种中和境界,才是至善。

这些结论,中文本虽不与之抵触,然无此明确言说,此明确言说唯英文本有之,此英文本之不可不有也,此英文本之不可不读也。

但无论英文本、中文本,在二十、三十、四十年代,对于求索人生理想的青年颇有影响,有的还受其深刻影响。即在今日读之思之,仍可获益。

此书在冯氏哲学体系发展史中,具有奠定基础的意义。三四十年代冯氏新理学体系,以人生境界说为中心,以天地境界说为特色,其中外哲学史的基础在于此书。此研究冯氏哲学者不可不察也。

三、关于《中国哲学简史》

本书是冯氏1946—1947年在美国讲学的英文讲稿。中文书名原为《中国哲学小史》,但30年代商务印书馆曾出版冯氏的仅约四万字的《中国哲学小史》,为避免书名雷同,1984年出中文本时冯氏定名为《中国哲学简史》。

本书英文原本1948年由美国麦克米伦公司出版。此外尚有中、朝、法、意、西班牙、南斯拉夫等文本。

1949年冬,冯氏曾在此书扉页题字云:

> 此书另经一番组织,与中文本大哲学史不同,可以代表我研究中国哲学史的一个新阶段。

兹以此语为线索,比较《中国哲学简史》(简称"简史")与《中国哲学史》(简称"大史")之不同,以见"简史"有以下几方面的特色:

(一) 成书的时代背景

"大史"成书,"故都正在危急之中,身处其境,乃真知古人铜驼荆棘之语之悲也。值此存亡绝续之交,吾人重思吾先哲之思想,其感觉当如人疾痛时之见父母也"("大史"自序二)。写"大史"就像孩子病痛时向父母呼救。

"简史"成书,则抗战胜利,中华民族和中国哲学都胜利地经受了空前严峻的考验。"简史"讲到儒道两家共有的"物极必反"理论时说:"这个理论对于中华民族影响很大,对于中华民族在其悠久历史中胜利地克服所遭遇的许多困难,贡献很大。由于相信这个理论,他们即使在繁荣昌盛时也保持谨慎,即使在极其危险时也满怀希望。在前不久的战争中,这个思想为中华民族提供了一种心理武器,所以哪怕是最黑暗的日子,绝大多数人还是怀着希望度过来了,这种希望表现在这句话里:'黎明即将到来'。正是这种'信仰的意志'帮助中国人民度过了这场战争。"(第二章"反者道之动"节)写"简史"充满中国哲学胜利的自豪。这样看待的中国哲学,其精华,就是经过历史检验的真理,就是真理转化的信仰,就是信仰转化的意志。没有反映自己时代的信仰意志,就说不上写哲学史,更说不上写自己祖国、自己民族的哲学史。

(二) 冯氏本人的哲学

"大史"虽蕴涵冯氏本人的哲学,然冯氏本人的哲学尚未发展为系统的哲学创作。迨冯氏系统的哲学创作,《新理学》等贞元六书,问世之后,新理学体系已卓然自立于当代哲学之林。再来写中国哲学史,是即"简史",故"简史"不仅贯注冯氏本人哲学体系之精神,而且径直以冯氏本人哲学体系为最后一章。读者于"简史"之中,最能感受哲学史其书与著者本人的哲学之关系:后者是前者的灵魂,倘无后者,则前者不过一堆历史,行尸走肉而已;有了后者,则历史就被写活了。为什么读冯氏写的哲学史,感觉到浓厚的哲学味,得到充分的哲学享受,就因为他的书有灵魂,有冯氏自己的灵魂。

你有本人自己的哲学体系,不会把哲学史写走了样吗?问这样的问题,就等于问:你有本人自己的思想,不会把世界看走了样吗?咄咄可怪的是,干吗怎么害怕有本人自己的思想?无数的事实证明,没有本人自己的哲学,就是对哲学没有真知灼见,就看不出真正的哲学材料,更作不出真正的哲学解释,如此写成的可以是别的什么史,唯独不是"哲学"史。

(三) 写哲学史的方法

"大史"用正的方法。"简史"既用正的方法,又用负的方法:这是方法论方面的重大突破。

正的方法,即逻辑分析的方法。负的方法需要解释,但不能用逻辑分析的方法条分缕析地解释,倘能如此解释,它就也是正的方法,不是负的方法了。

怎样解释负的方法?只好举例以明之,让读者自己领悟。姑举一例,请看"大史"如何写禅宗,再看"简史"如何写禅宗,"大史"是用正的方法,"简史"主要是用负的方法。

光这样说还不行,还要进一步举如何写(例如)禅宗第一义为例。第一义是超越理智的,不可能用正的方法论述之,只能用负的方法表显之。所以用正的方法的"大史"没有涉及第一义,而主要用负的方法的"简史"则充分表显了第一义,盖负的方法独能于此擅场也。

冯氏说:"正的方法与负的方法并不是矛盾的,倒是相辅相成的。

一个完全的形上学系统,应当始于正的方法,而终于负的方法。如果它不终于负的方法,它就不能达到哲学的最后顶点。但是如果它不始于正的方法,它就缺少作为哲学的实质的清晰思想。""负的方法在实质上是神秘主义的方法。""神秘主义不是清晰思想的对立面,更不在清晰思想之下,无宁说它在清晰思想之外。它不是反对理性的;它是超越理性的。"("简史"末章末节)

形上学系统是如此,写哲学史上的形上学系统也是如此。如果不用负的方法,则哲学史上的形上学系统的最高之处,即超越理智之处,即不可能用正的方法写之之处,就无法表显出来。

(四) 其他若干新贡献

"简史"不限于重复"大史"的新贡献,而有自己的新贡献,主要有:

甲、为哲学下一新定义:"哲学,特别是形上学,是一门这样的知识,在其发展中,最终成为'不知之知'。"(末章"哲学的性质"节)中国从来没有哲学定义,西方从来没有这样的哲学定义。这个定义是从中国哲学和西方哲学的全部历史概括出来的,也正意味着,哲学始于正的方法而终于负的方法。

乙、为古文经学派,今文经学派寻出哲学的学派渊源。简言之,古文学派源出荀子学派,今文学派源出孟子学派。(见第十八章第三节)

丙、分玄学为主理派、主情派。主理派以郭象《〈庄子〉注》为基本资料(第十九章),主情派以《世说新语》为基本资料(第二十章)。今按人的意识,实由理智、情感、意志构成。孔子说:"知者不惑,仁者不忧,勇者不惧。"(《论语·子罕》)知,属于理智;仁,属于情感;勇,属于意志。中国传统理想人格,历来包括这三方面:以意志为统帅,以理智为指导,以情感为境界。到了近代,学习西方哲学,首先学到逻辑分析,这是好事;但用逻辑分析讲中国哲学史,就只讲理智的东西,丢掉情感和意志,这就不好。其实西方有识之士,早已在批评苏格拉底搞唯智主义,把西方哲学的路引错了。冯氏的贡献,在于既善于运用西方的正的方法,又敢于发扬中国的负的方法;既讲主理派,又讲主情派。如果全面贯彻知情意并重的方针,则冯氏的中国哲学史著作必然大为改观,而"简史"将玄学分为主理派和主情派,哪怕是个未能充分发展的萌芽,也是十分可贵的。

丁、用英文写中国哲学史,对中国经典原文,冯氏不只是做到对译,而首要的是做到用英文表现他的理解,他的理解是他多年研究心得的结晶。这更是本书新贡献。

例如,孟子的"浩然之气",冯氏用英文写为"great morale",意为"大士气"。什么是大士气,与浩然之气有什么相干?这就要研究冯氏的《孟子浩然之气章解》(发表于1941年清华大学三十周年校庆专刊,收入《三松堂全集》第二卷)。这是冯氏的一篇重要论文,直到晚年写《中国哲学史新编》孟子章,他还向读者推荐此文。此文提出一个根本观点,就是区分宇宙现象、社会现象。此文证明,浩然之气的气,士气的气,都是气,所不同者,浩然之气是宇宙现象,士气是社会现象。与作为宇宙现象的浩然之气相比,作为社会现象的士气只算小士气,浩然之气才算大士气,故写为"great morale"。陈荣捷氏的 Source Book in Chinese Philosophy,将孟子的浩然之气译作"strong, moving power",显然理解不同。

在将"简史"英文原本译为中文本时,有一种意见主张,凡是中国经典引文,都应照冯氏英译文直译为中文,以见冯氏的理解,否则掩盖了冯氏研究心得。这个意见是好,可是实行起来,将"great morale"译作"大士气",岂不又掩盖了孟子的"浩然之气"。亦可见英文原本之价值非中文本全能代替。

许多读者盼望冯氏英文原本能在自己的祖国出版,这个愿望现在实现了。有些读者想用此书英文原本兼作工具书,查阅中国哲学名词术语乃至著名章句如何用英文表达。这个想法现在也能实现了。

四、关于论文和发言

共有九篇,其第一篇和第九篇的意义,冯氏已在本卷序言中讲过了。

《儒家丧祭婚礼之理论》《孔子在中国历史之地位》,是《中国哲学史》上册的预备;《原儒墨》是《中国哲学史》上册的补充;《哲学在当代中国》是《中国哲学史》下册的继续。

《道学通论》是1982年7月在朱熹国际讨论会上的发言。这篇发言的思路,与1947年用英文写的《中国哲学与未来世界哲学》一文的思路,惊人地一致。相隔35年,经历了九九八十一难,思路实现了复归。无论如何,复归包含35年的阅历,还是可贵的。

《中国哲学与未来世界哲学》《在中国传统社会基础的哲学》(原包括《中国传统家族制度》为一篇),是冯氏1947年在美国写的两篇重要论文。前者发现得晚了,未及收入本卷,容再版补入。此文预言:"未来世界哲学一定比中国传统哲学更理性主义一些,比西方传统哲学更神秘主义一些。只有理性主义与神秘主义的统一才能造成与整个未来世界相称的哲学。"此文本身就是理性主义与神秘主义的统一,既是最理性的明晰思想,又表显了最神秘的混沌彼岸。此文的中译全文已收入《三松堂全集》第十一卷。

《在中国传统社会基础的哲学》(包括《中国传统家族制度》)论述中国传统社会的家族和孝道。用的是唯物史观,虽未出现唯物史观字样。然而如题目所示,哲学的地位也在社会的基础。这意味着,社会既有经济基础,是为主;又有哲学基础,是为辅。这并不否定哲学是上层建筑,而是肯定哲学也是社会的根本。只知经济是基础,不知哲学也是根本,所以抓起来一手硬,一手软。其结果就是出现哲学真空,思想混乱,精神破产;这显然并非唯物史观。由"在传统社会基础"的哲学,而知哲学在社会基础,则此文之作不虚矣。此文中译全文亦收入《三松堂全集》第十一卷。

五、馀 论

有一位留学美国学哲学的前辈谈,美国的普通读者,先是读林语堂氏的英文著作,知道一些中国哲学。但林氏著作是普及性的。后来读冯氏的英文著作,才觉得是学术性的,要研究中国哲学的人,也就从冯氏之书入手了。

1985年12月冯氏九十寿辰庆祝会上,一些外国朋友发言,都说他们研究中国哲学,最初是通过冯氏的著作。

从二十年代开始,冯氏学术影响,国内国外,同步扩大。他是世界公认的属于世界的中国哲学家和中国哲学史家。《冯友兰英文著作集》的出版,有助于进一步扩大这种影响,有助于促进他的中国旧邦新命理想的实现,也有助于启发全世界的哲学家构思未来的世界哲学。

(发表于《哲学研究》1992年第7期)

《冯友兰选集》编选说明

(1994年)

冯友兰先生著作有600多万字,选其5%,编为《冯友兰选集》,都是冯氏哲学史研究、哲学创作以及文化教育思想的要义。

冯氏之学有四个时期:(一)初期(20年代),(二)盛期(30、40年代),(三)闰期(50、60、70年代),(四)成期(80年代至1990年)。

一、初　　期

初期代表作《人生哲学》,认为人生理想即是哲学,批评人生之标准即是哲学,而人生哲学又可谓哲学之简易科。此"理想",此"标准",发展为盛期新理学之"理",而人生哲学成为盛期的中心问题。此书为博士论文 A Comparative Study of Life Ideals(《人生理想之比较研究》)之中文本,由此比较研究可见,现代中国学术大师,必以学贯中西为基础。其比较研究的方法论,就是闰期引起轩然大波的"抽象继承法"。兹录其"绪论"。

二、盛　　期

盛期代表是"二史""六书"。

"二史"是《中国哲学史》和《中国哲学简史》。

《哲学在当代中国》一文是《中国哲学史》续编。《秦汉历史哲学》一文是托古自道，自道文化观、历史观，即中国式的唯物史观。《新对话》是由哲学史研究转入哲学创作的过渡。哲学创作完成，复归哲学史研究，著《中国哲学简史》。《中国哲学史》著于冯氏哲学创作完成之前，《中国哲学简史》著于冯氏哲学创作完成之后，这是"二史"不同的根本原因。"二史"各录其总论。

"六书"即贞元六书：《新理学》、《新事论》、《新世训》、《新原人》、《新原道》、《新知言》。这是一整套哲学创作。《新理学》是总纲，而《新原人》是中心。《新原人》的中心又是天地境界说。为天地境界说，《新理学》提供形上学基础，《新事论》提供文化说基础，《新世训》提供生活方法论，《新原道》论证其中国哲学地位，《新知言》论证其世界哲学地位。"六书"，除《新世训》外，各录最重要的篇章。

《论风流》一文是讲天地境界人格美，而《关于真善美》一文与之密切配合。

《国立西南联合大学纪念碑》一文是冯氏教育思想的集中表现，也是冯氏"寓六朝之俪句，于唐宋之古文"的理想文体的成功实现。

《中国哲学与未来世界哲学》一文是冯氏盛期形上学的最高峰。

三、闰　　期

闰期著作，著者和编者1987年一致认为无可入选者。冯氏闰期最有哲学意义的大无畏的创举,是提出抽象继承法,即《关于中国哲学遗产的继承问题》一文,载于本选集《三松堂自序·五十年代以后》之中,算是间接入选的闰期之作。

四、成　期

成期代表作是《中国哲学史新编》,其"全书总结"不只是《新编》总结,而是对哲学、中国哲学、中国哲学史的总结,是冯氏最后看法,定稿于1990年6月,再过5个月他就逝世了。"人之将死,其言也善",其言也真,其言也美。

《宋明道学通论》是《新编》之一节,希望读者尝一脔而知鼎味。

《三松堂自序》是自传,实为哲学著作。

哥伦比亚《答词》是冯氏学术历程的总结。

《康有为公车上书书后》,此文题目要连用三个"书"字,才算准确;惟嫌累赘,只连用两个"书"字。此文最后表明"平生志事",言有尽而意无穷。"后之览者,亦将有感于斯文","闻弦歌而知雅意"欤?

冯先生有个规矩:他的书只有自序,没别人写的序,一生始终如此。所以我编纂《三松堂全集》不写编者序跋,翻译《中国哲学简史》不写译者序跋。但我的思想,并非只是遵守这个规矩,而是压根儿不赞成编者译者序跋。因为一有序跋,便有评论,你有评论,尽可另行发表,何必羼在著者书中,干扰读者?现在,完全出于尊重本丛书体例,敬书"编选说明"如上。

(载于《冯友兰选集》,1994年天津人民出版社出版)

超越死生的人

——悼先师冯友兰先生

(1991年)

我从外地赶到芝生师病榻前,他说话已很困难,断断续续,但一如平日,对我说:住在医院里,又懂得很多道理……

这是1990年11月11日。其后的半月,他还断断续续说了一些话。我注意到,这些话里都没有"死"字,更没有说他身后如何。我有此注意,是因为我忧心他可能不起,我心有死字。我领悟到,他言不及死,是因为他心无死字。先生是超越死生的人。

这就是他在《新原人》中讲的天地境界。

先生之学的中心问题,是人生精神境界的天地境界。最近的冯学国际讨论会,对于这个中心的肯定,不约而同。旧说文如其人,学如其人。其实是文即其人,学即其人。所以金龙荪(岳霖)师说,中国哲学家的哲学就是其人的传记。

天地境界,就是"极高明而道中庸"的境界。有天地境界的人,对于死生大事的态度,是"存,吾顺事;没,吾宁也"。

在最后10年,他的"顺事"是完成《三松堂自序》和《中国哲学史新编》。尽管脑力尚好,视力是越来越差了。《自序》但凭回忆,不用看书,八个月就完成了。《新编》则不同,他要"无一字无来历"。这部154万字的中国哲学通史,是一位九十岁左右的老人,听别人念资料,重新独立研究,口授而成的。其中克服的困难,真是难以想象。他是祖国真正的孝子,完成这部书是祖国的使命。有此使命感,还有要超人的毅力,绝顶的聪明。这就要心中有眼。有人建议他口授大意或提纲,由别人起草,念给他听,由他定稿。他不同意。倒不是别的原因,唯一的原因是,只有他亲自逐字逐句地写作或口授时,他的新见,才能自己冒出来。他是用自己的生命,一字一句地进行创造。

他生活制度之严格,令人联想到哥尼斯堡的康德。他按时作息,从不开夜车。吃饭细嚼慢咽,一顿饭要个把小时。挨批挨斗,若无事然,照样吃得,照样睡得。不吸烟,不嗜酒。坚持锻炼身体,并有从师习武的童子功,收藏兵器的爱好。得享高寿,岂是偶然。

近十余年来,他只在上午著作。下午闭目静坐,时而嘴唇微动,是无声的说话,也就是构思。次日上午,乃能滔滔不绝地口授。早晨收听广播,下午听人读报,视为"功课"。加以思索,乃能通晓时务。他为一位老同事九十寿辰作的贺词中说:"多活几年,可以多见一些世面,多懂一些道理:此其可庆幸者。"这就是旧日讲究的"阅历"功夫。有些人"历"而不"阅",虽然年迈,不见长进。先生既历又阅,持之以恒,直到最后的日子,仍能"又懂得很多道理"。

恩格斯有段话说歌德有时非常伟大,有时极其渺小;有时是天才,有时是庸人。这段话的深层意义,若与中国思想"格义",只能是要说极高明而道中庸。又闻印度圣雄甘地墓碑刻有 SIMPLE LIVING, HIGH THINKING 字样,亦与"极高明而道中庸"相通。

极高明而道中庸,则生亦顺化,死亦顺化,毫无芥蒂萦怀,所以超越死生。

至于我,若作为形上学的存在,对先生自然"太上忘情";若作为社会学的存在,对先生当然别有深哀:言不尽意。

我作了一副挽联:

"为天地立心,为生民立命,求仁得仁,安度九十五岁。誉之不加劝,非之不加沮,知我罪我,可凭四百万言。"

此联承 Diane B. Obenchain(欧迪安)教授英译为:
For the sake of Heaven and Earth established heart-mind;
For the sake of the people established life's calling;
Seeking benevolence achieved benevolence;
Peacefully crossed over at the age of ninety-five.

Praising does not add encouragement;
Blame does not add discouragement;
"Understanding me or condemning me—These can find their basis in my works of four million words."

(发表于《光明日报》1991年6月《哲学》专刊,收入北京大学出版社1993年出版的《冯友兰先生纪念文集》)

儒学与当代生活

(1992年)

一

蔡元培在巴黎考察时,有一位在外省的老学生来信求见。傅斯年主张不见,因为此人历来难缠,还可能要钱,而蔡氏自己也拮据。蔡氏对傅氏背了一段《论语》:"人洁己以进,与其洁也,不保其往也。与其进也,不与其退也,唯何甚。"(前十四字,本在"唯何甚"之后,蔡氏照朱熹的意见把它们提到前面。)这段话出于《述而》篇,"互乡难与言,童子见,门人惑",孔子为解惑而说。意思是说,人家过去不干净,现在来了是干净的,就要赞成他干净,不死扣他的过去。要赞成他前进,不赞成他后退,何必太过分呢。当时傅氏深受感动,体会到《论语》原来应当这样读。我读了傅氏的回忆,则体会到儒学在此时此地此事中的真实存在(real existence)。

"文化革命"中我冷眼观察,看出当时许多人的情绪、思想、行动,很合乎老庄哲学。这些人有的并不知老庄其人,读其书者更少。可是他们很合乎老庄的超越精神。老实说,若不超越一些,他们就简直不能活下去。有人寻了短见,有个重要原因就是他无见于老庄。从这方面看,显然是老庄哲学保存了这些人士。我则体会到,道家哲学在其时其地其事中的真实存在。

我由此悟出一个道理,一个方法论的道理,就是:怎样判断一种学说还存在不存在?不看它还有没有书,也不看它还有没有人讲,只看它在处理现实矛盾(即问题)时还有没有人用。如果在处理现实矛盾时还有人用它,它就在此时此地此事中真实地存在着。

毛泽东说:"如果有了正确的理论,只是把它空谈一阵,束之高阁,并不实行,那末,这种理论再好也是没有意义的"(《实践论》,见《毛泽东选集》第二版第一卷第292页)。又说:"任何思想,如果不和客观的实际事物相联系,如果没有客观存在的需要,如果不为人民群众所掌握,即使是最好的东西,即使是马克思列宁主义,也是不起作用的"(《唯心论历史观的破产》,见同上书第四卷第1515页)。这都是颠扑不破的真理,说的是理论怎样才有意义,思想怎样才起作用。我则体会到,要理论有意义,要思想起作用,首先要它们有真实的存在。就说马列吧,如果一个人满架马列,满口马列,但在处理矛盾时用的不是马列,则马列在其时其地其事中不仅没有意义,不起作用,而且根本没有真实存在。一切理论,一切思想,无不如此。

这就是我们的,即广大人民群众的,判断理论思想是否真实存在的,方法论。

二

冯友兰在1947年用英文写的一篇文章中说,美国是 United States of America(美利坚合众国),传统的中国是 United Families of Asia(亚细亚合众家)。这并非戏论,这是他多年观察、比较、思索、体验的结论。他断定中国的传统社会以家为本。

孙中山在其三民主义的民族主义中,主张联家族为民族,联民族为国族,国族即中华民族。他这是主张中国在反对外国民族侵略的力量大联合中以家为本。他这是断定中国的当代社会也以家为本。

"当代"与"现代"是两个不同的观念:"当代"是就时间说,"现代"是就生产力说。若承认这个不同,就能看出一个当代社会,很可能还不是一个现代社会,例如当代中国还有实现现代化的历史任务。

中国社会在实现现代化以前,无论从生产力看,或从生产关系看,都是以家为本。在传统社会的初期,为保护和巩固以家为本,产生了孝道。

儒家将孝道提到天经地义的高度。《孝经》说:"子曰:夫孝,天之经也,地之义也,民之行也"(《三才》)。此章题曰"三才",是将人(民)之行与天之经、地之义并列为三,意谓人之行孝,就是德配天地,从而将人提到"与天地参(三)"(《礼记·中庸》)的高度。此可谓孝道的形上层次。

《礼记》说:"居处不庄,非孝也;事君不忠,非孝也;莅官不敬,非孝也;朋友不信,非孝也;战阵无勇,非孝也"(《祭义》);还要补上重要的一条:服田不力,非孝也;没有这一条就没有吃的,别的都谈不上了。我补这一条是有根据的,根据是汉初基本国策"孝弟力田"。"力田"是经济基础,"孝弟"是上层建筑,四个字完整而准确地道出了以家为本的社会特征。把以上各条综合起来,就是"以孝治天下"(《孝经·孝治》)。此可谓孝道的社会层次。

《论语》说:"子游问孝。子曰:今之孝者,是谓能养。至于犬马,皆能有养,不敬,何以别乎!""子夏问孝。子曰:色难。有事,弟子服其劳;有酒食,先生馔:曾是以为孝乎!"(均见于《为政》)事亲要供养服劳,更要恭敬,和颜悦色。此可谓孝道的生活层次。

《孝经》有《谏诤》章,全文如下:

> 曾子曰：若夫慈爱恭敬，安亲扬名，则闻命矣。敢问子从父之令，可谓孝乎？
>
> 子曰：是何言欤！是何言欤！昔者天子有争臣七人，虽无道，不失其天下；诸侯有争臣五人，虽无道，不失其国；大夫有争臣三人，虽无道，不失其家。士有争友，则身不离于令名。父有争子，则身不陷于不义。故当不义，则子不可以不争于父，臣不可以不争于君。故当不义，则争之；从父之令，又焉得为孝乎！

这一章从根本上改革了"父为子隐，子为父隐"（《论语·子路》）、"父子之间不责善"（《孟子·离娄上》）的原则；也比"事父母几谏，见志不从，又敬不违，劳而不怨"（《论语·里仁》）的态度理直气壮得多；它认为无条件的单方面的"子从父之令"，不可谓孝；特别是明确提出"当不义则争之"的原则，突出争臣、争友、争子的作用，使父子君臣关系在某种程度上能够开放搞活。此可谓孝道的防腐机制。也可见儒家论孝，本身就是发展的。

以上立论限于传统社会，讲的是孝道在传统社会中的意义。但孝道的意义，并不限于传统社会。

三

孝道是处理子女与父母的关系的原则，是处理后代与祖先的关系的原则。子女与父母的关系，后代与祖先的关系，这些关系存在于人类社会，并不限于传统社会。也就是说，只要有人类，就有子女与父母的关系，后代与祖先的关系。处理这种关系，总是有个原则，不管你叫不叫孝道，它事实上是孝道。事物是发展的，孝道也是发展的，发展到当代，其内容，其形式，都经过新陈代谢，但还是孝道。

比方说，上文陈述的儒家论孝道的形上层次、社会层次，我们都要接着讲，不要照着讲。其生活层次，我看还要照着讲。其"当不义则争之"的防腐机制，也还要照着讲。

"五四"新文化运动的代表人物，胡适、鲁迅，都是批判孝道的名将，又是出名的孝子。他们批判的是传统社会的孝道，他们实行的是人类社会的孝道，精确一点说，他们实行的是存在于当代社会中的人类社会的孝道。他们都是幼年丧父，事母至孝，令人感动而敬佩。

在儒家学说中，上文只谈了一点它的孝道，举此一隅，希望有助于类推其他各隅。

我们的生活，是处理天人关系、人际关系、身心关系的总过程。这些关系表现为各种各样的矛盾（即问题），好在人类也就有（并还在创造）各种各样的理论和思想，供我们处理矛盾（即问题）时使用。使用的是某种理论或思想，则此种理论或思想，即在此时此地此事中真实地存在着。无论如何，儒学总也不愧为各种各样的理论和思想之一，总也可以按照上述原则，而在当代的某时某地某事中有其真实存在。

（作于1992年3月，"儒学与当代社会"国际学术讨论会论文）

关于参加儒学国际讨论会的汇报

(1992年7月15日)

世炎同志①并校领导：

此次到西安参加儒学国际讨论会，自7月2日至7日，开了6天，据会议总结时列举，涉及的问题达30之多，兹就几个问题汇报如下：

一、儒学现在还存在吗？会上提出了怎样看一个学说是否真实存在的方法论问题。这不看它还有没有书，也不看它还有没有人讲，只看一条，就是在解决问题（处理矛盾）时，还有没有用，还有没有人用。会上有两篇讨论孝道的论文，以孝为例，说明只要还有人类，就有子女与父母的关系，处理这个关系的原则，无论把它叫什么，总归是孝道。儒家的《孝经》是封建社会的意识形态，是个特殊，但特殊中含有一般，即含有人类社会意识形态的共同成分。胡适，鲁迅，都是批判孝道的封建成分，同时实行其人类共同成分，都是有名的孝子。只要还有人以孝事亲，则孝道的儒学便在此人此事中有其真实存在。不光儒学，一切学说的真实存在，皆在于用它解决问题的运用过程之中。

二、儒学在当代社会中有何功用？据台湾辅仁大学哲学系主任

---

① 梅世炎，时任华中理工大学党委副书记。

黎教授在会上报告,台湾四十多年来,蒋氏父子和李登辉亲自抓孔孟学会活动;孔子裔孙孔德成主持儒学研究;以儒学为学校德育课本的重要内容;师范院校学生必修《论语》,不及格者不得毕业;工商界处理公关及劳资关系均标榜儒学;至于家内关系则更重儒学,孝弟为本。他认为台湾之有目前局面,其得力于儒学者甚大。他的报告引起人们议论:既然儒学在台湾对于发展资本主义有用,那末在大陆对于建设社会主义文明,会不会也有用?

三、儒学在当代社会哪个领域最能起作用?美国北爱渥华大学J.B.罗宾孙教授在其论文《儒学对宇宙论与伦理学的综合及其现代应用》中,着重以汉儒董仲舒天人相副之说为例,论述以宇宙论的金木水火土,与伦理学的仁义礼智信,相副而综合之,使人类五德以宇宙五行为基础,这与西方学说大不相同。他说西方思想的习惯,认为伦理学系统对于自然界秩序是独立的自主的,故而广泛流行无根之感及异化、颓废的情绪。若董氏之学,则使五德扎根于五行,牢靠极了。而且不需要西方上帝观念。原来宇宙秩序与社会秩序大体一致,故天人可以感应,人类可以有天人合一的道德生活。可见儒学可能是医治西方的良方(Confucianism may be a precious resource to the West),与全人类相关,对全人类有价值(relevant and valuable to all humanity)。他的话是一个西方人对儒学的感受。董氏的天人感应学说近四十年来在大陆批得臭不可闻,西方人却从其中发现珍宝!无论如何,儒学在当代社会的道德领域最能起作用:这是大家的共识。

四、儒学需要"革故鼎新"。这是中国哲学史学会会长张岱年教授提出的主张。简言之,儒学需要改革。人们大都认为,儒学就是"人学",它重视人,教育人,把人提到"与天地参(三)""万物之灵"的高度。这是值得弘扬的。但是不能到此为止,还要进一步追问:作为

"人学"的"人",是个体,还是共相?儒家,主张"正名",提出"君君,臣臣,父父,子子",前一个"君""臣""父""子"是指个体,后一个"君""臣""父""子"是指共相,这是要求个体符合共相,以共相为本。在形上学层次以共相为本,则在伦理学层次导致以理杀人,如清儒戴震所说。所以会上有人指出,儒学的革故鼎新,应是革"以共相为本"之故,鼎"以个体为本"之新:这是儒学改革在形上学层次的根本内容。只有如此,儒学才能在建设社会主义文明中发挥积极作用。

今年我奉命指导日本东洋大学派来我校的研究生,感到日本学生的中国传统文化素养,比同档次的中国学生强得多,内心甚为不安。参加此次讨论会,无限感慨,尤为不安。我现在建议,开点"儒学原著选读"课,让学生直接(不是间接)接触儒学,同时开点"道家原著选读"课,以资比较。

是否有当,敬希指示。

涂又光

1992年7月15日

Some Possible Contributions

(1995)

Foreword

The theme of our present congress, the 9th International Congress in Chinese Philosophy, is: Chinese Philosophies as World Philosophies. The wording of this theme reminds me of my late teacher, Professor Feng You-lan (Fung Yu-lan)'s saying that there is no philosophy as such, there are philosophies only (*Philosophy of Life*, Commercial Press, Shanghai, 1926, p. 14). By means of analogy, we may say that there is no Chinese philosophy as such, there are Chinese philosophies only, and there is no world philosophy as such, there are world philosophies only. Be it so, we may still make use of the term "Chinese philosophy" as the general name of Chinese philosophies, and the term "world philosophy" as the general name of world philosophies.

In so doing there appears a philosophical significance of great importance.

In the last chapter of *Zhuang-zi* (*Chuang-Tzu*), of which the author regarded all of the main schools hitheito (the pre-Qin period) as Chinese philosophies, then he could see the characteristics of each school and the contributions made by each system to the Chinese philosophy. This is a methodology. The tradition of this methodology, through Sima Tan's "*On Essentials of the Six Schools*" and the like, lasted until the *Biographies* of and the *Quotations* from the Song-Yuan-Ming philosophers compiled by Huang Zong-xi and otheis were accomplished.

In his *History of Chinese Philosophy*, Professor Feng regarded all of the main philosophical systems in Chinese history as world philosophies, thus he could see the characteristics of each system and the contributions made by each system, if indeed made, to the world philosophy. To regard Chinese philosophies as world philosophies, has been a methodology by which Chinese philosophy is going towards the world, and her possible contributions to the world philosophy may be seen. In this sense, what I am trying to do in this paper is a continuous effort after Professor Feng.

To my mind, the possible contributions made by Chinese philosophy to the world philosophy may be summed up in a synthesis of individual-as-basis in ontology and oneness-of-individual-with-universe in epistemology. In order to explain what I mean by this synthesis I had better start off with the problem of taproot in Chinese philosophy.

Taproot

If Chinese philosophy has a taproot, there are two books: *Lao-zi* (*Lao-tzu*) and *Lun Yu* (*Analects of Confucius*), which may be the competitors running for this taprootship. Through examination and investigation it is evident that *Lao-zi* is a philosophical book, while *Lun Yu* is an educational book without a qualification as a competitor for it.

Being an educational book, the *Lun Yu* has also its philosophical thought, of which the root is *Lao-zi*, with its manifestation in the highest sphere of the theories of both teaching and learning. The highest sphere of the theory of teaching in the *Lun Yu* is "teaching without saying" (*Lao-zi*, chs. 2, 41). It runs in the *Lun Yu*, "Confucius said, 'I wish to say nothing.' Zi-gong said, 'If you say nothing, what can we little disciples transmit?' Confucius said, 'Does heaven say anything? The four seasons run their courses, and all things produce themselves. Does Heaven say anything?'" (*Lun Yu*, 17:19) The highest sphere of learning described in *Lun Yu* is Zeng Dian's statement on his own ambition, which runs, "In the late spring, when the spring dress is ready, I would like to go with five or six grown-ups and six or seven young boys to bathe in the Yi River, enjoy the breeze on the Rain Dance Altar, and then return home singing." (*Lun Yu*, 11:25) Zeng Dian's ambition is nothing but "learning without learning" (*Lao-zi*, ch. 64), which causes that "Confucius heaved a sigh and said, 'I agree with Dian.'" (*Lun Yu*, 11:25) Now it is clear that the taproot of educational philosophy in *Lun Yu* is *Lao-zi*.

Another Confucian classic of education, even more special than the *Lun Yu*, is *Xue Ji* (*Recode of Education*, the 18th chapter of *Li Ji* [*Book of Rites*]), of which the conclusion is laid in its last two sections. It reads:

> Drum has no place in the five sounds, which can not be harmonious without drum. Water has no place in the five colours, which can not be bright without water. Learning has no place in the five officials, which can not rule without learning. Teacher has no place in the five degrees of mourning, which can not be signs of love without teacher.

Drum, water, learning, and teacher are non-beings respectively to five sounds, five colours, five officials, and five degrees of mourning, but it is just these nong-beings that arouse their functions of harmony, brightness, rule, and love. That is to say, "being is functioning through non-being"(*Lao-zi*, ch. 11).

The last section of *Xue Ji* reads:

> The superior man has virtue too great to be an official. [i. e. He is suited for (to be) a king.] He has Tao too great to be a concrete thing. He has trustworthiness too great to make an agreement. He has opportunities too great to be equal to everything. [i. e. Opportunities could not be equal to everything. As Kong Ying-da commented here, inequality is the basis of equality.]

These sayings remind us of such sayings in *Lao-zi*: "The great square has no corners"(ch. 41) and "What is most perfect seems to be incomplete"and so forth (ch. 45). Thus the taproot of Confucian philosophy of education in *Xue Ji* is also *Lao-zi*.

The Confucian School had no pure (i. e. without a modifier as educational) philosophy until the *Yi Zhuan* (*Commentaries on the Book of Changes*) appeared.

The basis of the *Yi Zhuan* is its theory of Tao, of which the typical expression is that"What is without form is Tao; what is with form is Qi (tool, a concrete thing)". (*Xi Ci* [*Appended Remarks*], p. 1, ch. 12). The system of Tao in the *Yi Zhuan* is that:

Yin and Yang were established as the Tao of Heaven, Rou (weak) and Gang (strong) as the Tao of Earth, and Ren (humanity) and Yi (righteousness) as Tao of man (*Shuo Gua* [*Remarks on Certain Trigrams*], ch. 2). Now let us investigate the frequency of the characters Tao vs. Qi, Yin vs. Yang, Rou vs. Gang, and Ren and Yi in the *Lao-zi*, *Zhuang-zi*, *Lun Yu* and *Mencius*.

"Tao is eternally non-being with a name of Pu (Uncarved wood)"(*Lao-zi*, ch. 32). "When it is broken up, Pu is transformed into Qi (Concrete Things)" (*Lao-zi*, ch. 28). "It is the carpenter's crime to break up Pu and transform it into Qi"(*Zhuang-zi*, ch. 9). In the *Lao-zi* and *Zhuang-zi* we find out an opposition of Tao vs. Qi, which can be found neither in the *Lun Yu*, nor in the *Mencius*. In the *Lun Yu*, the character Tao appeared 60 times, of which neither is in opposition to the character Qi; the character Qi appeared 6 times, of which neither is in opposition to the character Tao. In the *Mencius*, the character Tao appeared 140 times, of which neither is in opposition to the character Qi; the character Qi appeared 7 times, of which neither is in opposition to the character Tao.

"All things carry the Yin and embrace the Yang" (*Lao-zi*, ch. 42). This saying shows us an opposition of Yin vs. Yang. In the *Zhuang-Zi*, the compound word "Yin-Yang" appears 23 times. But in the *Lun Yu* and *Mencius*, such opposition of Yin vs. Yang or combination of them never appears.

As to Rou vs. Gang, in the *Lao-zi* and the *Zhuang-zi* we find that "Rou Ruo (the tender and the weak) overcome Gang Qiang (the hard and the strong)" (*Lao-zi*, ch. 36). "All the world knows that Rou overcomes Gang, but none can practice it" (*Lao-zi*, ch. 78). "Be able to be both Rou and Gang" (*Zhuang-zi*, ch. 14) and "Rou softens up Gang Qiang" (*Zhuang-zi*, ch. 11). But in the *Lun Yu* and the *Mencius*, such opposition of Rou vs. Gang can never be found.

By means of an investigation of the linguistic elements mentioned above, we can draw a conclusion that, in the Tao system of *Yi Zhuan*, the general statement of Tao, the Tao of Heaven, and the Tao of Earth, are derived from the categories of the *Lao-zi* and the *Zhuang-zi* rather than the *Lun Yu* and the *Mencius*.

Lastly, it is the turn of Ren and Yi. In short, both the *Lao-zi* and the *Zhuang-zi* are containing Ren and Yi through negating them, as is shown in the *Lao-zi*, chapter 38, and in the *Zhuang-zi*, chapter 13. But in the *Lun Yu* and the *Mencius*, Ren and Yi are developed to the utmost without reserve. On such a background the theory of Tao in the *Yi Zhuan* still remains to be a Confucian philosophy in spite of the fact that its taproot may be traced back to the *Lao-zi* and the *Zhuang-zi*.

Philosophical Epistemology

It is generally recognized that what philosophy investigates is the whole of universe while what a certain science investigates is a part of universe. However, the whole of universe can not be thought of or spoken of, because when a thinker or speaker intends to think of or speak of the whole of universe, what he thinks of or speaks of is actually universe minus this thinking or speaking. It is evident that universe minus this thinking or speaking is not the whole of universe. Therefore, what we have done in philosophy is nothing but to think of what can not be thought of or to speak of what can not be spoken of. This fact finds expression in the first sentence of the *Laozi*:

   Tao that can be spoken of is not the constant Tao.
Through a logical conversion we have:

   Tao that can not be spoken of is the constant Tao.
This is just what is mentioned above.

When we think or speak, our mode of thinking or speaking is the dichotomy of subject-object. The thinker or speaker is the subject. What he/she thinks of or speaks of is object. When the object is a part of universe, the dichotomy of subject-object is in common use. But in the case of the whole universe, since there is nothing outside universe, it is impossible to set up a subject in opposition to universe. In other words, dichotomy of subject-object fits science rather than philosophy.

Instead of the dichotomy of subject-object, the oneness of individual with universe is the mode through which an individual becomes one with universe in the state of mind. Through the scientific dichotomy of subject-object we increase our knowledge. Through the philosophical oneness of individual-universe we elevate our state of mind. In terms of the *Zhuang-zi* (ch. 22), the former (science) is Zhi Tao (knowing Tao), while the latter (philosophy) is Ti Tao (embodying Tao). When someone is knowing Tao, he and Tao are two things, and the consequence is an increase of his knowledge. When someone is embodying Tao, he becomes one with universe in state of mind, and the consequence is an elevation of his state of mind.

In epistemology, there are scientific epistemology and philosophical epistemology. Scientific epistemology, to which Zhi Tao belongs, with the mode of dichotomy of subject-object, prevails as the mainstream in the West. Philosophical epistemology, to which Ti Tao belongs, with the mode of oneness of individual-universe, prevails as the mainstream in China. In the strict sense, scientific epistemology is rather science than philosophy, while philosophical epistemology is rather theology than philosophy. By theology I mean the most philosophical philosophy which deals with the problem of how to become one with universe in an individual's mind, like theology deals with the problem of becoming one with God.

How does an individual become one with universe? An individual becomes one with universe only psychically, not physically. Physically, every individual has an independent and separate body and never becomes one with another individual, needless to say universe. But psychically, an individual is able to become one with universe through transcending self or extending self. Transcending self, such as Zuo Wang (sitting in forgetfulness, *Zhuang-zi*, ch. 6), may be regarded as negative method. Extending self as from Ji Yi (accumulation of understanding, *Mencius*, 2a:2) to Wan Wu Jie Bei Yu Wo (all things are already complete in oneself. *Mencius*, 7a:4), may be regarded as positive method.

In the contemporary Chinese philosophy, while constructing his theory of sphere of living, Feng Youlan used both positive method and negative method. According to this theory, the sphere of living is elevated by means of promoting understanding, which is positive method; whereas the elevation of living to its apogee is to identify individual with universe, that is, to cross the boundary between all of opposites through negation of reason and intellect, which is negative method (see Feng You-lan's *Chinese Philosophy and a Future World Philosophy*, the *Philosophical Review*, November 1948, pp. 543-544).

By these methods if a man has become one with universe, then does he eat anything, say, meat? Concerning this question, Mencius once said:

> With regard to beasts, if a superior man ever sees them alive, he can not bear to see them to be killed; and if he ever hears their roaring with pain of being killed, he can not bear to eat their meat. Therefore the superior man keeps his distance far from slaughterhouse (*Mencius*, 1a:7).

This saying is rather realistic than philosophical.

Wang Yang-ming (1472-1529) was probably the first Chinese philosopher who discussed this problem in detail. In his *Chuan Xi Lu (Record of Instructions)*, it runs:

> It was asked: "If the great man has a common unity with other things, why is it that the *Da Xue (Great Learning)* refers to what is Hou (more important) and Bo (less important)?"
>
> The Master replied: "It is a natural principle that there should be things of greater and lesser importance. The body, for example, is a unity, but if we use the hands and feet to defend the head and eyes, does that mean that we belittle the importance of the hands and feet? It simply means to accord with this natural principle. Thus though animals and plants are both to be loved, we nevertheless endure the fact that we make use of plants to nourish the animals. And though men and animals are both to be loved, our minds nevertheless endure the fact that we butcher animals to feed our parents in life, to sacrifice to them after death, and entertain guests. ... What the *Da Xue* says about Hou and Bo is a natural principle within our Liang Zhi (intuitive knowledge), and may not be transgressed...."

To this question Wang's answer is "Yes" and that "It is a natural principle".

It seems that Wang's saying is more philosophical than Mencius', yet is not philosophical enough. To my mind, to become one with universe belongs to psychical level, while to eat meat belongs to physical level. The former is a problem of philosophy while the latter is a problem of science. Each has its own unique principle but does not share a common principle with the other.

In terms of Plato's *Apology*, "the greatest improvement of the soul" is the only task of our philosophical epistemology. In Plato's *Apology* Socrates says:

> Men of Athens, I honour and love you; but I shall obey God rather than you, and while I have life and strength I shall never cease from the practice and teaching of philosophy exhorting anyone whom I meet and saying to him after my manner: "You, my friend,—a citizen of the great and mighty and wise city of Athens,—are you not ashamed of heaping up the greatest amount of money and honour and reputation, and caring so little about wisdom and truth and the greatest improvement of soul, which you never regard or heed at all?" (*Apology* 29D-E)

If "universe" is used in place of "Athens", this passage is just what I want to dedicate to our world.

Individual as Basis

The supreme principle of the *Lao-zi* is expressed in a proposition (ch. 25):

Tao imitates Zi-Ran (self-so).

In Chinese, Zi-Ran is not a word of two syllables, but is a structure of subject-predicate, of which the subject is Zi (self), and the predicate is Ran (so). In the Lao-zi, there are many such structures as Zi-bin (self-submission), Zi-jun (self-equalization), Zi-ding (self-stabilization), Zi-hua (self-transformation), Zi-zheng (self-rectification), Zi-fu (self-enrichment), and Zi-pu (self-simplication), which are the various manifestations of Zi-ran. A more systematic and concentrated exposition we find in the chapter 57 of the *Lao-zi*:

So the sage [the ruler] says:

As I do nothing the people undergo their self-transformation.

As I love tranquility the people undergo their self-rectification.

As I make no trouble the people undergo their self-enrichment.

As I have no desire the people undergo their self-simplification.

This passage may be reduced to one sentence:

As I do nothing the people undergo their Zi-ran.

As soon as we open our eyes we see that everything that exists is an independent and separate individual. Each individual is a self of its own. According to the *Lao-zi*, the existence and transformation of the Tao is nothing but those of the individual selves of all things.

There are many species in the world and many organizations in human society. The existence of each species and organization depends on the existence of its members. In other words, the basis of collective is individual. The duties provided for by collectivism can be carried out only through individual. Our collectivists had better always remember what the basis of collective is and who the practitioner of collectivism is.

The aim of the *Lao-zi*, especially of the *Zhuang-zi*, is to free the individuals from all of the restraints and fetters no matter where they come from, even though from the distinctions of this and that, of right and wrong, of word and idea, in one word, from intellect and reason. In the chapter 9 of *Zhuang-zi* it runs:

> The people have certain natural instincts—to weave and clothe themselves, to till and feed themselves. These are common to all humanity, and all are agreed therein. Such instincts are called "Heaven-sent".
>
> And so in the days when natural instincts prevailed men moved quietly and gazed steadily. At that time, there were no roads over mountains, nor boats, nor bridges over water. All things were produced, each for its own proper sphere. Birds and beasts multiplied; trees and shrub grew up. The former might be led by the hand; you could climb up and peep into the raven's nest. For then man dwelt with birds and beasts, and all creation was one. There were no distinctions of good and bad men. Being all equally without knowledge, their virtue could not go astray. Being all equally without evil desires, they were in a state of natural integrity, the perfection of human existence.
>
> But when Sages appeared, tripping up people over charity and fettering them with duty to their neighbour,

247

doubt found its way into the world. And then, with their gushing over music and fussing over ceremony, the empire became divided against itself. (Lionel Giles, *Musings of a Chinese Mystic*, pp. 67-68. We should change "empire" for "world" according to the original of *Zhuang-zi*.)

On a superficial view this passage is a strong attack against culture and civilization, and an obstinate calling to turn back to barbarism. But in a deep view this passage is no other than an argument for getting rid of all fetters in order to create the spirit of Zhen Ren (true man), Zhi Ren (perfect man) and Shen Ren (spiritual man), as are described in the first chapter and sixth chapter of the *Zhuang-zi*.

Throughout the history of ontology in Chinese philosophy, there are two different orientations, namely, an orientation with categories of Tao (way) and De (virtue), and another orientation with categories of Tao (way) and Li (principle). The former is Taoistic and the latter is Confucian. In Taoism, the category Tao is used to explain why and how all things come into being while the category De is used to explain why and how individuals come into being. In fact, all things are equivalent to individuals. Taoistic ontology never talked about Lei (class), perhaps because, according to Taoism, Lei itself does not come into being (in space and time), but comes into being only through the existence of its component individuals. Thus Taoistic ontology may be conceived of as an ontology of individuals. As for Confucian ontology, especially as it was in the Song and Ming Dynasties, Li (principle) was stressed as an category to explain why and how Lei (class) comes into being, and Li Xue (learning of principle) achieved great success at the expense of individuals, because it failed to explain why and how individuals come into being, hence individuals had no standing in it. Its catastrophic consequence, just as Dai Zheng (1723—1777) said, is "killing man with Li." Thus Confucian ontology may be conceived of as an ontology of Lei, or of universals.

If individual is indeed the basis, how should we treat individual?

A Nuclear Reactor

To get rid of fetters means to release energy.

The structure of Chinese philosophy is like that of a nuclear reactor. Through fission or fusion, each atom within a reactor releases its energy, just as through getting rid of fetters each individual in human society releases his energy. This is the heart of the matter. To release energy of individuals is the fundamental function of Taoism.

In order to release atomic energy, a reactor must be controlled with a shell. In comparison with human society, there is a soft shell—morality, at which Confucianism is good. This is the fundamental function of Confucianism. In addition to the soft shell, there is a hard shell—legal system, at which Legalism is good. This is the fundamental function of Legalism.

As a whole, these three main schools of Chinese philosophy have constituted a structure like a nuclear reactor in motion for over two thousand years. The idea of this structure can be traced back to the 13th of chapter of *Zhuang-zi*, which says:

> Therefore those of old who made manifest the great

Tao (way), first made manifest Tian (heaven), and Tao (way) and De (virtue) came next. Tao and De being made manifest, Ren (humanity) and Yi (righteousness) came next. Ren and Yi being made manifest, Fen (position) and Shou (responsibility) came next. Fen and Shou being made manifest, Xing (figure) and Ming (name) came next. Xing and Ming being made manifest, Yin (reliance) and Ren (employment) came next. Yin and Ren being made manifest, Yuan (pardon) and Sheng (abolition) came next. Yuan and Sheng being made manifest, Shi (right) and Fei (wrong) came next. Shi and Fei being made manifest, Shang (reward) and Fa (punishment) came next.... This is great peace, the acme of good management.

It is evident that Tian, Tao, De belong to Taoism; Ren, Yi belong to Confucianism; and Fen, Shou and the following belong to Legalism. This is a structure of nine phases more complex than that of three elements mentioned before.

Concluding Remarks

An individual man is definite both physically and psychically. But in the state of mind he can be infinite through his oneness with universe, which is what we call philosophical epistemology. Everything that exists is an independent and separate individual, through which the existence of class is realized. This ontology takes individual as basis. That those who become one with universe in the state of mind are just in their existence makes manifest the synthesis of this ontology and this epistemology. Being put into practice this synthesis has made contributions to Chinese people and hence some possible contributions to the world.

(*To the Ninth International Congress in Chinese Philosophy, Boston, 1995*)

关于出席第九届国际中国哲学大会的汇报

(1995年9月)

华中理工大学　校领导：

此次奉派前往美国，出席第九届国际中国哲学大会（The Ninth International Congress in Chinese Philosophy），颇有收获，汇报如下。

此会由国际中国哲学会（The International Society for Chinese Philosophy，简称 ISCP，总部在夏威夷大学）与波士顿大学联办，今年8月4至8日在波士顿举行。到会注册者120人，其中华人77人，我国大陆去了41人，台湾去了10人，海峡两岸同行一起从容论道，没有"两个中国"之类的表现。

大会8月3日注册报到，4日上午开幕，波大当局致词欢迎，热情简短，即由本届主席宣读他的论文，然后合影留念。没有宴会，没有礼品，没有游览：开会就是开会。

会议共分34场，每场安排发言者2至3人，几个会场同时进行，每场一个半小时，听众自选参加，有一批听众是没有注册的当地旁听学生。

会议使用汉语和英语，但会上印发的东西没有一个汉字，连华人姓名也只有拼音字母，除了熟知的人士，就不知道是哪个汉字，这是一个遗憾。

8月8日闭幕式上人们充分肯定了大会的收获,但没有对讨论的问题作出结论,留待继续讨论。闭幕前商定:第十届大会1997年在汉城举行,第十一届大会1999年在台北举行。

会上分发了两本论文集:一本是第八届大会(1993年在北京举行)论文集,书名《中国智慧透析》,内有拙文《主根·主干·砧木·果实》;一本是在夏威夷办的英文 Journal of Chinese Philosophy(《中国哲学杂志》)第二十一卷第三、四期合刊,内有拙文 Universals and Individuals。都是经费艰难,只给作者发书纪念,作者们亦不计稿酬。

本届大会主题是 Chinese Philosophies as World Philosophies,若用 Philosophy,就只有一个意思,就是把中国哲学当做世界哲学;现在用 Philosophies,就另有深意,就是无论中国哲学或世界哲学,都不是单一的一种哲学,而都是并存的多种哲学。虽有此主题,大家还是各讲各的,只有几篇论文提出对世界哲学的设想。设想的正面不一致。设想的负面很一致,就是:不仅无人主张欧美中心主义了,无人主张中国中心主义了,而且无人主张人类中心主义了。正是人类中心主义,导致生态的破坏。为了反对人类中心主义,有人提出,中国佛学天台宗"非情成佛"义值得珍视。《天台二百题》一书以"草木成佛"为题,以问答形式,阐明此义。人类不仅与动物,而且与植物、矿物,本为一体,所以人类不应自居中心,一味损物利人,而应维护万物生态大平衡。

将生态平衡推广到文化领域,颇能启发新的思路。泰国东方文化研究院有位学者的论文题为 Cultural Ecologic Balance and the Vitality of Chinese Culture(《文化生态平衡与中国文化的活力》),认为中国文化"活力在于文化生态平衡,这是它保持七千年伟大历史的奥秘。详细解释,有几条原因:(1)中国文化以天地人合一为其人道主义核心,将文化建立在天命和人性的基础上。(2)中国文化以中道指导社会价值,建立家族道德和学优而仕的制度,保持社会和谐合理的前进。(3)中国文化含有鬼神仙佛的多种宗教,确立政权与宗教分离的人道主义原则。在文化中宗教不与人道主义冲突。(4)中国文化使道与器平衡。它以人道主义统领科学技术。(5)中国文化以象形汉字为文化载体。它不因口语变化而死亡。(6)中国文化享有大陆与海洋两种地理环境,形成乐山乐水、有仁有智的双重特色"。这六条他以为是中国文化生态平衡的内容和表现。在此引用它,翻译它,并不意谓它说得完全正确,而在于领会何谓文化生态平衡。再从文化生态平衡的原理,便可以看出,现在(是说现在,不是说历史)我国大陆的文化生态,高等学校的文化生态,华中理工大学的文化生态,很不平衡了。这是危机。只要对此有清醒的认识,要达到新的平衡,也并不困难,有的是办法。

这办法,从哲学上讲,若只用一个字表述,就是"和";若要用两个字表述,就是"中和";若要用三个字表述,就是"致中和"。

所以不难理解,本届大会上,北京大学、清华大学、人民大学三校主要教授的论文都讲"和"。他们不约而同,岂是偶然?"英雄所见略同"故也。

他们是:(一)北大教授汤一介(汤用彤先生之子。本届大会主席。中国文化书院院长),其论文题为 The Conception of Harmony and Its Significance in Chinese Philosophy(《中国哲学中"和"的概念及其意义》);(二)清华教授钱逊(钱穆先生之子。清华思想文化研究所所长),其论文题为《"和"与"争":中西哲学的互补》;(三)人大教授张立文,他在此又一次宣讲了他的"和合学",令人联想到民间悬挂的和合二仙的祥和形象。

"致中和"是句老话,见于《中庸》第一章。其效果是"天地位焉,万物育焉",也就是生态平衡。宋儒张载说:"有像斯有对,对必反其为。有反斯有仇,仇必和而解。"这是讲辩证法。"仇必和而解",也归于生态平衡。争与和相成,仇与和相反,应当也可能争而不仇,终归于和。

"致中和"是中国哲学观念,"生态平衡"是西方科学观念,二者就这样会通了。

这可能也就是发展世界哲学的道路。沿这条路走下去,世界哲学就是多种哲学的集合,不是一种哲学的专名。用逻辑的名词说,"世界哲学"是集合名词,不是专有名词。就目前可见度而言,只能说到这个地步。

此次到会之前,我订下一条原则:在会上跳出华人圈子,着重了解洋人对中国哲学怎么想的,怎么干的。否则和在国内开会一样了。为达到此目的,主要方法仍是仔细研究洋人的论文和发言,个别交谈也要以此为基础。

如此我获得一个总的印象,就是到会的洋人谈中国哲学,总要拉一位西方的大哲学家作中介。当代的海德格尔、萨特、伽达迈尔、德里达、罗蒂,都是他们常拉的人。这样做,朝好处想,是比较研究,中西会通;朝不好处想,则是他们离不了这些中介,他们不能直接理解中国文献的本文。国内目前搞这一行的,能够直接理解古代文献本文的,又有多少人呢?这么一想,对洋人就好谅解了。

比如,有洋人就 truth 和 freedom 两个概念比较庄子与西方哲学。可是,在现存的《庄子》三十三篇中,有哪个词对等于 truth,又有哪个词对等于 freedom? 不用《庄子》原文,只用其英文译文,是根本不行的。于此深感中国学者的任重道远。

与中国人学佛学的经历相比,到会洋人还处于以老庄为中介的

"格义"阶段。

以上汇报,附呈拙作论文,统祈指正。

涂又光
1995 年 9 月

环境哲学

(1999年)

环境哲学是研究和修养"天人合一"的精神境界的学问。环境哲学并不为人提供关于环境的实证知识,提供这种知识是环境科学的事情;环境哲学使人修养对待环境的精神境界,这种境界的内容就是天人合一。环境哲学与环境科学是两种不同种类而又密切相关的学问:没有环境哲学,则环境科学是盲目的;没有环境科学,则环境哲学是空洞的。

环境与人,本为一体,这一体就是构成宇宙全体的万事万物,这种天人合一的环境观,是哲学的环境观;认为环境是在人之外的周围(直至宇宙空间)事物,这种"天人二分"的环境观,是科学的环境观。两种环境观都涉及宇宙,但宇宙一名,在哲学是指其大无外、无始无终的时空,或曰大全,而大全是哲学的对象;在科学是指特定的时空,是物理学及其他有关科学的对象。由于大全无外,人不在大全之外,人与大全不可能有主观与客观的二分关系,所以人的认识大全,不可能是主观对客观的认识,只能是主观客观合一的反思和直观,而由此提升精神境界。但在科学中,人与宇宙则是主观与客观二分的关系,在此关系中,人对观察、实验之所得进行加工制作,成为实证知识。

环境哲学的核心是其形上学。形上学的对象是道,或曰存在。

把道或存在讲出来,讲成理论体系,就是存在论,又名本体论。环境的本体是天人合一体,环境哲学的本体论是天人合一论;专就事物而言,合一于天,专就认识而言,合一于人,再就事物与认识的统一而言,还是天人合一。所谓事物与认识的统一,意味着,在既有事物又有认识时,固然不能离开事物谈认识,同样不能离开认识谈事物。

"天人合一"是环境哲学的总出发点。任何体系的出发点,都不存在证明的问题,因为如果还要证明,它就不是出发点了。但是任何出发点总是一个陈述,一个判断,一个命题,它若不是作为出发点,而是作为陈述、判断、命题,则它的真假,还是必须加以证明的。但是"天人合一"作为陈述、判断、命题,其是真是假则是无须证明的,因为"天"与"人"这两个名词的定义,就是天包括人,人蕴涵天,所以说天人合一,其为真,是天与人的定义早已保证了的,它不过是同语反复,因而恒真。

从天人合一出发,环境哲学得出:宇宙万物,包括人,都是宇宙全体中的平等成员;只要存在,都作为"存在者"成为平等成员,成员资格只此一条,别无附加,例如有无生命之类。这条宇宙万物平等的原则,简称"大平等"原则,是环境哲学第一条最高原则。我们从理智上理解万物平等,从感情上感受万物平等,从意志上坚持万物平等,以至在生活中体现大平等原则,这就是修养天人合一的精神境界。

宇宙万物,都是"存在者",在这一点上固然彼此平等,但是同时彼此"相生相克",有相生的一面,又有相克的一面。在相克方面,甲物吃乙物,乙物吃丙物……癸物吃甲物,这种食物圆圈,也是天然的事实。在此有个平衡问题,既有天然平衡,又有人为平衡,包括适当相克,反而相生,"损之而益"。指导平衡,是"致中和"的原则,调和各方,恰到好处,实现平衡。"致中和,天地位焉,万物育焉",让宇宙万物各得其所,共生共荣。致中和原则是环境哲学又一条最高原则,其中要掌握许多适当限度,如最高限度、最低限度,这些限度的精确数值要靠环境科学确定。

天人合一的精神境界,是无差别的境界。这种境界的精神,若用科学知识的标准看,不是一种知识,而是一种经验、一种体悟。不是科学知识,当然不可能有科学的效用,但是确有另一种效用,使人得到安心立命之地,以天人合一为方向,促进环境科学技术,正确解决环境问题。要达到并常住天人合一的精神境界,有种种方法,大致分为负的方法、正的方法。负的方法是"损",损之又损,以至于无差别。例如宇宙万物,有种种差别,先损掉人与其他动物的差别,再损掉动物与植物的差别,再损掉生物与非生物的差别,如此损下去,终于得到无差别的"存在"和"存在者"。正的方法是"益",益之又益,亦至于无差别。这是"爱的事业",所谓"泛爱"、"兼爱"、"推恩"、"集义"、"大其心"以至"民胞物与",都是增益所爱的范围和内容,终于达到无差别的"同天"境界。虽损虽益,但同时存在,交互使用,相得益彰。这是意志、理智、感情浑然天成的精神境界,不是唯意志论,也不是唯智论或唯情论,更不是唯心论或唯物论。

(1999年为《中国大百科全书·环境科学卷》第二版撰写的词条稿)

老子的环境哲学思想

(1999年)

《史记·老子、韩非列传》云:"老子者,楚·苦县(今河南鹿邑)·厉乡·曲仁里人也,姓李氏,名耳,字聃,周守藏室之吏也"。"居周久之,见周之衰,乃遂去。至关,关令尹喜曰:子将隐矣,强为我著书。于是老子乃著书上下篇,言道、德之意五千馀言而去,莫知其所终"。老子生于西元前570年顷,活了一百多岁。《老子》今本以王弼注本最流行;1973年在长沙马王堆出土帛书本;1993年在荆门郭店出土《老子》竹简,其内容只有今本的五分之二;帛书和竹简是现存的《老子》最古本。

老子的环境哲学思想,中心在于论天人关系。《老子》说:"天道无亲,常与善人"(第七十九章)。"与"犹"亲"也。又说:"善者吾善之,不善者吾亦善之"(第四十九章);"人之不善,何弃之有"(第六十二章)!又说:"圣人常善救人,故无弃人;常善救物,故无弃物"(第二十七章)。天道无所谓善恶,人道才区分善恶。即便区分善恶,圣人心怀天道,对人对物,一概亲之、善之、救之。

《老子》的天人结构(即宇宙结构)是:"人法地,地法天,天法道,道法自然"(第二十五章)。人,抬头见天,低头见地,于是产生天地人"三才"说;加以人格化,于是有天皇、地皇、人皇的"三皇"传说。这些古老说法,已有宇宙结构的意义,但都是感性的想象。《老子》则作出理性的创造:增加一个"道",提出道、天、地、人为"域中四大"(第二十五章)的"四大"说。这是划时代的贡献。各家、各派、各人都把自己的学说称为道,都说是讲道。但讲道非即道家,使道家与其他讲道的人区别开来,在于道家讲的道是"道法自然"。"自然"不是与道、天、地、人四大并列的第五大,不是语言的一个名词,而是语言的一个主谓结构,意思是"自己如此"。《老子》说:"以身观身,以家观家,以乡观乡,以邦观邦,以天下观天下。吾何以知天下然哉?以此"(第五十四章),就是"道法自然"的注解。这个以"道法自然"为特色的宇宙结构论,其中各项,以"法"字循序串联起来。"法"是"仿效"的意思。各项逐层仿效,使这个宇宙结构"混而为一"。如是达到天人合一。

关于"一"的妙用,《老子》说:"天得一以清,地得一以宁,神得一以灵,谷得一以盈,万物得一以生,侯王得一以为天下贞";"天无以清将恐裂,地无以宁将恐发,神无以灵将恐歇,谷无以盈将恐竭,万物无以生将恐灭,侯王无以贵高将恐蹶"(第三十九章)。只要得"一",则宇宙万物达到最佳状态,否则同归于尽,一切毁灭。人类面对的环境问题,形势正是如此。处理环境问题必须"得一",这个"一"表现在人的精神状态上,就是天人合一的境界,所以《老子》说"圣人抱一为天下式"(第二十二章)。

《老子》说:"治人事天莫若啬"(第五十九章)。具体处理人的问题(如社会问题)、天的问题(如自然界问题),以及天人关系问题(如环境问题),没有比"啬"更好的了。啬,就是吝啬,俭过了头。一般人连着说勤俭:生产要勤,消费要俭。《老子》不然,没有连着说勤俭,只突出俭,以俭为"持而保之"的"三宝"之一(第六十七章)。《老子》的意思是,消费要俭,生产也要俭;不只要俭,而要俭过头,要啬,消费、生产都要啬。唯有啬,才"可以长久,是谓深根固柢、长生久视之道"(第五十九章),足以保证可持续的生存与发展。那种疯狂牟利而刺激消费和生产的行为,不过是当代人提前透支超支资源、剥夺后代人生存条件的野蛮行径,早已受到《老子》的反对。

同时,《老子》主张"甘其食,美其服,安其居"(第八十章),不是把这些也"啬"掉,这是一条界线。以此界线为前提,《老子》强调"知足"。《老子》说:"知足者富"(第三十三章),"知足不辱"(第四十四章),"祸莫大于不知足","故知足之足常足矣"(第四十六章)。这样,就有助于把当代幸福与后代幸福统一起来,把这个统一放在可持续发展的基础上。当然,《老子》没有设想人类移民到另外的星球,没有设想人类到另外星球去开发、夺取资源,这的确是《老子》的局限性:可能是觉得春秋战国的人类相砍已经使人受够了,难道还要到另外星球上去相砍不成么?

《老子》提出"为学日益,为道日损"(第四十八章),对于理解和掌握环境科学与环境哲学及其区别和联系,具有认识论上的指导意义;《老子》指出"物或损之而益,或益之而损"(第四十二章),对于通过万物相生相克规律的运用以实现生态平衡,具有本体论上的指导意义。

(1999年为《中国大百科全书·环境科学卷》第二版撰写的词条稿)

庄子的环境哲学思想

(1999年)

《史记·老子、韩非列传》云:"庄子者,蒙(今河南商丘境内,一说今安徽蒙城)人也,名周。周尝为蒙漆园吏,与梁惠王、齐宣王同时。"庄子与孟子同时而稍晚,当战国中期。《庄子》是庄子及其学派的著作汇编,今本是晋代郭象删定的,共三十三篇。

《庄子》说:"通天下一气耳"(《知北游》),碧虚子校引刘得一本,作"通天地之一气耳",又说"游乎天地之一气"(《大宗师》),皆谓宇宙之全为一气。这是气一元论宇宙观,认为"天地与我并生,而万物与我为一"(《齐物论》)。认为天地万物与我为一,是哲学的环境观;认为天地万物是我之外的周围物事,是科学的环境观。简言之,前者认为天人合一,后者认为天人二分。二者的区别,就是环境哲学与环境科学的根本区别。二者的联系,根据在于天与人本是相对而统一,由具有天人合一精神境界的人发展和运用环境科学。

《庄子》说:"道通为一"(《齐物论》)。而物则有分有成,有成有毁。"其分也,成也;其成也,毁也。凡物无成无毁,复通为一。唯达者知通为一"(《齐物论》)。又说:"道通其分也,其成也,毁也"(《庚桑楚》)。分与成是同一个过程,不是分之外另有成,也不是成之外另有分,不过从一方面看是分,从另一方面看是成。成与毁亦然。例如用布做衣服,从布方面看是分了毁了,从衣服方面看是成了,其中分与成、成与毁都是同一个过程。这是从物的观点看物。若从道的观点看物,则"凡物无成无毁,复通为一",因为"道通其分也,其成也,毁也"。凡物的分成毁都是道通着而为一,这就是"复通为一"。既复通为一,再看分成毁已无意义。从物的观点看,分成毁依然存在;从道的观点看,分成毁已无意义。这个道理唯有"达者"知之。由于"道通为一","故其好之也一,其弗好之也一;其一也一,其不一也一;其一与天为徒,其不一与人为徒;天与人不相胜也"(《大宗师》)。这个"道通为一"的"一",人爱它,它是一;人不爱它,它也是一;人知通为一,它是一;人不知通为一,它也是一;人知通为一,属于"天"的水平;人不知通为一,属于"人"的水平。但是"天"与"人"不是谁战胜谁的关系,而是终归合一的关系。

《庄子》说:"何谓天?何谓人?""牛马四足,是谓天;络马首,穿牛鼻,是谓人。故曰:无以人灭天"(《秋水》)。牛马可用而不可灭。"马,蹄可以践霜雪,毛可以御风寒,龁草饮水,翘足而陆:此马之真性也"。"及至伯乐曰:我善治马。烧之,剔之,刻之,烙之,连之以羁绊,编之以皂栈,马之死者十二三矣。饥之,渴之,驰之,骤之,整之,齐之,前有橛饰之患,而后有鞭策之威,而马之死者已过半矣"(《马蹄》)。把马治死了就是"以人灭天"。"若乃任驽骥之力,适迟疾之分,虽则足迹接乎八荒之表,而众马之性全矣。而惑者闻任马之性,乃谓放而不乘","斯失乎庄生之旨远矣"(郭象注)。一方面"无以人灭天",一方面"不以人助天"(《大宗师》)。以人助天,就是揠苗助长(《孟子·公孙丑上》),就是拔高。肯定式的说法是"与天为一","反以相天"(《达生》),"相天"是"辅万物之自然"(《老子》第六十四章),是人力自己如此的反作用。因为"人与天一也"(《山木》),"皆自然也"(郭象注)。

《庄子》说:"昔者海鸟止于鲁郊,鲁侯御而觞之于庙,奏九韶以为乐,具太牢以为膳,鸟乃眩视忧悲,不敢食一脔,不敢饮一杯,三日而死。此以己养养鸟也,非以鸟养养鸟也"(《至乐》)。鲁侯用养他自己的养法养鸟,不是用养鸟的养法养鸟,把鸟养死了。"夫以鸟养养鸟者,宜栖之深林,游之坛陆,浮之江湖,食之鳅鲦,随行列而止,委蛇而处"(《至乐》),即以鸟之自然养之。天地养万物,皆以万物各自之自然而养之,只以甲物之自然养甲物,不以甲物之自然养乙物,反之亦然。动物住的不一样,"孰知正处"?吃的不一样,"孰知正味"?"毛嫱丽姬,人之所美也,鱼见之深入,鸟见之高飞,麋鹿见之决骤,四者孰知天下之正色哉"(《齐物论》)?其实,谁爱住的就是谁的"正处",谁爱吃的就是谁的"正味",谁爱看的就是谁的"正色":各是各的自然,本非一律,不可能强求一律。"是故凫胫虽短,续之则忧;鹤胫虽长,断之则悲"(《骈拇》)。大鹏"抟扶摇而上者九万里",小雀腾跃不过数仞,皆自己如此,各适其性,一样逍遥(《逍遥游》)。宇宙万物的生存状态,能够自己如此,便是最佳。对于万物生态,人力只宜辅佐,不宜破坏,这是环境科学技术根本意义之所在。人力怎么能够辅佐?亦出于人力之自然。

关于修养天人合一的精神境界,《庄子》提出几种著名的方法,其名称是"心斋"(《人间世》),"坐忘"(《大宗师》),还有"撄宁"和"悬解"(均见《大宗师》)。这种精神境界,"独与天地精神往来,而不敖倪于万物,不谴是非,以与世俗处"(《天下》),此之谓"两行"(《齐物论》),而与"极高明而道中庸"(《礼记·中庸》)的境界相通。

(1999年为《中国大百科全书·环境科学卷》第二版撰写的词条稿)

论人文精神

(1996年4月)

人文精神,在中国,在西方,像一轮喷薄而出的海上红日,正在高等教育中升起。这是高等教育发展的必然。

中国高等教育的发展,从传说五帝到清朝末年,可谓"人文"阶段;近百年来,可谓"科学"阶段;正在发展为"人文·科学"阶段。

西方高等教育的发展,在大学兴起以前,是教会主持的"人文"(此"人文"不等于"人文主义"。西方"人文主义"是一个反对教会的流派。尽管受到西方人文主义反对,西方教会仍然主持人文。)阶段;在大学兴起以后,是大学主导的"科学"阶段;也正在发展为"人文·科学"阶段。

西方高等教育,由教会管人文,管灵魂,管德育;由大学管科学,管知识,管智育。西方大学本是行会,是教师行会,是学生行会,是考究职业技能、保护职业利益的行会;后来不是行会了,却保持和发展管智育的传统,与教会配合,构成西方高等教育的整体。

清朝末年开始,中国搬来了西方大学,没有搬西方教会,只搬来西方高等教育整体的一半,即科学这一半,丢下另一半,即人文那一半。就科学这一半,也创造出空前的成绩,使近百年来中国高等教育堪称"科学"阶段而无愧。可是,人文那一半呢?

中国自己有几千年的人文,管灵魂,管德育,管得怎样呢?至少不比西方教会管得差。所以不搬西方教会,是对的,因为中国自己早有一套,这当然不是否定互相学习。中国自己的人文,我是说人文"精神",是中国民族、中国文化的"灵魂",总也应当是"中国特色"的灵魂:是不是呢?我看是。

近百年来,"可为痛哭""可为流涕""可为长太息"的是,中国人文,尤其是人文精神,被中国人(当然不是全部)"批判"、糟蹋、凌辱、摧残、横扫,没有与科学同步发展,而是濒于绝灭,沦为垃圾。于是人失灵魂,恶于癌瘤(当然也不是全部)。物极必反,剥极而复,复兴人文,呼声四起。这是极好消息,是真正值得敲锣打鼓送喜报的"特大喜讯"。

应当看到,近百年来,中国老一辈科学大师,在专修科学之前,已有很高的人文修养。人文修养出人文精神,人文精神造就灵魂。一旦造就灵魂,则任何外力对他的灵魂的任何折腾,他都无动于衷,所谓"造次必于是,颠沛必于是",完全奈何他不得。灵魂主导着他的一生,包括他的科学成就。作为科学大师,他的成就是科学成就,其实是人文精神为主导的成就。所以在老一辈科学大师那里,人文精神不可能绝灭,也就没有绝灭,不仅没有绝灭,仍然发挥主导作用。老一辈科学大师,人数极少,却是"人文·科学"类型的典范。中国高等教育的"科学"阶段有"人文·科学"类型的典范。中国高等教育的"人文"阶段也有"人文·科学"类型的典范,例如墨子、张衡、李时珍、戴震。这些为数极少的"人文·科学"类型的典范,都是中国高等教育发展为"人文·科学"阶段的内在根据。中国高等教育发展为"人文·科学"阶段,固然有外部需要,尤其有内在根据。若没有内在根据,外部再怎么需要,还是发展不成。

在这里,我要把一件事说穿,把一句话说死,好比钉钉子,钉穿了还要回脚,就是:人文不是科学,科学不是人文。

毛泽东说,研究问题,不要从定义出发,要从实际出发。我的理解是,定义再好,也是第二性的,有挂有漏;实际才是第一性的整体,任你研究,取之不尽。

从实际出发,人文就是文、史、哲。我的专业是哲学,学了50年,深知哲学不是科学,而"哲学史"是科学;我学过一点文学,知道文学不是科学,而"文学批评"是科学;我读过一些历史,觉得作为事实记载,历史在于真实,无所谓科学不科学,而"历史唯物论"是科学。

我将"认识论"分为"人文认识论"和"科学认识论",前者的根本原则是主客合一,后者的根本原则是主客二分。这两条对立的认识论根本原则,将人文和科学区分得清清楚楚。

主客合一的认识论,就是《老子》第五十四章说的"以身观身,以家观家,以乡观乡,以邦观邦,以天下观天下",简言之,以自己认识自己。所以人文的内容,是人认识自己;科学的内容,是人认识外物。

人文的内容,分为人文知识和人文精神。人文知识,来自《老子》说的"为学";人文精神,来自《老子》说的"为道"(均见第四十八章)。人文知识,是《庄子》说的"知道";人文精神,是《庄子》说的"体道"(均见《知北游》)。用英文表示,"知道"是 knowing Dao,"体道"是 embodying Dao。"知道"者与"道"为二,"体道"者与"道"为一。所以人文的本质是人文精神,不是人文知识。

我常对学生说:"知道"为"智","体道"为"德"。他们反映,这八个字把智育、德育的内容和方法都说了。

"体道",就是用自己的生命生活,用自己的言行,归根到底是用自己的行,把自己选择的"道"体现出来。《说文解字》说:"道,所行道也。"在宋代,有个学生问道学先生:道在哪里?先生答:你所行便是。

有自然的"体道",有人文的"体道"。万物都体现自己的道,就连癌瘤、艾滋病也都体现它们自己的道,这是自然的"体道"。人文的"体道"则上升一层,其特征是体道者具有选择能力,从他所知的道之中选择出若干而体现之。

于是,"选择"成了大问题。马克思主义认识论,历来说是"反映论"。前几年有人说,不对,是"选择论"。我看可以综合起来,叫做"有选择的反映论"。"有选择的反映论"就是一种"能动的反映论"。反映论是科学认识论,其根本原则是主客二分。而"选择"可以是科学活动,也可以是人文活动。

现在一提人文教育,人们就想到开人文课程,办人文讲座,读人文书籍,这些举措,可以增加人文知识,有助于修养人文精神,但人文知识并不等于人文精神。前面说过,人文知识是知道,人文精神是体道;前者是知,后者是行。人文知识,体之行之,才成为人文精神;人文精神,说之写之,就成了人文知识。

四十多年来,中国内地的高等教育,即使是人文院系学生,也学不到系统的人文知识,更甭提高深的人文知识。缺乏人文知识,大家都看到了。尽管如此,青年人自己读人文书籍,谈起人文问题来一套一套地,仍然不乏其人。从人文本质看,当前真正缺乏的是人文精神,而不是人文知识。

这一点是我的切身体会。我在新图书馆研究室做事,上厕所解大手,见便坑里总是满坑大粪,还有不能溶解的新闻纸手纸。我放水冲净后才能用。我问做清洁的女工,她说女厕所也是这样。这是缺乏知识,还是缺乏人文精神?孔子时代的小学功课,从洒水扫地做起,是极有道理的。

人文精神可以从洒水扫地做起。禅宗说:"担水砍柴,无非妙道。"妙道是人文精神,可以从担水砍柴做起。王阳明诗:"不离日用常行内,直造先天未画前。"达到伏羲画先天八卦以前的境界,是传说的一种极高明的人文精神,这种极高明的人文精神就在日用常行之内。

极高明的人文精神,是由主客合一达到天人合一。这当然是精神状态,不是物质状态。就物质状态说,主观是主观,客观是客观,并不合一;宇宙是宇宙,个人是个人,也不合一。就精神状态说,道家用"心斋"(《庄子·人间世》)、"坐忘"(《庄子·大宗师》)等方法,儒家用"集义"(《孟子·公孙丑上》)、"大其心"(张载《正蒙·大心》)等方法,进行修养,硬是达到了天人合一(包括人我合一),这种精神真实感比物质真实感更真实,至少同等真实。佛家以空为真,这个真也只是精神真实感。天人合一的精神状态,是处理天人关系、人我关系时的最佳精神状态,这种最佳精神状态,可以为运用科学以解决天人关系、人我关系的实际问题,启示最佳方向。修养天人合一的精神状态,就是"先立乎其大者"(《孟子·告子上》)。天人合一的精神状态,就是极高明的人文精神。

这里接触到了人文与科学的关系:人文为科学启示方向。以上我是顺着中国人文脉络讲下来的,讲到这里,却与杜威后期的讲法不谋而合。杜威一生写了两部 Democracy and Education(《民主主义与教育》),第二部是论文集,收入他的 Problems of Man(《人的问题》)中,其中有他 1944 年写的 The Problem of the Liberal Arts College(《人文学院问题》),此文只有一句是用斜体字,后来影响很大,就是 The Problem of securing to the liberal arts college its due function in democratic society is that of seeing to it that the technical subjects which are now socially necessary acquire a humane direction.(为人文学院确定它在民主社会中应有的功能,这个问题,就是寻求现在社会上需要的技术学科获得人道方向的问题)。简言之,人文使技术获得人道方向。

这就是高等教育正要进入的"人文·科学"阶段的本质特征:在其中,人文为科学启示方向。果能如此,就不至于出现高科技杀手、智能匪帮、"奥姆真理教徒"了。

天人合一精神状态的人,处理天人关系用"和",处理人我关系用"恕"。

《礼记·中庸》说:"致中和,天地位焉,万物育焉。"这是"和"的人文讲法。"和"的科学讲法,就是环境科学了。

《论语·卫灵公》:"子贡问曰:有一言而可以终身行之者乎?子曰:其'恕'乎!——己所不欲,勿施于人。"在阶级社会,各阶级内部要行"恕";无阶级社会,只要有两个人,就有人我关系,就要行"恕"。"恕"的肯定式是"忠"——己之所欲,亦施于人。曾参说:"夫子之道,忠恕而已矣。"(《论语·里仁》)

人际关系,分为普遍关系、特殊关系。普遍关系是有人就有的,如人我关系、婚姻关系、亲子关系、兄弟关系、朋友关系。特殊关系是有某种社会、某种行业才有的,如封建社会的君臣关系、资本主义社会的劳资关系,以及各行各业特有的关系。处理人际关系的道德,也分为处理普遍关系的普遍道德、处理特殊关系的特殊道德。普遍道德与特殊道德是统一的,如有矛盾,则特殊道德服从普遍道德,不可普遍道德服从特殊道德。毛泽东说:"事情有大道理,有小道理,一切小道理都归大道理管着。"(《毛泽东选集》第二版第348页)目前的道德危机,正出在小道理不服大道理,特殊道德不服普遍道德。

怎样理顺普遍道德与特殊道德的关系?这是个道德建设问题,在于人为。西汉的贾谊已经懂得,道德"非天之所为,[乃]人之所设也。夫人之所设,不为不立,不植则僵,不修则坏"(《陈政事疏》,见《汉书》本传)。可是2200年后的今天,却有人迷信"经济决定道德",以为经济上去了,道德自然跟着上去,以致抓经济一手硬(这很好),抓道德一手软(这不好)。这种形势逼着我重新研究经济基础与上层建筑的关系。这里只说我对马克思主义经典的重新学习。

关于经济基础与上层建筑的关系问题,马克思主义的经典论述,极其重要的有两段:一段见于1859年马克思的《〈政治经济学批判〉序言》,原文是德文;一段见于恩格斯的《〈共产党宣言〉1888年英文版序言》,原文是英文。这两段论述相隔三十年,后一段更为精炼。恩格斯写道:The "Manifesto" being our joint production, I consider myself bound to state that the fundamental proposition, which forms its nucleus, belongs to Marx. That proposition is: that in every historical epoch, the prevailing mode of economic production and exchange, and the social organization necessarily following from it, form the basis upon which is built up, and from which alone can be explained, the political and intellectual history of that epoch(《宣言》是我们合作的著作,而我本人认为务必说明,形成《宣言》核心的基本命题属于马克思。这个命题是:在每个历史时代,盛行的经济生产交换方式,以及必然随此方式而来的社会组织,形成基础,而此时代政治的思想的历史建立于这个基础之上,并且只能从这个基础得到解释);写得非常清楚:上层建筑的"历史"只能从基础得到"解释"。这才是"解释""历史"的历史唯物论,又称唯物史观(a materialistic interpretation of history,其中 interpretation 也是"解释")。这段论述以及此序言中前前后后的论述,都没有"决定"字样。恩格斯将《宣言》的核心提炼成命题,郑重声明这个命题属于马克思,这是完全可以相信的理论历史真相。

马克思《〈政治经济学批判〉序言》的那段论述中有"决定"字样,他写道:"不是人们的意识决定人们的存在,相反,是人们的社会存在决定人们的意识。"他在后面解释说:"我们判断一个人不能以他对自己的看法为根据,同样,我们判断这样一个变革时代也不能以它的意识为根据;相反,这个意识必须从物质生活的矛盾中,从社会生产力和生产关系之间的现存冲突中去解释。"也是归结为"解释"。在这段论述中,所说的甲"决定"乙,就是只能用甲"解释"乙,如此而已,岂有他哉。

可见说经济决定道德是多年来对马、恩原著的误解,希望能够通过认真钻研马、恩原著,结合总结实践经验得到澄清。如果真是"经济决定道德",则不妨一手硬一手软,而无须两手硬。事实上经济与道德的关系,是相互作用,不是谁决定谁(此"决定"是指有甲自然有乙,不是指只能用甲解释乙),所以必须两手硬。

大家常说办社会主义大学。社会主义怎样在大学落实?中国共产党领导,是第一条;社会主义方向,是又一条,正是这一条怎样落实?落实到课程?只有几门课程专讲社会主义,其余的绝大多数怎么办?我在前面说到人文精神为科学启示方向。这里就要说,社会主义要为科学定向,社会主义就要人文化。这是一项长期艰巨任务,不可能短期轻易完成。我想来想去,在当前,社会主义可以在大学里落实到人(师生员工),落实到管理:这都是已经在做的。

社会主义不只是个经济概念,也不只是个政治概念,还是个文化概念,还要发展成人文精神。社会主义要成为人的生活方式、生活态度、生活习惯,才算真正扎根。中国历代王朝,到清朝退位为止,为养成、保持、发展中国人文精神,该是花了多大气力,简直是竭尽全力。他们除了"武功",只有"文治";而且建国之后,立即"偃武修文"。想想他们几千年历史经验,有助于当今认真对待社会主义人文建设。

"民主主义与教育"是杜威终身主题。他反复告诫美国人:民主主义不在风俗习惯中生根,就会灭亡。社会主义何尝不是如此!更是如此。杜威是科学主义者,他对民主主义的理解,却是人文主义的。我从他受到启发,在高等教育研究所向同事们建议,要研究"社会主义与教育",也要作为终身主题。

前面说过,人文精神在于行,却也离不开人文知识。关于增进人文知识,我极力主张精读经典。经典都经过历史筛选,新编的教材在这一点赶不上它。读经典可先让学生"吞"下去,以后"反刍",回味义理。这是中国传统良法,就用此良法,中国经典传了几千年而不坠不绝。新编教材包罗万象,有几个教师吃得透、讲得清?学生听了也当做耳边风,没有反刍、回味的馀地,不能转化为人文精神。中国人文经典多,先从《老子》《论语》读起吧。

(发表于《高等教育研究》1996年第5期)

Cultural Graft and Higher Education

(1995)

Human existence may be analyzed into two aspects: natural and nonnatural. These are not two existences but two aspects of the same one existence. Human existence is a process of changing nature and creating culture. Culture, in the broadest sense, is all the activities (and their results) of human beings in their nonnatural existence. The activities of human beings in their natural existence are physiological activities. Breathing, for example, is an activity of human beings in their natural existence and, hence, not a cultural activity. But research into breathing, through exercises such as "exhal-ing and inhaling, getting rid of the old and assimilating the new" (*Zhuang-zi*, chapter 15, in Giles, 1980: 152) in the art of "Daoist breathing exercises" (*dao yin*), is an activity of human beings in their nonnatural existence and, hence, a cultural activity.

Thus where there are human persons, there is culture. In other words, culture is always a culture in a certain place of a certain group of people, that is, a native culture. By natives I mean a group of individuals who are the actual creators of their native culture, even though the distinct contribution of each individual differs from that of others.

Then, what is the relation among various native cultures? On this question there appear to be several different, even antagonistic, views. There is a view which suggests a unilinear evolution of cultures in the world. It holds that the relation among cultures is analogous to a relation between segments of one line (not two lines, and certainly not more than two) through a progression something like the following:

$$C_1 \to C_2 \to C_3 \to C_4 \to C_5 \to \cdots \to C_n$$

Of course, it is true that the relation between the stages of development within one culture is evolutionistic. But a series of tremendous consequences arise from the idea that the relation among cultures is one of unilinear evolution. Here I confine myself to discussing the most serious of these consequences.

There is a basic difference, in fact, an antagonism, between cultural evolutionism and biological evolutionism. The latter recognizes that the lower species may still continue to exist after higher species have evolved. This means a recognition of the legitimate existence of the lower species. By contrast, however, cultural evolution, or at least one of its strong and die-hard schools, asserts that when culture evolved from an earlier stage into a later stage, the earlier was negated or "eaten," to use one expressive depiction, by the later culture and lost its independent existence. If you did want to speak of the existence of the earlier culture, it was only as nutrition for the later culture. In essence, cultural evolutionism does not recognize the legitimacy of the coexistence of earlier and later cultures.

It is not my intention to speak here of whether such a common line shared by all of the cultures in the world actually exists, as cultural evolutionism would suggest. If we take that as a given, then each culture should find its place on the line, according to the characteristics of each segment of the line. After the seating arrangements are made, if culture A sits on an early segment and culture B sits on a later one, such an arrangement is equal to passing sentence on A to be "eaten" by B, unfortunate as that may be. If the segment in which B finds itself is the final contemporary stage of extreme modernity, the B has a legitimate right to "eat and swallow" all cultures of the earlier stages. A typical remark characteristic of this viewpoint would be: "It is not a matter of the East being invaded by the West, but of the Ancient being invaded by the Modern." Then it becomes a justification for invasion, and those people who belong to a culture of any earlier stage are expected to disarm submissively in terms of both thought and action.

As luck would have it, not long after the establishment of cultural evolutionism, its cornerstone, the evolutionary line supposedly shared by all the cultures in the world, was shown to be an incorrect representation of reality. What existed in reality was a range of native cultures which did not share one line and which could be graphed as follows:

$$C_1 \rightarrow$$
$$C_2 \rightarrow$$
$$C_3 \rightarrow$$

$C_n \rightarrow$

These lines are parallel, a relationship which has to be understood in the non-Euclidean sense; in other words, they are liable to intersect. Each culture is graphed as a separate line, not as a segment of one line shared by all the cultures in the world. The fact that each line is parallel to the others denotes the independence of each culture. The fact that the lines may intersect denotes diffusion among the cultures. This is another view of cultural development which is called the mutual-diffusion-of- multilinear-cultures. It is often abbreviated as diffusionism.

I will not go into the basis by which diffusionism refutes evolutionism here. I only mean to point to the fact that according to diffusionism each culture has its own legitimacy and enjoys a kind of coexistence with other cultures; each also has its own position of equality in the competition with others. In cultural competition, the probability of either victory or failure is 50 percent, which means those who are inferior in certain aspects may have a hopeful future. They are not doomed to be "eaten" by opponents with a 100 percent probability; rather they can do their utmost to develop their superiority in other aspects.

Nevertheless, a thorough scrutiny of cultural diffusionism reveals a big problem still remaining to be solved. In the cases of cultural diffusion, some cultures took root and bore fruit, whereas others vanished like mist and smoke. Why did this happen? The analogy of "graft" from horticulture may help to explain the secret. When a case of graft is successful, a plant takes root and bears fruit. When a case of graft is unsuccessful, it vanishes like mist and smoke. Diffusion among cultures is a superficial relationship. Graft between cultures represents a deep relationship. When a scion from culture A is grafted onto a stock from culture B, if it is successful, a part of A takes root and bears fruit in B, and in this sense becomes a part of B and vice versa. This is not a change of A into B; still less is it a change of B into A. Therefore, this chapter suggests a view of graft between cultures, of cultural graft.

In order to graft culture A upon culture B successfully, B has to choose a scion from A, and A has to choose stock from B. If the scion is suited to the stock, the graft between them may be successful. If not, the graft between them is bound to be unsuccessful. Success in cultural graft is determined by nothing other than the suitability of scion and stock. Without this, all efforts, even armed suppression and bloodshed, will finally be in vain. Arms and tyranny are able to destroy culture but can never graft it.

In conformity with modern Chinese usage in the mainland of China, I shall use "civilization" in the place of "culture" in the following paragraphs.

Material civilization and spiritual civilization are two aspects of one civilization rather than two civilizations. This is a proposition from ontology (theory of being). With regard to epistemology (theory of knowledge), it is natural to distinguish these two aspects and study them separately. In so doing, we should be clearly aware that this is a matter of knowledge and not one of being. With respect to the matter of being, there is only one civilization, and it consists of both material civilization and spiritual civilization.

In a macroscopic sense this paper takes science as the representative of material civilization and philosophy as that of spiritual civilization. This chapter suggests that, just as modern Chinese material civilization has chosen modern Western science as a scion for graft onto modern Chinese material life as stock, it is fitting for modern Western spiritual civilization to choose traditional Chinese philosophy as a scion for graft onto the stock of modern Western spiritual life. It may be difficult to say whether the stock in this case is modern material life or modern spiritual life. But this is meant macroscopically.

The main roots of traditional Chinese philosophy can be found in the *Lao Zi*. Chapter 48 reads as follows: "The pursuit of learning is to increase day after day. The pursuit of Dao is to decrease day after day."(Chan, 1963:162) A clear distinction is made between the pursuit of learning and that of Dao. The former belongs to what is called science in Western terms. The latter belongs to what is called philosophy in Western terms. Science aims at discovery of the laws of matter. Philosophy aims at elevation in the sphere of the mind, in other words, at the cultivation of the ideal personality.

Traditional Chinese philosophy includes Daoism, Confucianism, and Buddhism. Each has a particular ideal of personality and uses the general term "sage." While this term has its definition, I do not deal with that in this chapter. I only wish to make the assertion that any effort to obtain a definition of a sage by means of a methodology or style of thinking characterized by the Western dichotomy between subject and object would be just like "going south by driving the chariot north" or "climbing a tree to catch fish."

For the sake of discovering laws of matter, science has no choice but to make use of the dichotomy of subject-object. The more clearly subject is distinguished from object the better, and the more fully subjective elements are gotten rid of the better. Western philosophers who extended the application of this dichotomy of subject-object to philosophy established profound systems of epistemology and peculiar systems of ontology. They set forth everything but doctrines intended to elevate the sphere of the mind. Frankly speaking, Western epistemology is simply psychology, Western ontology is simply physics, and Western philosophy, based on this epistemology and ontology, is simply science. This is a necessary consequence of the dichotomy of subject-object.

For the sake of elevating the sphere of mind, philosophy must to be based on a unity of subject-object, cultivating the state of mind to a level of unity of nature-humanity and of ego-others, as traditional Chinese philosophy does. Please note that what we refer to here is the state of mind, not the state of matter. In the state of matter, nature is nature, and humanity is humanity. Both are connected but can not unite into one. But in the state of mind we should maintain a union of nature-humanity and of ego-others. This is why "straight words seem to be their opposite" (*Lao Zi*, chapter 78 in Chan, 1963:175), "reversion [turning to one's own opposite] is the action of Dao" (ibid., chapter 40:160), and "when the lowest type of men hear Dao, they laugh heartily at it. If they did not laugh at it, it would not be Dao" (ibid. , chapter 41:160).

As a methodology, how does the unity of subject-object operate? Its operation is "to decrease day after day." There are examples of this in chapter 6 to the *Zhuang Zi*. The first example reads as follows:

"I have made some progress," said Yen Hui.

"What do you mean?" asked Confucius.

"I have forgotten humanity and righteousness, " replied Yen Hui.

"Very well, but that is not enough," said Confucius.

Another day Yen Hui saw Confucius again and said: "I have made some progress."

"What do you mean?" asked Confucius.

"I have forgotten ceremonies and music," replied Yen Hui.

"Very good, but that is not enough," said Confucius.

Another day Yen Hui saw Confucius again and said: "I have made some progress."

"What do you mean?" asked Confucius.

Yen Hui said, "I forget everything while sitting down."

Confucius' face turned pale. He said, "What do you mean by sitting down and forgetting everything?"

"I cast aside my limbs," replied Yen Hui, "discard my intelligence, detach from both body and mind, and become one with Great Universal(Dao). This is called sitting down and forgetting everything." (Chan, 1963: 201)

The other example is a description of what happened to a man who obtained the Dao:

It was three days before he was able to transcend this world. After he transcended this world, I waited for seven days more and then he was able to transcend all material things. After he transcended all material things, I waited for nine days more and then he was able to transcend all life. Having transcended all life, he became as clear and bright as the morning. Having become as clear and bright as the morning, he was able to see the One. Having seen the One, he was able to abolish the distinction of past and present. Having abolished the past and present, he was then able to enter the realm of neither life nor death. Then, to him, the destruction of life did not mean death, and the production of life did not mean life. In dealing with things, he would not lean forward or backward to accommodate them. To him everything was in the process of destruction, everything was in the process of perfection. This is called tranquillity in disturbance. Tranquillity in disturbance means that it is especially in the midst of disturbance that [tranquillity] becomes perfect. (Chan, 1963: 195-6)

In the first case, "I become one with the Great Universal" through forgetting step by step. In the second case, "he became clear and bright" and was able to "see the One" through disregarding step by step. To "become one with the Great Universal" or "to see the One" means "the Pursuit of Dao." To forget step by step or to disregard step by step means "to decrease day after day." Both are examples of the operation of unity of subject-object.

The cultivation of the sphere of mind in terms of the unity of nature-humanity and of ego-others provides an excellent state of mind for handling the contradictions between nature and humanity and those between ego and others. This is the value and function of traditional Chinese Philosophy.

If we understand what has been said above from the perspective of an ideal of higher education, rather than of cultural graft, we would discover that modern Western science runs in parallel with traditional Chinese philosophy. This is the ideal of higher education both in China and in the West.

This ideal is a kind of parallelism, which by definition suggests a relation between independent subjects. The ideal of higher education may be one, but the roads to realize it are many. In other words, the ideal may be the same, but the roads are different. Therefore, in higher education, every country goes its own way, having its own traditions, standards, and forms, although all countries may have an ideal in common.

According to Chinese tradition, higher education was the education for all fellow countrymen from fifteen years of age to the end of life, including emperors, princes, officials, and common people. Education took place in the family, in society, and/or in school. At present, in China, it is widely thought that higher education is equal to university education. This is a misunderstanding, or at the very least a narrow understanding, of Chinese education. Higher education is not equal to university education, although the former includes the later. Even in university education, Chinese tradition has taught us that we should have our whole country in view when we have a university in mind. Has a university any significance if it is not within view of the whole country?

I highly praise science and modernization but firmly oppose scientism and modernism. I thoroughly believe that traditional Chinese philosophy is able to prevent and cure human minds of the evils of scientism, modernism, and especially of the market economy. I also believe that philosophy, in the Chinese sense, with the oneness of Heaven and Humanity as paradigm, will elevate the state of the mind to its highest and most extreme level. This is undoubtedly a task of the first and greatest importance for higher education.

At the end of my chapter I would like to present my readers with a key which will open the door of the palace of traditional Chinese higher education. Throughout Chinese history, the structure of our culture has been very similar to a nuclear reactor. The individuals are like atoms. The atoms are in a state of nuclear fission or fusion, releasing their energy. This process of releasing energy relies on Daoism. The nuclear reactor itself is controlled by a dual shell structure—both soft and hard. The soft shell is the symbol of morality, which relies on Confucianism. The hard shell is the symbol of law, which relies on Legalism. A grasp of this cultural structure is a key to the understanding of the spirit of traditional Chinese higher education.

References

Chan, wing-tsit. 1963. *A Sourcebook in Chinese philosophy*. Princeton: Princeton University Press.

Engels, F. 1972. *The Origin of Family, Private Property, and State*. New York: Pathfinder Press.

Giles, Herbert A. 1980. *Chuang Tzu: Taoist Philosopher and Chinese Mystic*. London: Unwin Paperbacks.

Lowie, R. H. 1920. *Primitive Society*. New York: Boni and Liveright.

Morgan, L. H. 1964. *Ancient Society*. Cambridge, MA: Belknap Press of Harvard University.

Stalin, Joseph. 1940. *On Dialectical Materialism and Historical Materialism*. New York: International Publishers.

(Published as the 3rd Chapter of *East-west Dialogue in Knowledge and Higher Education*, edited by Professor Ruth Hayhoe, 1996, M. E. Sharpe Inc.)

文化嫁接与高等教育

(1997年)

"文化"与"天然"相对,"文明"与"野蛮"相对。从天然与野蛮的不同,可见文化与文明不同:这好比照镜子,从对面照出面貌。

一座山,是天然;山顶挖个洞,便是文化。山顶洞人遗迹的洞本是天然,人生活在洞中,便创造出"山顶洞文化"。

人类生活,是一个改变天然、创造文化的过程。类猿人进化到能够改变天然、创造文化,就成了人类。人类与人类文化同时开始。人类文化经过野蛮时期进入文明时期,文明时期的文化就是文明,此时"文化"与"文明"这两个名词就可以通用了。

文化一词的用法,已有大文化、小文化之分。相对于经济、政治等等的文化,是所谓小文化。包括经济、政治等等的文化,是所谓大文化。与天然相对的文化,当然是大文化,这是文化的本义。照此本义,文化就是人类作为非天然存在的全部活动。人的存在,有天然存在与非天然存在之分,这当然不是两个存在,而是一个存在的两个方面。人作为天然存在的活动,就是生理活动。例如呼吸,它是人作为天然存在的活动,就不是文化活动;而研究呼吸,修炼"吹呴呼吸、吐故纳新"的"导引"之术,就是人作为非天然存在的活动,就是文化活动。

所以哪里有人，哪里就有文化。换言之，文化总是某地的文化，就是本土文化，或土著文化。土著是人群，人群是个人组成的。所以说到底，各地土著文化是当地所有的个人创造的，当地每个人都是此地土著文化的创造者，尽管各人的作用并不相同。

那么，各地文化之间的关系又是怎样呢？

对于这个问题，曾有几种说法。

一种说法是进化论，说详细些，是世界文化单线进化论（unilinear evolution of cultures in the world）。它认为全世界各地文化之间的关系，是一条（不是两条，更不是两条以上）线上的各段，自前段向后段进化的关系，如：

$$C_1 \to C_2 \to C_3 \to C_4 \to C_5 \to \cdots\cdots$$

若是说某地文化自身各阶段之间是进化的关系，当然可以。但这是说各地文化之间的关系，这样说带来的问题可就大了。这里只说一个最大的问题。

文化进化论与生物进化论有一点根本不同，不，是根本相反。这一点就是：生物进化论承认，低级物种进化为高级物种后，低级物种可以依然存在。这就是承认低级物种存在的合法性。文化进化论（至少是其中某一大派）则相反，认为前段文化进化为后段文化后，前段文化已被否定了，已被"吃掉"了，不应独立存在了，要说存在也只是作为后段文化的养料而存在了。一句话：文化进化论不承认前段文化与后段文化并存的合法性。

且不说文化进化论者所说的全世界各地文化共有的一条单线是否真有。就算是真有吧。于是各地文化就要对照此线各段对号入座。座定之后，如果甲文化在前段，乙文化在后段，那就对不起，就等于判定甲文化被乙文化吃掉。如果乙文化处于当今最后阶段，是最现代的，它就合法地吃掉以前各阶段的文化。最有代表性的名言是：

不是西方侵略东方,而是现代侵略古代。于是变成了侵略有理,前段文化的人从思想到行动都该乖乖地解除武装了。

谢天谢地,好在不久之后,就有人揭穿,所谓世界各地文化共有的那条单线,根本没有那回事。真正存在的只有各地文化,却不是一条单线,而是:

$$C_1 \longrightarrow \longrightarrow \rightarrow$$
$$C_2 \longrightarrow \longrightarrow \rightarrow$$
$$C_3 \longrightarrow \longrightarrow \rightarrow$$
$$\vdots$$
$$C_n \longrightarrow \longrightarrow \rightarrow$$

各线彼此平行,此平行应作非欧几何的理解:可以相交。各地文化各是一条线,而不是一条线上的各段。各线彼此平行,表示各地文化彼此独立。各线可以相交,表示各地文化互相扩散。这是关于各地文化之间关系的另一种说法,叫做各地文化多线扩散论(mutual diffusion of multilinear cultures),简称扩散论。

这里且不说扩散论是根据什么批驳进化论。这里只说,按照扩散论,各地文化就有并存的合法性,而以平等身份在互相扩散中较量,或胜或负,其概率各为50%;在某一方面处于劣势者还有个奔头,因为不是100%地注定被对方吃掉,倒是可以在别的方面拼命发挥自己的优势。

不过专就扩散而言,又有个大问题:为什么有的扩散烟消云散,有的扩散生根结果?它的奥秘很像园艺学的"嫁接",嫁接成功了,就生根结果;嫁接失败了,就烟消云散。两种文化互相扩散,这还是表面关系;两种文化彼此嫁接,这才是深层关系。甲文化的枝条嫁接在乙文化的砧木上,如果成功了,也不是甲文化变成乙文化,更不是乙文化变成甲文化,而仅只是甲文化有一部分在乙文化中生根结果了,在这个意义上成为乙文化的一部分了。反之亦然。所以本文主张文化嫁接说(graft between cultures)。

若将甲文化嫁接在乙文化上,则乙文化要选择甲文化的枝条,甲文化要选择乙文化的砧木。枝条与砧木适合,嫁接就能成功;枝条与砧木不适合,嫁接就必失败。文化嫁接,只取决于枝条与砧木适合,倘不适合,即使动用武力,实施暴政,也无济于事。武力和暴政,可以摧残文化,消灭文化,不能嫁接文化。

为了与时下用法一致,下文称文化为文明。

物质文明与精神文明是一个文明的两个方面,而不是两个文明。这是就本体论而言。若就认识论而言,当然可以区分物质文明与精神文明这两个方面而分别认识之,但必须自觉:这是认识的事,不是存在的事。就存在(即就本体)而言,只有一个文明,就是包括物质文明和精神文明这两个方面的文明。

在宏观意义上,本文以科学为物质文明的代表,以哲学为精神文明的代表;并认为,正如中国现代物质文明已选择西方现代科学为嫁接的枝条,而以中国现代物质生活为其砧木,西方现代精神文明宜选择中国传统哲学为嫁接的枝条,而以西方现代精神生活为其砧木。以现代物质生活或现代精神生活为其砧木,这样说未免太泛了,不过就宏观而言,也只有这样说。

中国传统哲学的主根是《老子》,其第四十八章云:"为学日益,为道日损",将为学与为道区别开来,为学属于现在所说的科学,为道属于现在所说的哲学。科学在于发现物质规律,哲学在于提高精神境界。提高精神境界,就是养成理想人格。

中国传统哲学,包括道家、儒家、佛家,各有其理想人格,各有其专用名称,但亦有一个通用名称,就是"圣人"。圣人一名有其规定性。本文不说圣人一名的规定性是什么。本文只说,要获得圣人一名的规定性,若用西方的主观客观二分法(dichotomy of subject-object)为思维模式,为方法论,那就是南辕北辙,缘木求鱼。

科学为了发现物质规律,必须,也只有,运用主观客观二分法,将主观与客观分得越清楚越好,将主观成分排除得越干净越好。西方哲学家将主观客观二分法推广到哲学领域,曾经创造出精密的认识论,并通过认识论创造出独特的本体论,可就是没有提高精神境界的学问。西方的认识论简直就是心理学,西方的本体论简直就是物理学,用它们构成的哲学简直就还是科学:这是主观客观二分法的必然后果。

哲学为了提高精神境界,必须,也只有,运用主观客观合一法(unity of subject-object),像中国传统哲学那样,修养天人合一、人我合一的精神状态。请注意,这里说的是精神状态,不是物质状态。若说物质状态,则天是天,人是人,虽有联系,并非合一;你为你,我为我,虽有联系,亦非合一。物质状态中,天与人,人与我,并非合一;精神状态中,则要讲天人合一,人我合一:这就是"正言若反"(《老子》第七十八章),而"反者道之动"(《老子》第四十章),"下士闻道,大笑之,不笑不足以为道"(《老子》第四十一章)。

主观客观合一法,怎样操作呢?其操作就是"日损"。请看《庄子·大宗师》的两例,一例是:

颜回曰:"回益矣。"仲尼曰:"何谓也?"曰:"忘仁义矣。"曰:"可矣,犹未也。"

他日复见,曰:"回益矣。"曰:"何谓也?"曰:"忘礼乐矣。"曰:"可矣,犹未也。"

他日复见,曰:"回益矣。"曰:"何谓也?"曰:"回坐忘矣。"仲尼蹴然曰:"何谓坐忘?"颜回曰:"堕肢体,黜聪明,离形去知,同于大通:此谓坐忘。"

另一例是，一位有圣人之道的人说：

> 三日而后能外天下；已外天下矣，吾又守之，七日而后能外物；已外物矣，吾又守之，九日而后能外生；已外生矣，而后能朝彻；朝彻而后能见独；见独而后能无古今，无古今而后能入于不死不生。杀生者不死，生生者不生。其为物，无不将也，无不迎也，无不毁也，无不成也。其名为撄宁。

前一例是说，经过"忘仁义""忘礼乐"达到"坐忘"。"坐忘"时，"堕肢体"以"离形"，"黜聪明"而"去知"，于是"同于大通"，"大通"就是"道"。坐忘的同于大通的境界，就是天人合一、人我合一的精神状态。其操作是"日损"的三"忘"。

后一例是说，达到"撄宁"的精神状态所经历的步骤是：先"外天下"，即忘掉社会；再"外物"，即忘掉自然；再"外生"，即忘掉生死。于是大彻大悟，有如朝阳明彻，而能见独，独也是道。既能见道，精神境界便已超越时间，进入永恒，无死无生。生死问题，是物质世界中的大问题，但在见道的精神境界中不再成为问题。换言之，物质世界有生有死；精神境界一旦见道便无生无死，超越生死。见道的精神境界，一任万物自送、自迎、自毁、自成，故万物无不送、无不迎、无不毁、无不成。"撄宁"二字尤有深意。"撄"是接触，"宁"是安宁，"撄宁"是接触物质世界而保持精神安宁。人的身体属于物质世界，有生有死；人的精神可以提高境界，超越生死。超越生死之所以有意义，正因为存在于生死过程中，离开生死过程，超越生死便无意义。见道的境界就是天人合一、人我合一的精神状态。其操作是"日损"的三"外"，外亦忘也。

修养精神境界的天人合一、人我合一，为处理物质世界的天人矛盾、人我矛盾，提供最佳精神状态。这是中国传统哲学的价值和功用。

严复翻译《天演论》，当时在中国产生轰动效应，其实他的译文和按语，都只算他自己的著作。请看赫胥黎的原著，书名《进化论与伦理学》，其进化论部分揭示自然的矛盾斗争，适者生存，弱肉强食；其伦理学部分则主张社会界的统一和谐，救死扶伤，帮助弱者。人与禽兽不同正在于此。赫胥黎懂得：物质世界与精神境界的方向是相反的。这也是"正言若反"。

说到这里，如果不从文化嫁接的观点看，而从高等教育的观点看，就可以看出，西方现代科学与中国传统哲学并行，正是中国的和西方的高等教育的理想。自清末洋务运动以来，中国人努力学习西方现代科学，已获得很大成绩。自莱布尼茨以来，经过法国百科全书派，以至当代的李约瑟，已表现出西方人对中国传统哲学的重视和理解。这两个方面，在即将到来的21世纪，必将继续发展。让我们继续努力。

（本文原用英文撰写，发表于加拿大学者 Ruth Hayhoe 1996 年主编出版的 *East-West Dialogue in Knowledge and Higher Education* 一书中，后由著者用中文重写）

文明本土化与大学

(1998年)

我们这个世界,秦朝人早已说是一"家"①,西方人近年来说是一"村"②,正在形成世界文明。文明底起源,就是当初各地土著创造的文化,这些本土文化,为数甚多。在中国,"周武王之东伐,至盟津,诸侯叛殷会周者八百"③,这八百诸侯,也就是八百个本土文化底代表,若加上没有到会的那就更多。本土文化,通过彼此同化和自身演化,其数渐减。随着秦汉底统一,以周文化为主的北方文化,以楚文化为主的南方文化,综合成为汉代中国文明。然后印度文明,以佛教为代表,传入中国,历时千年,与中国文明综合成为唐宋东方文明。然后西方文明传入中国,与东方文明综合,形成世界文明,尚正在进行之中。

本土文化底彼此同化和自身演化,其中最主要的区别是被迫还是自愿。被迫同化,例如北美殖民者初期对待土著印第安人,残酷至极,惨无人道。我小时候听老人讲"八月十五杀鞑子"的故事,说鞑子

---

① 秦朝博士叔孙通说"天下合为一家",见《史记》本传(中华书局标点本第2720页),《汉书》本传此语作"天下为一家"(中华书局标点本第2124页)。
② 常说 global village,意为"地球村"。
③ 见《史记·殷本纪》(中华书局标点本第108页)。

来了要十家共用一把菜刀,种种禁令,也很可怕。其实元人、清人人主中国,倒是自愿地汉化了,自愿汉化,就属于自身演化了。北美后来设立 Indian reservations(印第安人保留区),任其文化自身演化。到了20世纪,出现"植物保护区"、"动物保护区",对植物、动物尚且保护,何况文化?这说明人类终于开窍了,可以不搞强迫同化了,就让本土文化自身演化好了。中国早已有此传统。周朝建国之后,封夏人之后代于杞,还搞他底夏文化;封殷人之后代于宋,还搞他底殷文化,宋人后代出了一个孔子,大放其文化光明①。直到清帝退位,民国给予优待条件,待以宾礼,让他在紫禁城内称帝,——亦含此意。转眼就是21世纪了,世界各地底本土文化,凡能幸存至于今日者,就有可能,从而应该,免于被迫同化,而自行演化,堪称各地底本土文明了。这是形成当今世界文明底大势所趋。

照此看来,当前和今后世界文明底形成,只能是现存各个本土文明底演化,演化出多种特色;不能是现存各个本土文明底同化,同化为一种文明。把世界文明想象成单一的一种文明,至少是把问题过分简单化了。在这个内容极其复杂的形成过程中,已经呈现出最基本的形成趋向:就世界文明总体而言是"现代化"(modernization);就各个本土文明而言是"全球化"(globlization)与"本土化"(indigenization)底统一;再总而言之,全球化与本土化都要现代化。

"现代化"一词出自西方,始见于1770年②。本文使用此词,却不用西方讲法,而用中国讲法。西方讲法,是指一段历史,自某世纪开始的若干世纪为现代化时期,现代化完成了就进入"后现代"(postmodern)。中国讲法,是指日新,如"汤之《盘铭》曰:苟日新,日日新,

---

① 详见胡适《说儒》(1934年5月作)。
② 据 Webster's Ninth New Collegiate Dictionary(《韦氏第九版新大学词典》)。

又日新"①,又如"日新其德"②,"日新之谓盛德"③。中国底文明观,如《周易》所显示的,乃是始于"乾"而终于"未济";尽管"终日乾乾","自强不息","日新其德",依然"未济",永未完成:所以是天天现代化,永远现代化。所以无所谓"后现代"。所以世界文明现代化这个趋向,不止是长期的,不止是永久的,简直是永恒的。

文明底范围,等于"后野蛮"(post-barbarian)的人类全部生活。人类底演化史,曾经经过野蛮时代,然后进入文明时代。所以文明时代是"后野蛮"。文明时代,仍有野蛮行为,它有大有小,最大的例如德意日法西斯发动世界大战,还有不是同类性质的例如中国大陆底"十年浩劫",均未能使历史倒退到野蛮时代,结果还是文明战胜野蛮。我亲自经历这两场大难,养成对人类历史的乐观主义,服膺《老子》"柔弱胜刚强"底真理。人类全部生活,固然是不可分割的整体,仍可大致分为物质生活、社会生活、精神生活等三个领域。物质生活领域实行全球化,精神生活领域实行本土化。社会生活领域,又可分为国内、国际两部分,国内部分实行本土化,国际部分实行全球化。社会生活领域分为国内、国际两部分,有可能分吗?例如人权,是国内社会生活,还是国际社会生活?争论总是有的,有争论是自然的,也是可以解决的,其根据就是国际法这门学问。这种区分甚至可以采取法律形式,还能说不可能分吗?总起来说,在物质生活和国际社会生活领域实行全球化,在精神生活和国内社会生活领域实行本土化。什么叫全球化?什么叫本土化?全球化就是实行全球通用的"游戏规则"(game rule),本土化就是实行本土通行的游戏规则。game在西方是万分严肃的活动,古希腊奥运会届数甚至有古希腊历

---

① 见《礼记·大学》。
② 见《周易·大畜·象》。
③ 见《周易·系辞下》。

史纪元底意义。而"游戏"在中国人心目中总不及 game 在西方人心目中的严肃。game rule 若译为"比赛规则"又太仄了,若译为"活动规则"又太宽了,还是采用已经通行的译法吧,只是附带说明一下如上。

物质生活领域底全球化,不用说。国际社会生活,例如参加 UN(联合国),进入 WTO(世贸组织),与 IMF(国际货币基金会)交往,不实行全球化,不实行全球通用的游戏规则,能行吗?

这里谈一下物质生活与国际社会生活领域底全球化与本土文化的关系。例如度量衡制度。只说"衡"吧,我小时候家乡的"平秤"十六两一斤,"大秤"十八两一斤,小学算术光为这些"斤求两,两求斤"的换算而应付不暇。后来改用"公制":主单位为米、升、公斤,一律十进,人们如释重负。试问公制哪里来的?来自法国,本是法国本土文化。又如"公元",全球通用,本是以色列本土文化。又如阿拉伯数字,全球通用,本是阿拉伯本土文化。可以说,一切全球化的规则,寻其出身,都是直接或间接来自某一本土文化。反过来说,一切本土文化,都可能为全球化规则作贡献。甚至可以说,文明本土化才有东西为文明全球化作贡献。

至于全球化、本土化、现代化之间的关系,可以从中国共产党和毛泽东底历史经验中举例体会。在中国进行革命,属于国内社会生活领域,王明、博古却在此领域搞马列全球化,造成失败;毛泽东起来搞马列本土化,获得成功。中华人民共和国底经济建设,毛泽东继续搞本土化,发动大跃进,用心良苦,只是违背了现代化,故大跃进失败。大跃进期间大办钢铁,我在湖北荆门仙居乡参加,当时大办"小土群"(小型,土法,群众运动)。批判"大洋专"(大型,洋法,专家路线),重点是批"洋",说群众"望洋兴叹",其实那个"洋"正是现代科学技术,批洋等于批现代化。由此可以领会,在国内社会生活领域,全球化必须本土化,本土化必须现代化。(至于物质生活和国际社会生活领域底全球化必须现代化,就不用说了。)

精神生活和国内社会生活领域实行本土化,需要较多的说明,需要另一套认知格式(cognitive forms),如下文所说。

照上文所说,人类全部生活底总体,表现在文明。现在接着说,精神生活表现在哲学、宗教、文学、史学,社会生活表现在政治、经济、文化,物质生活表现在科学技术。除了科学技术,其他都可以合称人文。于是文明就是人文与科技,而人文实行本土化①,科技实行全球化。这是就文明底内容而言,它包括人文与科技。若是就文明底区分而言,则区分各个文明(如中国文明、基督文明、伊斯兰文明等等)的标志只在人文,不在科技。因为科技实行全球通行的共同游戏规则,乃各个文明之"同";惟有人文实行本土通行的特殊游戏规则,始见各个文明之"异"。再说一遍,文明底内容包括人文与科技,文明底区别只在人文而不在科技;前句是说"内容",后句是说"区别";内容与区别是两个问题,不可混为一谈。若要再进一层,就必须指出,各个文明内的科技,都是同质的(homogeneous)过程,各处于不同的阶段,故有优劣之分,如氢弹底杀伤力,"优"于弓箭万万。各个文明内的人文,彼此是异质的(heterogeneous)过程,都有存在底资格,只有异同,不分优劣。虽然不分优劣,其自身演化趋向现代化。

如此看来,各个文明底特色只在人文。各个文明在科技上当然也有差异,此差异充其量不过是同质过程不同阶段底差异②。各个文明在人文上的差异,则是异质过程底差异,因而成为各个文明底特色。

---

① 此处含有一层"次级分析"(secondary analysis),即社会生活底国际部分实行全球化。为免得烦琐,不在正文写出,只在此注明。

② 此处涉及科技有无民族性。本文认为,现代科技已无民族性,而原始科技则有民族性,所以人类学有 ethnoscience(民族科学)之说。

将这个论点,当做一个方法,可以帮助我们弄清楚一些原则问题。比方说,在武昌办一所科技大学,努力赶上并超过美国 MIT(麻省理工学院)。这种雄心壮志,值得赞许。但是,如果(我是说如果)忽略了中国人文这个中国文明底特色,即使赶上并超过 MIT,其文明史底地位和意义,也不过是美国 MIT 底武昌分校,如此而已。因为它虽然是中国文明底一个组成部分,也许是重要组成部分。但是由于忽视中国人文,也就没有中国文明底特色,而没有中国文明特色的大学,只算是"在"中国的大学(a university *in* China),不算是中国"底"大学(a university *of* China)。换言之,只算是办美国大学底分校,不算是办中国底大学。仿此可以说,王明、博古只算是"在"中国干革命(made a revolution *in* China),毛泽东才是干中国"底"革命(made the revolution *of* China)。

就存在而言,人文与科技,是一个背包底内容,不是一副担子底两头。中国底文明,自上古直到 19 世纪末为人文阶段,20 世纪为科技阶段,这两个阶段都各自同时存在人文与科技,但是都把二者当做一副担子底两头,从而出现谁重谁轻底问题:在人文阶段重人文轻科技,在科技阶段重科技轻人文。现在正在迈入人文与科技统一的新阶段,才懂得把二者打在一个背包里,消除了谁重谁轻底问题。这是一个无所不包的(comprehensive)大背包,可以具体而微地表现在,比方说,每一种产品上。当前国内外都在议论"产·学·研"或曰"学·研·产",产品化是"终端环节"(terminal link)。对于"产品"的认识,历来的状况是,只注意它是科技载体,注意它底科技含量;却忽视它还是人文载体,忽视它底人文含量。产品既是科技体,又是人文体,既有科技性,又有人文性,这叫做产品底二重性。于是人文与科技底统一,作为中国文明底新阶段,落实为产品二重性。这才是踏踏实实的落实,不是"轰轰烈烈"的落空。产品制造是如此,人才培养也是如此。

请看一些实例。例如北京故宫,苏州园林,普通人就能感受其人文性,建筑师更能感受其科技性。50年代初观光苏联的人带回糖果,一颗颗小小糖果底包装纸上,有的竟印有普希金底诗句,这使我底心受到人文震撼,至今不衰。所以说产品底二重性,是人文与科技底统一,这是毫不新奇的一句大实话。

美国密西根大学有一位退休的老先生 John S. Brubacher,快80岁时还在修订他底名著 On the Philosophy of Higher Education(《论高等教育哲学》),此书末章题为 The University as a Church(《大学亦教堂》),其中说,科学底发现一旦用于满足人底需要,实现人底希望,就成了人文。科技变人文,这是光辉的辩证思维,我很敬佩。看来人文与科技底统一,成为世界文明底趋向,无可怀疑。

"学·研·产"底发展可能突破大学形式。美国已有人因此提出,将 university 改 multiversity,后者无法翻译为中文,只能从 uni-是"一"、multi-是"多"去想象,现有的译法皆不妥。这倒很有点生产力突破生产关系的意味。其实,university 可以突破,multiversity 又何尝不可以突破?突破再突破,就达到《老子》底"大象无形"(第四十一章),道家式的无形之形、无象之象,康德式的 formlessness。即便如此,也只是大学不见了,高等教育依然存在。在哪里?下文就讨论这个定位问题。

好在我们还未到突破大学的时候,还是谈大学定位吧。这个问题有两个方面,一个是大学应有的地位,一个是大学现有的地位,这两个方面往往"错位"。识别是否错位,只能看实际、看行动,不能看理论、看口头:这是毛泽东在《在延安文艺座谈会上的讲话》中提出的方法①,我至今奉为方法论。在社会生活底政治、经济、文化三领域中,大学应在哪个领域?这还用问!当然在文化这个领域。理论上、口头上谁都这么说。实际上、行动上则不尽然。实际上,行动上,在阶级斗争为纲底年月,大学定位在政治之中;在社会主义市场经济新时期,有些人转而将大学定位于经济之中;只有很少数教育家相机坚持大学定位于文化之中,英勇灵活,且战且走,艰难前进。人所周知:社会生活底政治、经济、文化三领域是一个整体,其间关系密切,虽然如此,还是三个领域,各有不同的矛盾特殊性,本文称之为"原子"。政治底原子是"力"(power),经济底原子是"利"(profit),文化底原子是"理"(truth)。力、利、理底汉语拼音都是 li,此说可简称"三 li 说"。原子不宜单独存在,那种游离状态,极不稳定,三 li 皆然。三 li 原子合成分子,其存在就稳定了。政治底分子含有三 li,但以"力"为中心,而"利""理"为"力"服务。经济底分子也含有三 li,但以"利"为中心,而"力""理"为"利"服务。文化底分子也含有三 li,但以"理"为中心,而"力""利"为"理"服务。大学应有的地位在文化之中,所含的三 li,以"理"为中心,而"力""利"为"理"服务,若不如此,便是错位。由以上可见,大学为政治、为经济服务,都是以"理"为政治、为经济服务。"理"表现为知识,就是"知识经济"底"知识"之源。有道君子,以为然否?

(发表于《高等教育研究》1998 年第 6 期)

---

① 见《毛泽东选集》第 2 版第 3 卷第 856 页。

修辞立其诚

(2004年3月)

听了诸位的发言,我深为感动,因为都是讲真话。诸位说,听我讲课受感动,也是因为我讲真话。天下决没有不讲真话而彼此感动的,决没有,由什么证明?问问自己的良心就行了,就一清二楚了。在这里,在所说的这个范围内,真话的真,是第一位的;至于真话内容的水平,是第二位的。第二位,不是不重要,恰恰相反,要努力提高真话内容的水平,提得越高越好。但是不论提得多高,再高的真话内容的水平,比起真话的真,还是第二位的。

诸位发言的内容是很有水平、很认真的。诸位从外观察我的教学活动,我再自内省察我的教学活动,配合起来,就完整些。所以,我的发言是配合性的,不是独立性的。

我发言的题目是:修辞立其诚。

这句话出自《周易》乾卦《文言》。有人理解为:心里怎么想,嘴就怎么说。对不对?不完全对,用在教学上就完全不对。在教学中,若这样理解,就丢掉了一个重要因素:反应。谁的反应?学生的。就算有一肚子学问,就算是诚心诚意地讲出来,若不管学生反应如何,全盘托出,如脱桶底,这样,能实现传授目的吗?这样,貌似"心口如一",实则那个"诚"并没有"立"起来。

所以我用心体察学生的反应。我对学生说,你们身经百考,考到这里来听我讲课,很不容易,不是从零开始。在你们中间,对西方学问,知道的虽然不多,也比对中国学问知道的多;对科学思维和习惯,初步养成,这是极其宝贵的文化素质,而对哲学思维和习惯则很欠缺。就中国学问、哲学思维和习惯而言,许多人处于零状态,不只是零,简直是负数,这就是有很多很深的误解和偏见。由此形成对学生反应的预见,我就多讲一点中国学问、哲学思维,以历史为内容,以文学为形式,进行古今的对照与沟通、中文英文的对照与沟通,而中心则在于理解。听讲的许多同学果然感到闻所未闻,新鲜有趣,甚至内心发生震撼。其实我这点学问算什么,跟上世纪40年代我就读的清华大学哲学系教师比起来,顶多算得上一个助教,一个实副其名的助教。我的经验,充分印证了《礼记·学记》"教学相长"的真理,整个教学活动都是教与学互动的双向过程,这就不详说了。就是我打的泡菜比喻,也是泡菜水内成分与蔬菜体内成分互相置换的双向过程。

我把"言"(言词,word,以 w 表示)、"意"(意念,idea,以 i 表示)、"应"(反应,response,以 r 表示)三者关系列式为:$w = i + r$。若举例以明之,其好例莫过于《论语·先进》这一章:

> 子路问:"闻斯行诸?"子曰:"有父兄在,如之何其闻斯行之!"
>
> 冉有问:"闻斯行诸?"子曰:"闻斯行之。"
>
> 公西华曰:"由也问'闻斯行诸',子曰'有父兄在';求也问'闻斯行诸',子曰'闻斯行之'。赤也惑,敢问。"
>
> 子曰:"求也退,故进之;由也兼人,故退之。"

"闻"是闻道,是懂得一个道理。子路名由,冉有名求,公西华名赤。问同一个问题,孔子的回答却不同,甚至相反。为什么?孔子的解释是:冉求退缩不前,所以促进他;仲由猛进过度,所以促退他。这是根据反应确定言词的范例,这是"修辞立其诚"的范例。

(2004年3月在华中大教科院"涂又光先生教学思想研讨会"上的答辞)

新世纪对我国大学教育的祝福

(2001年2月)

进入21世纪,很想对我国大学教育说几句祝福的话。

祝大学教育真正定位于文化领域。20世纪中有很长一段时间,我国大学实际定位于政治领域。近二十年来,有人又要把大学实际定位于经济领域。尽管这三个领域互相依存,密不可分,是一个整体,但大学毕竟在文化领域,理合定位于此,务必真正定位于此。

祝我国大学成为"中国底大学"(university *of* China),而不只是"在中国的大学"(university *in* China)。大学教育底内容,包括人文教育和科技教育。文化底内容也是包括人文和科技,科技是文化底内容,而不是区别各个文化的特色,人文才是区别各个文化的特色。因此,在中国办一所大学,如果只重视科技教育,不重视人文教育,就只是"在中国的大学",不是"中国底大学"。"中国底大学"就是有中国文化特色的大学。如果没有中国文化特色,不用说大学了,就连中国人也只是一个种族,算不上民族。

祝我国大学人文教育本土化,科技教育全球化,本土化和全球化一齐现代化。中国本土文化历来是开放的:佛学来了,好比中国人吃素席;西学来了,好比中国人吃西餐。世上只有人吃饭,哪有饭吃人?可是就有人光闹"饭吃人"的大笑话!人文教育本土化,并不是要满口"之乎者也","子曰诗云",而是要提高精神境界,放开思维想象。这是创造者底心态,以此心态齐奔现代化,我国大学教育前途无限光明。

(发表于《华中科技大学报》2001年2月23日第3版)

《竞争与转化》一解

(2001年)

一部真正的书,就像一个真正的人,既有体魄,更有灵魂。朱九思教授文集《竞争与转化》(华中科技大学出版社2001年出版)的灵魂,集中表述为"大学生命的真谛"。

大学是有生命的,生命是有真谛的。(什么是"谛"?"谛"就是"意义"。)生命的真谛就是灵魂。著者说:"大学生命的真谛是学术自由,追求真理"(此书89页),又说:"学术自由,追求真理是大学的灵魂"(93页)。

关于学术自由,著者回想到"80年前,蔡元培先生任北京大学校长,就宣布'思想自由,兼容并包'"(90页)。我再举一例:梅月涵(贻琦)先生1945年在日记中写道:"对于校局,则以为应追随蔡孑民(元培)先生兼容并包之态度,以克尽学术自由之使命"(《梅贻琦教育论著选》132页)。这个一脉相承的传统,表明学术自由的普遍意义。著者没有在此停留,而是由学术自由再进一步,披沙见金,发现"大学的根本特性可以概括为两个字:学术"(92页)。这是理论的创新。这是著者独特的贡献。怪不得他平日讲大学管理,总是讲以学术管理为中心。惟其理论意义不止于此。其理论意义在于,"学术自由"与"追求真理"由此贯通起来,是内在的贯通,不是外在的撮合,是"同心结",

不是"拉郎配"。惟有大学的根本特性是学术,以此为内在根据,所以学术自由、追求真理才是大学的灵魂。你说学术自由、追求真理是大学灵魂,这话煞是好听,听的人还是不免要问:这样说有什么根据?回答是,根据在于大学根本特性是学术。话说到这个份上,才算说到底了,说到顶了。发现这个根据,在哲学上叫做有所"见"(vision),是生命的直接体验,不是理智的间接推论。生命有了体验,再用理智推理表述出来,听的人才能明白。

为论证学术自由,著者引用了毛泽东有关的讲话,这段话很长,的确是极其得力的支持(91页)。著者对毛泽东这段话的理解,我赞同。我自己对毛泽东这段话则别有会意。毛泽东说:"百花齐放、百家争鸣的方针,是促进艺术发展和科学进步的方针,是促进我国的社会主义文化繁荣的方针。"这明明是一条"文化"方针,对于文化是再好不过的,适用于文化领域,怎么后来搞到政治领域去了,变成了"四大"(大鸣、大放、大字报、大辩论),"四大"甚至一度载入宪法,你说天下怎么不乱。我的生命,一直体验到快70岁,才直接领悟,一统天下原来有三个领域:经济领域,政治领域,文化领域。好比下棋,天下是一个大棋盘,棋盘上有各种棋,各有自己的下法,现在叫做"游戏规则"。围棋规则不适用于象棋,象棋规则不适用于围棋。下围棋的人若对下象棋的人说,棋子应该一个一个地下,你怎么先把棋子全部摆上,错了错了。这只不过是笑话,可以一笑置之;搞错了领域就不只是笑话,是要死人的。自西学东渐,中国人讲自由、民主,有一百几十年了。积一百几十年之经验,现在看来,政治领域能民主,不能自由;文化领域能自由,不能民主。学术自由在文化领域,学术问题若进行投票表决,少数服从多数,能解决问题吗?政治领域与文化领域合起来看就是既能民主又能自由了。

著者的上述理论,我已经开始推销,见之于设想校训方案。华中科技大学由四校合成,征求校训方案,我设想了三个方案,其中一个就是"追求真理、学术自由"。有朋友看了嘴里直打喷喷,为我担心。我宽慰他说,为了符合校训体裁,也为了避免误解,这已经把"追求真理"调到前头了,大家团结起来追求真理,这个团结才有正确的方向。方向正确,越团结越好;方向不正确,越团结越糟。《庄子》说,"盗亦有道",即寓此意。如果说,追求真理,这目标太高太玄,不如追求政治目标、经济目标。那就请你想想:有了真理,还愁政治权力、经济利益吗?没有真理,权力、利益能保住吗?

比较而言,"追求真理"还不如"学术自由"敏感。对于这个敏感问题,著者取分析态度。他分析说"十一届三中全会以来的情况变化很大"。在举例说明之后接着说,"尽管如此,由于'左'的影响尚未根除,在人文、社会科学的领域中,还有些历史遗留下来的阴影,有待继续消除"(96页)。分析的态度,对具体情况作具体分析的方法,是认识问题、解决问题最好的态度与方法,在我的有限的经验内,尚别无更好的态度与方法。

灵魂与体魄是一体,不是二体。这一体,作为大学,就是竞争与转化的全部活动,就是《竞争与转化》的全部内容。说是一体,是就存在而言。若就理论而言,还是要分成方方面面来讲,像《竞争与转化》所作的那样。我这篇短文只就此书灵魂方面说一些自己的理解,请著者读者指正。

(发表于《高等教育研究》2001年第3期)

推荐一本好书

——读刘献君先生著《大学德育论》

(1996年)

久已收到好几本赠阅的新著,直到我日夜赶写的《中国高等教育史论》交稿以后,才挑选其中与我研究的问题最密切的《大学德育论》先读,认真一读。边读边想,不由得不写这篇千字文。

《大学德育论》始终贯彻调查研究,实事求是,有中国气派即中国特色,没有洋八股,也没有党八股。这种学风与文风,当今太难得了。此书重在总结当今经验。我刚写过几千年的历史,马上换读此书,好像走出陈年仓库,呼吸新鲜空气。

最感新鲜的是论大学生党员、论高考成绩优秀生那两部分。其论述则不限于这两部分。

此书第120页说:"不少大学生党员确立共产主义信念,都经历了一个学习、体验、思考、实践的过程。"同页有一位大学生党员的话:"从高三起到大学一年级","这段时间对整个世界、社会、人生的看法总是在变"。"进入大学后,看到和听到的社会阴暗面多了,这同过去头脑中形成的党和社会主义形象相冲突,产生矛盾。这就是所谓理性不安。这是一个很痛苦的思考、不安的时期。随着阅读理论书籍的系统化,以及参加学校组织的教育活动,特别是社会实践活动,人生观、世界观逐渐在斗争、比较中统一了。最后作出了理性成熟的选择——为共产主义奋斗"。这段话是一个例证。这个过程,人们常说是"接受"共产主义信仰,其实是自己生成共产主义信仰。教育不过是辅助大学生自己生成共产主义信仰。这就是《老子》说的"辅万物之自然"。旧社会的大学生若成为共产主义者都经历这类过程,新社会的大学生若成为共产主义者也都经历这类过程,尽管各人的过程其内容和形式各有特殊性。这好比母亲生孩子,要经过十月怀胎,才是亲生骨肉。此书总结了新社会大学生成为共产主义者的经验,所以新鲜。

高考成绩优秀生进入大学后的发展,取决于继续努力,不取决于高考成绩。各人发展不平衡,有人已明显落后。此书分析其原因的主要因素,其中之一是思维方式没有实现由中学到大学的转变(第110页)。这是一个真正的发现。岂止由中学到大学本科,由大学本科到研究生更要实现思维方式的转变。

现在有一个常见的提法:人生观的核心是价值观。殊不知"价值"是经济学的基本范畴,应当严格限制在经济领域以内,若将"价值"搬入精神领域,就是毁灭人类精神的精神污染。在精神领域讲"价值",就意谓人格、良心也是商品,可以买卖。"劳动力"是商品,"人"不是,人格、良心都不是。毛泽东在《为人民服务》中说"死的意义有不同",不说死的"价值"有不同;又在《纪念白求恩》中号召做"一个高尚的人,一个纯粹的人,一个有道德的人,一个脱离了低级趣味的人,一个有益于人民的人",未说有"价值"的人。盖精神领域不言价值,乃深思方得的毛泽东思想。在经济领域以外使用的"价值"字样,似乎可用"意义"二字代之,又似乎代不完全。台湾有些老先生将"意义价值"四字连用,大概也是感到有这方面的问题,要解决这个问题,将"意义价值"连用也不失为一个办法。

从何入手?

(2004年)

在片刻发言里,不谈理论和历史,不谈家庭教育和社会教育,只谈中国内地学校教育中通识教育亟待解决的入手问题。

上过家塾、小学、中学、大学,教过小学、中学、大学,再经过对教育的研究,我才理解一个平淡无奇的事实和道理:小学教育、中学教育、大学教育合成学校教育的总体,三阶段各有特定的任务而又逐段有机地衔接。

我对教育的研究,是从高等教育研究开始的。历年的教学和研究,越来越令我感受到,大学教育中种种问题,有些是大学阶段本身的问题,有些是小学、中学带到大学来的问题,就是说,该在小学解决的问题没有在小学解决,该在中学解决的问题没有在中学解决,都带到大学来解决。好比寡妇再嫁,把前夫的孩子带到后夫家,俗称"拖油瓶"。这些拖来的油瓶,压得大学举步维艰,至少在我的教学中遇到推它不动的时候,总是这些油瓶给压住了。丢开这些油瓶不管,不就结了吗?不行!因为这些油瓶都是根本性的东西,是大学教育的根本,更是通识教育的根本。以下分别说明:

先说小学教育,其课程标准收效甚大,只是未提中华文明基本经典教育。据汤恩比研究,人类历史上约有二十七个文明,现存十个大文明,亨廷顿接着指出其中有三个最大的文明:基督文明,中华文明,伊斯兰文明。基督文明的基本经典是《圣经》,伊斯兰文明的基本经典是《古兰经》,中华文明有没有基本经典?若有,它是哪部书?这个问题,自辛亥革命以来,尤其是新文化运动以来,一直悬而未决。近几年海峡两岸都自发民办儿童读经活动。民间逐渐形成共识:中华文明的基本经典是《论语》。《圣经》教育在礼拜堂进行。《古兰经》教育在清真寺进行。《论语》教育在小学进行,其两千多年的经验,是在10岁左右记忆力最强的时期,熟读《论语》全文,不求甚解,随着经验和理解力的增长,逐渐消化吸收,终身受用。这好比牛吃草,先囫囵吞下,然后反刍。所以《论语》教育这条两千多年的经验,可名为"反刍律"。近百年来,这条反刍律惨遭破坏,搁置起来。该在小学吞下的东西没有吞下,你消化什么,吸收什么,排泄什么,全是空的!至于为什么提出文明基本经典教育,为什么《论语》是中华文明基本经典,这次发言中都不谈了,虽然未谈,却肯定地以之为出发点。这个出发点,与两个方面区别开来:一个方面与上世纪某些人主张的"读经"区别开来,他们主张读许多经,我们只提出一部《论语》;另一方面与当前小学语文课本区别开来,课本选用经典若干片段,作为知识来传授,这不错,但不够,我们则提出熟读《论语》全文,作为终身"反刍"第一步"吞下",作为修养个人精神和培育中华民族精神的根本。

再说中学教育,中国中等教育的数理化水平不在美国之下,也许在美国之上,这方面且不说它,成问题的是文史哲方面。到底中学要具备哪些文史哲知识,趁老一辈真正的文史哲学者还没有死绝的时候,让他们共商大计,精选出文史哲名篇读本,中国的、外国的各一部。入选的都是经过历史考验的名篇,不是今人编写的教材,今人编写的教材是另外一个问题。中学教育的文史哲方面、数理化方面,都要具备普通知识,当前的问题在于文史哲方面的普通知识,一是缺乏,二是误解。对文史哲普通知识的严重缺乏和荒唐误解,是中学拖给大学的特大油瓶。

至于大学教育,在此只说一句:有朝一日,小学已经熟读文明基本经典,大学就要辅导学生继续"消化吸收"它;中学已经具备文理普通知识,大学就要辅导学生继续"融会贯通"它。以下略加解释。一般而论,小学生熟读基本经典就好,谈不上消化吸收;中学生具备文理知识就好,谈不上融会贯通。所以,辅导学生消化吸收基本经典,融会贯通文理知识,乃是大学分内工作,决非"油瓶",这个界线务必划清。这就是说,一旦中国大学没有油瓶了,依然有辅导消化吸收文明基本经典、融会贯通文理普通知识的任务,这是小学、中学的继续教育,在正常情况下只能由大学来担当。更进一步说,只有在消化吸收文明基本经典、融会贯通文理普通知识的基础上,大学的专业教育才是真正的大学教育,才是有通识的大学教育,也就是当年梅贻琦先生、潘光旦先生倡导的"通人教育"。简而言之,"融会贯通""消化吸收"这八个字是我所理解的"通识"的真谛和功夫,不揣固陋,说出来向诸位请教。

谢谢诸位!

(在 2004 年 5 月云南大学主办的"海峡两岸通识教育对话会"上的发言)

关于中国社会主义
和谐社会的逻辑起点问题

——兼陈本人教师生涯中感悟的四条陋见

(2007年)

各位同志：

这次年会论坛安排我作一次发言，我准备了几个小题目。在这宝贵的30～50分钟之内，我恐怕连一个题目也讲不清楚，那就只试讲一个罢，这题目是"关于中国社会主义和谐社会的逻辑起点问题"。

有"逻辑起点"，还有"历史起点"，后者容易受到注意，前者往往被人忽略。我是怀着"拾遗补阙"的心情来讲这个逻辑起点问题的。

我的讲法是从中国社会性质讲起。从1840年起，中国社会性质是半封建半殖民地。尔后的辛亥革命、新文化运动、北伐胜利、抗日胜利，虽然轰轰烈烈，旋乾转坤，但是中国社会的性质仍是半封建半殖民地。只有到了1949年10月1日中华人民共和国成立，中国社会的性质这才再也不是半封建半殖民地了，而是"社会主义初级阶段"开始了。这个开始至少也是个逻辑起点。

有人说，不！中国社会的社会主义初级阶段是从1956年农业、手工业、私营工商业的社会主义改造完成了开始的。这种意见是认为，社会主义的要素，是由生产资料所有制的公有制规定的。其实呢，生产资料所有制当然很重要，但是再怎么重要也不足以成为规定社主义的要素。这要素是什么？请看一条经典论断："各尽所能,按劳动分配。"再看一条："各尽所能,按需要分配。"①这两条都落脚到分配。"臣虽下愚",经反复领会,终于悟出"分配"的重要性,重要到足以成为规定社会主义的要素。

生产资料所有制与分配的关系,早已可从公元前2世纪董仲舒的一句名言中看出,他说："富者田连阡陌,贫者无立锥之地。"讲的是田地所有制,其实也就是田地的分配,所有制不过是分配的一种表现而已。

以公有制为规定社会主义的要素,以分配为规定社会主义的要素:这是两种社会主义观,若有是非,无妨讨论。"要素"一词,直到清代编《佩文韵府》时尚未出现。我用"要素",是作为英文 essence 的汉语译文,冯友兰先生常常如此用,我也就学着用了。

一国的政府,通过稳固的分配制度和灵活的分配政策(如税收政策等),实现社会财富的分配、再分配,使社会财富的全部,与社会成员的全体,保持大致均衡的分配关系,富者受大益,不富者也受益,甚至有牢靠的福利保障:这似乎是社会主义题中应有之义,大概也是和谐社会的经济基础。听说北欧的瑞典,这样做得很成功:她叫不叫社会主义,这都好说。

中国共产党及其领导的中国政府,具有充足的权力和能力,来掌握并运用分配这个要素。我认为:中华人民共和国的成立,标志着中国社会的社会主义初级阶段的逻辑起点,最主要的根据就是有中国共产党的领导。

---

① 这两条经典论断,是1958年冬中共中央武昌会议确定的译文,其原文是德文,其英文译文分别为:
  From each according to his ability, to each according to his labour.
  From each according to his ability, to each according to his needs.
字面上没有出现"分配",语义中则确切是讲分配。据说是张仲实同志译笔。

以上好比"打闹台",以下才是"正戏"——从容讨论中国社会主义和谐社会的逻辑起点。

中华人民共和国成立之前和以后,中国都遵循对立统一规律;但是在成立之前,是对立统一而以对立为主,在成立以后,则是对立统一而以统一为主。对立统一而以统一为主便是和谐。更严格地说,是和谐的根本哲学原理。前面说过,中华人民共和国的成立是中国社会主义初级阶段的逻辑起点,现在再与对立统一而以统一为主合起来看,也就同时是中国社会主义和谐社会的逻辑起点了。

提出这个"逻辑起点",有什么意义和作用呢?有什么必要呢?它的意义和作用是,指明方向,提供尺度,以便认识尔后中国历史中的是非功过。因此很有必要。下文举例以明之。

中华人民共和国成立后,毛泽东同志作为元首,亲手处理种种社会矛盾,写下《论十大关系》、《关于正确处理人民内部矛盾的问题》等著作,提出"统筹兼顾,适当安排"的方针,推广"团结—批评—团结"的公式,凡此等等,不仅符合和谐的方向,而且在理论、政策和策略上有所贡献。尤其是"想造成一个又有集中又有民主,又有纪律又有自由、又有统一意志、又有个人心情舒畅、生动活泼,那样一种政治局面"(《1957年夏季的形势》),就简直道出了一种和谐政治了。遗憾的是,他没有从对立为主转到统一为主,始终坚持他的以阶级斗争为纲,就在这一点上造成盛德之累。

这一类的历史经验,中国最为丰富。春秋战国是以对立为主的时代,而秦汉统一后则在转向统一为主上各有教训。秦始皇于称皇帝后还继续搞他的严刑苛法,结果两代速亡,老本赔光。汉高祖马上得天下,还想马上治天下,懵懵懂懂,不知转变,多亏陆贾敢于逆鳞开导,这才开始拐这个大弯子。秦汉以后历朝全国性的新政权建立后,都能自觉或不自觉地拐这个大弯子,史称"偃武修文",指的就是这种转变。可见,得天下以对立为主,治天下以统一为主,古今如此,并不由于主义不同而不同。由对立为主转到统一为主,就出现当时的和谐社会。在一次讨论会上我听人说,只有社会主义才有和谐社会。我不信。若是说,只有社会主义可能有最和谐的社会。这我信。

《礼记·中庸》云:"致中和,天地位焉,万物育焉。"此言将和谐高举到宇宙大全的至上地位,无以复加。这里且不说它的宇宙意义,只说它在人类社会的意义吧。

公元前9—8世纪,中国已出现关于"和"的论述,都是与"同"对比而言。如《国语·郑语》记载周太史史伯批评"今王""去和而取同"。"夫和实生物,同则不继。以他平他谓之和,故能丰长而物生之;若以同裨同,尽乃弃矣"。"声一无听","味一无果"。

到了孔子,干脆直截了当地明说:"君子和而不同,小人同而不和。"(《论语·子路》)孔子提到颜回,总是称赞不已,只有一次说:"回也,非助我者也,于吾言无所不悦。"(《论语·先进》)嫌颜回对他还不够"和而不同"。你看他何等坚持"和而不同"。

有一个故事,很能帮助说明这个问题,而且值得深思。公元前522年,齐景公打猎回来,晏子随侍,景公宠幸的大夫梁丘据也赶来了。

　　公曰:"唯据与我和夫!"

　　晏子对曰:"据亦同也,焉得为和?"

　　公曰:"和与同:异乎?"

　　对曰:"异!和如羹焉,水、火、醋、醢、盐、梅,以烹鱼肉,燀之以薪,宰夫和之,齐之以味,济其不及,以泄其过。……君臣亦然。君所谓可而有否焉,臣献其否以成其可;君所谓否而有可焉,臣献其可以去其否。……今据不然。君所谓可,据亦曰可;君所谓否,据亦曰否。若以水济水,谁能食之？若琴瑟之专一,谁能听之？同之不可也如是。"

(见《春秋左传·昭公20年》)

天哪！还要到哪里去寻找辩证法呢？先秦这些土生土长的圣贤,哪一个不是运用对立统一规律的妙手？再用大家比较熟悉的话头说一遍:"和"是搞五湖四海,"同"是搞清一色。

到了西元11世纪,横渠先生张载将辩证法表述为四句:

  有像斯有对,

  对必反其为;

  有反斯有仇,

  仇必和而解。

最后一句确立了和谐的地位,当然这要到对立统一而以统一为主的时候。

中国人民和世界人民以至于全人类,以及人类的环境,其前途、其利益、其选择,是和谐而非相反:这难道还需要证明吗？我不用饶舌了。

无论如何,我们已经生活在中国社会主义和谐社会。这有个历史起点,就是中共十一届三中全会。这个和谐社会尚在努力建构之中,令人满意的事占主流,令人不满意的事也还有,不论满意不满意,作为现实我都承认其有个道理,自己力求理解之,对虽不满意的也不予反对,因为反对要有力量,而我毫无力量;退一万步说,即使我有力量我也不予反对,因为人类几千年历史经验告诉我,予以反对未必是处理它的好办法。此话一言难尽,就此打住。

所以我对现实的态度是:绝不"另起炉灶",只求"就汤下面"。

就汤下面的面很寒碜,只有以下四条:

第一,进行民族精神基本经典教育。相当于基督教文明的《圣经》、伊斯兰教文明的《古兰经》这样的基本经典,中华文明有的是,我先是提名《老子》，后来改提《论语》，理由是《老子》基本精神《论语》有，而《论语》属于教育学类，《老子》属于哲学类。近年来，民间自发的儿童读经典活动，已有数百万儿童参加，此项新鲜经验也觉得还是《论语》最为基本。现在读《论语》，不同于帝制时代的读经，那时要读许多部经书，现在只提读一部《论语》；又不同于《语文》课本选读若干章句，而是通读全书，不是当做知识传授，而是准备当做精神修养，这一点是本质特征；更不同于"文革"读《语录》，不搞"活学活用"，"立竿见影"；具体做法是运用中华文明传承数千年于不坠的"反刍律"，就像牛吃草，先将《论语》字形字音囫囵吞下去，字义懂多少算多少，人在13岁以前记忆力最好，吞下《论语》全文，然后又像牛倒沫，将《论语》细嚼细咽，消化吸收，终身受用。此项活动安排在小学期间最恰当，当然在中学、大学补读也行。

第二，选编中学文史通识读本。我国中学数理化通识水平并不低于美国中学，或且超过之。惟文史（中学不宜提哲学）通识急需课本，政府宜邀真正的专家会商，精选历史检验过的瑰宝名篇10万字左右，中国的、外国的各一本。此类读物坊间已经出了一些，政府宜加强考察和整理，略如唐太宗命国子监祭酒孔颖达等作《五经正义》故事。

第三，供养少量冷僻的学术研究。这一条丝毫没有消减热门的意思，热门是"发展高科技，实现产业化"，雷打不动。西方现代化历史，先有科学革命，才有产业革命。人们对产业革命极有兴趣（这很好），对科学革命则不甚了然（这危险）。须知科学革命的真精神（注意：是说"真精神"）是"为科学而科学"，不是为产业而科学。从全社会看，是为产业而科学；从科学家个人看，只能是为科学而科学。不要说科学研究者了，就说小学一年级学生吧，只是想着做好作业而得到的糖果和玩具，他能做好作业吗？"心无二用"，"教之道，贵以专"，正谓此。学术研究本身无所谓冷热,与社会一结合就有了冷热,所以冷热是功利问题,不是学术自身问题。既然有了冷热之分,而冷的又往往是最基础最专门的学问,只好由政府和社会维持他们,供养起来。中国社会历来有"养士"的传统,《红楼梦》的贾府就养有好几位清客,何况冷僻的学问家远非清客可比呢。这少量的冷僻学问家似乎以养在高校为合适。

第四,重塑中国人的"人性",与构建社会主义和谐社会的伟大实践良性互动。这一条说得太野,我要略为交代几句。中国人走自己的路走了几千年,到了西元19世纪,西方侵略者强迫中国人走西方的路。中国人在19世纪以前几千年中构建成功自己的传统社会,并在此构建实践中形成自己的"人性",即由动物性提高为人性,中国成为文质彬彬的礼仪之邦。这种人性是在与中国传统社会互动中形成的,现在却要与中国传统社会不同的社会互动,于是发生"重塑"中国人的人性问题。这不是再由动物性提高为人性,而是将原有的人性重塑为新型人性。中国人在19世纪以前的人性论,包含有仁、义、礼、智、信等成分。这五者在《论语》中是分散讲的;到《孟子》才将仁义礼智联着讲;到董仲舒才将五者联着讲,而称为五常;到朱熹才在《玉山讲义》中将五者联为一体而名为人性。从《论语》到《玉山讲义》,这一千六七百年的中国人性论发展史[①],也大致反映中国人人性发展史。西方人性论,以康德讲的最妙,若与中国的比较,则康德只算讲到义,还没有讲到仁。(此冯友兰先生说,极为确切。)

所以仁义礼智信不能丢,在重塑人性时,发挥人类独有的抽象能力,将五者在传统社会中的时间性、空间性、其他条件性尽量抽掉,再将此抽剩下的抽象的五者,与社会主义和谐社会的时间性、空间性、

---

① 其间还有郑玄、韩愈等人的重要论述,在此从略。

其他条件相结合,形成新的仁义礼智信的人性。这就是著名的抽象继承法,是一种古今中外普遍采用的方法论。这本身就是创造新人性,同时决不排斥超出五者的新发展。在这里容不得"短期行为",要以世纪为单位观其后效。

以上四条,第一条关系到初等教育,第二条关系到中等教育,第三条关系到高等教育,第四条关系到全民教育,都是我根据切身体验,觉得需要郑重提出,而且希望在社会主义和谐社会的构建发展中得到解决。虽然自知孤陋,仍然讲出来向大家请教。

谢谢!

(2007年11月在"2007高等教育国际论坛"上的发言稿,后发表于《高等教育研究》2008年第1期)

发动机与工作机

(2008年)

机器有三个部分：发动机、传动机构和工作机。这是从与人的活动过程类比而来，而人发明了机器，则机器的结构又有助于理解人的活动过程的结构。也就是说，人的活动过程也有其"发动机"、"传动机"和"工作机"。这篇小文只讨论人的活动的发动机和工作机。

作为人的活动的发动机，比如说，"我是宇宙公民，为宇宙而工作"；又比如说，"我是社会公民，为社会而工作"；又比如说，"我是中华儿女，为中华而工作"；如此等等都是确实存在的。另有一类发动机，也是确实存在的，那就是如新华社播发的受到严厉惩罚的罪犯的罪行报导所揭示的，罪犯各有其发动机，发动起来，往往也达到不惜"杀身"、"舍生"的精神境界。

可见，人的发动机有善有恶。于是有个选择问题。由我选择吗？孟子就说过"无恒产者无恒心"啊。孟子这句话前面的一句是"无恒产者有恒心，惟士为能"，他就不说了。于是有个意志自由问题，简称自由问题，这是欧洲中世纪形而上学三大问题之一，在此不谈。在此只说，人是有意志的，有意志自由的，即使是活不下去的人也是有的，甚至还表现得更为集中而强烈，故曰"置之死地而后生"。

在伦理道德视野中，人必选择善，也能选择善。在行为科学视野中,则人的活动的一切发动机均为发动工作机工作。这个"一切",包括善恶。有此一切,才有伦理道德以至法律的用武之地。

发动机,工作机,都工作,源于整个机器都工作:这是二者的共同性。同时二者各有特殊性,源于二者各有其特殊作用。发动机的作用是为工作机提供动力,是"为它"而工作,工作机是发动机的"它"。工作机的作用是完成该机器的工作,实现该机器的目的,所以是"为己"而工作。不论就整个机器的工作说,还是就工作机自身的工作说,工作机都是为工作而工作。马克思说,"机器的这一部分——工具机"(即工作机),"是18世纪工业革命的起点"[①],正是说中了工作机的特殊性。

毛泽东说,"放下包袱,开动机器",是就整个机器即包括发动机与工作机而言。我的体会是,若不明白发动机与工作机的区别,尤其是若不明白工作机"为工作而工作"的特殊性,则发动机就是沉重包袱,压得工作机不能工作。就工作机而言,只有放下一切包袱,独尊"为工作而工作"的特殊性,才能真正开动起来。

"为工作而工作"可以抽象化、扩大化成为一个公式:为甲而甲,或 A for A's sake。甲的值,A 的值,请任意代入其中吧。

难者曰:机器无生命,人有生命,岂可类比?

应之曰:气无生命,气动为风;水无生命,水动为流;以风、流类比人物,号称"风流人物",不是类比得一好二好吗。

本文想说明"为学术而学术"的根据,不知说明白了没有。

(原载《学园》2008 年第一期)

[①] 见马克思《资本论》,人民出版社 2004 年版,第 249 页。

三 点 论

(2009年)

我讲教育哲学,讲了十几遍了,每一遍与前一遍总不大相同;别人是学问因年而进,我则不过是因年而变。变了好多条,这里只写一条:两点论变为三点论。

三点论的三点是:正,反,非。其相当的英文是 thesis, antithesis, nonthesis。

两点论的两点是:正,反。不是也讲"正、反、合(thesis, antithesis, synthesis)"吗?其实这个"合"就是新的"正",与随之而来的新"反"组合,还只是两点。至于三点论里的"非",则既不是正,又不是反,乃非正、非反的真正的非。

三点论是有哲学师承的,光靠我八十多岁的生活体验,是怎么也体验不出来的。当然光有师承,不从生活中体验,也只是空口说白话。"鹦鹉能言,不离飞鸟;猩猩能言,不离走兽"(《礼记·曲礼上》),就因为它们只有鸟兽生活,没有人的生活体验,只能学舌,情有可原。若已是人身,却不从生活中体验,只管学舌,这就说不过去了。我讲三点论,其师承有两处:一处是,一九四六年夏天我读到冯友兰先生的《新世训》(抗日战争时期重庆土纸印本,开明书店出版,纸色黄褐,很费目力,好在字大,一口气读完了,也读了两天两夜),其中说,人的行为,若从道德分析,就要分为道德的、不道德的、非道德的。另一处是,数年前张晓明教授从北美回来,带给我一本 John Dewey 先生晚年定论,书名 The Experience and Education(《经验与教育》),其中说,若从教育分析经验,则分为教育的,反教育的,非教育的。附带再说一处:胡乔木先生晚年口授一书,未及定稿而卒,文献出版社还是将它出版了,书名《胡乔木论毛泽东》,其中论及毛的教育思想,说是有合理的,也有"反教育的"(此四字敬遵原文无误)。胡先生未必沿用杜威之说,似是英雄所见略同。

综合上述师承,反思自己的生活经验,越想越觉得,只讲两点不行,非讲三点不可。进一步又觉得,两点论有其适用范围,超过这个范围,就必须以三点论取代两点论。

反思自己的生活经验,一定涉及而又值得一提的是参加历次政治运动。就我这个德性,反右时居然幸免,过了初一还有十五,果然"文革"首当其冲。这里不对历次运动全面评估,只指出一点,此点已成共识,就是存在"扩大化"。作为社会政治现象,"扩大化"的原因是复杂的、多方面的,这里只说哲学方面,则是只知"正""反",不知有"非",于是"非""反"混淆,以"非"为"反",不就"扩大化"了吗?想当年若能实行三点论,将两点论限制在它适合的范围内,则"扩大化"必能大为减少乃至避免的。

怎么能将两点论限制在它适合的范围呢?

若从哲学回答,就要自"一"与"多"说起。任何存在都是个体,既有"一"的意义,又有"多"的意义。就"一"的意义说,个体是对立的统一,这就是两点论的起点,由此演变发展,虽然产生丰富多彩的内容,可是这也就是适合两点论的有限范围。就"多"的意义说,个体是构成"多"的成员,各个成员之间,根据特定的主题,形成"正""反""非"的关系。主题变了,关系随着变。根据甲主题形成的关系而属于

"非"的,在根据乙主题形成的关系中可能属于"正"或"反"。不论怎样变,总有正、反、非三点,这就是三点论。

多年以来,我一样随大流,将两点论即对立统一规律,尊奉为宇宙人生至高无上的根本规律。这个认识现在变了,如上所述。事关宇宙人生根本大道,写出来以资请教。

关于社会三领域本末问题的信

(2006年11月10日)

海涛①：

今午在院内演讲三小时又半，对三领域作进一步解释：由末及本。西方无本末观念，遑论范畴。他们只讲到 primary 与 secondary，貌似本末之别，实则相去甚远。中国讲"本立而道生"(《论语·学而》)，本不立则道不生，比较而言，本比道还重要。所以陆九渊说：学苟知本，六经皆我注脚。六经皆道，对于知本的人不过是注脚，可见本何等重要。今午阐明：政治的"力"是末，"仁"是本；经济的"利"是末，"义"是本；文化的"理"是末，"诚"是本。末是要讲的，本更要讲，更要把末接在本上。只讲末，不讲本，不把末接在本上，后果必然是助纣为虐，为虎作伥。不过在宣传术上先讲末，再讲本，是可行的。只要出自至诚，术亦仁术。

雅意如何？姑止于此。

问好

涂又光
二〇〇六年十一月十日

---

① 萧海涛：深圳大学教授。